L'ÉGALITÉ

PAR

LE Cᵀᴱ AGÉNOR DE GASPARIN

DEUXIÈME ÉDITION

PARIS

MICHEL LÉVY FRÈRES, ÉDITEURS

RUE VIVIENNE, 2 BIS, ET BOULEVARD DES ITALIENS, 15

A LA LIBRAIRIE NOUVELLE

—

1869

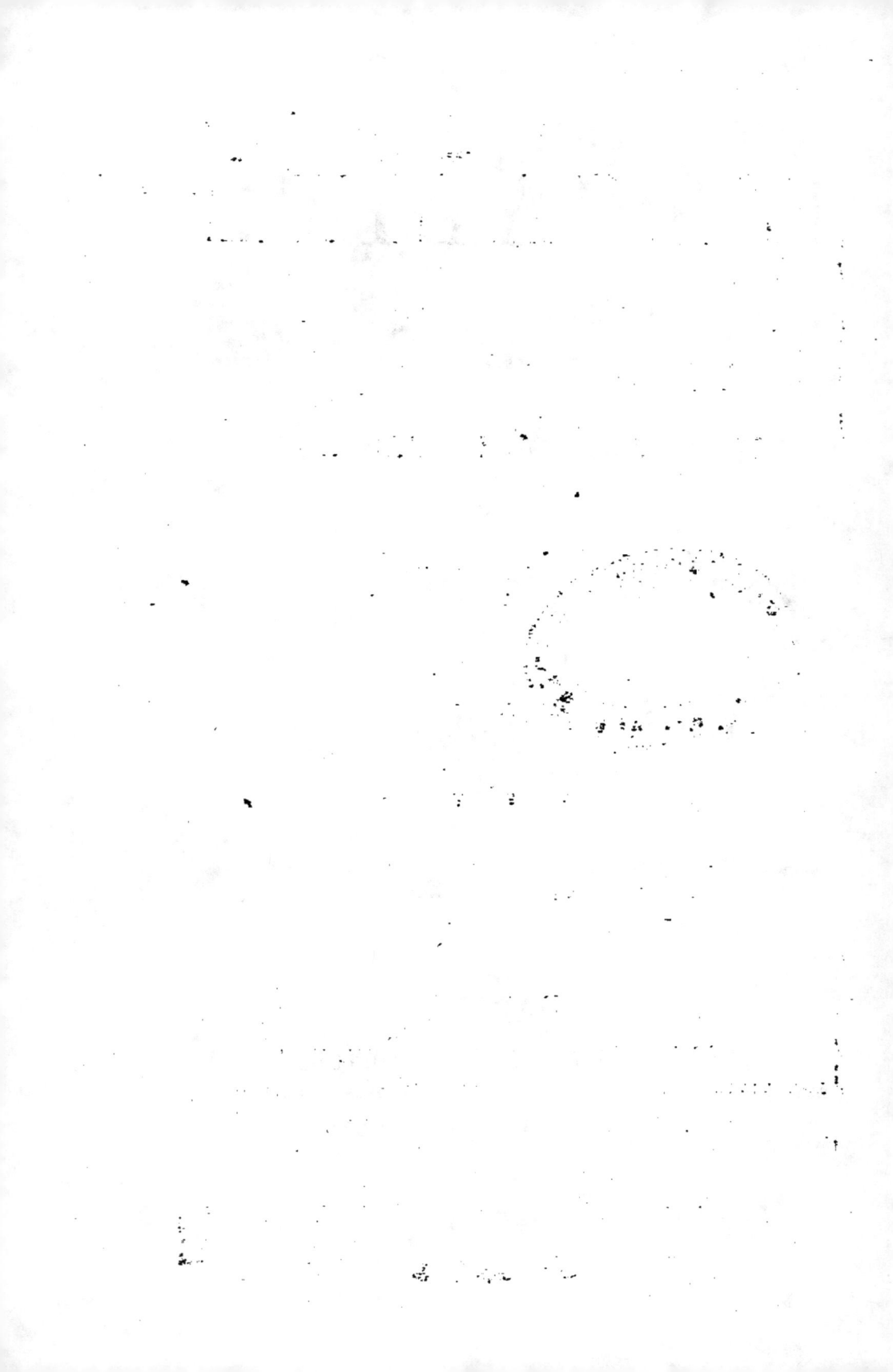

L'ÉGALITÉ

CLICHY. — Impr. M. LOIGNON, P. Dupont et Ce, rue du Bac-d'Asnières, 12.

PRÉFACE

Lorsque j'ai été invité, l'hiver dernier, à donner quelques conférences à Genève, mon sujet était indiqué d'avance. Convaincu, comme je le suis, que nous sommes moins appelés à poser des questions qu'à traiter celles qui se posent sans nous, je ne pouvais hésiter. Une question se posait effectivement alors ; un mot revenait sans cesse dans les journaux, et plus d'une fois, pendant la durée des conférences,

il devait s'étaler en grosses lettres sur les affiches
qui couvraient les murs : L'ÉGALITÉ.

Au nom de l'égalité, la propriété était flétrie. Au
nom de l'égalité, la liberté était mise en suspicion.
Au nom de l'égalité, on déclarait la guerre à Dieu.
Ainsi, non-seulement mon sujet m'était fourni, mais
mon plan même se faisait tout seul. Il ne restait
qu'à marcher sur le chemin ouvert devant moi.
Comment y ai-je marché? Je l'ignore. Je sais du
moins une chose, je n'ai point abordé en ennemi le problème de l'égalité. Les problèmes sociaux
ne sont pas des ennemis, et nous aurions tort de les
considérer comme tels. Entre les socialistes et certains adversaires de la question sociale on en est
réduit à se demander lesquels sont les plus aveugles.
Écarter à grands cris les questions qui nous gênent,
le beau profit! ne vaut-il pas mieux essayer de les
résoudre?

Les discours que je présente aujourd'hui au public diffèrent peu, je pense, de ceux que j'ai pro-

noncés. J'avais gardé des notes très-complètes, et les incidents de chaque séance avaient été recueillis. Après tout néanmoins, la parole écrite, quoi que l'on fasse, ne sera jamais la parole parlée; et il est bon qu'elle ne le soit pas : tel détail, tel développement que réclame le livre, serait déplacé devant une assemblée.

Les lecteurs remarqueront le scrupule avec lequel je me suis renfermé dans les limites de mon sujet. Si j'ai mis un instant les pieds sur le terrain politique, c'est qu'il le fallait absolument. Comment taire les rapports de l'égalité et de la liberté? comment décrire l'égalité, sans parler du suffrage universel? Je crois n'en avoir dit que ce qu'il était indispensable d'en dire. Quant aux discussions techniques, je les réserve au traité qui doit porter le titre de *Liberté sociale*, et qui complétera, si Dieu me donne la force d'achever cette œuvre, mon travail général sur la liberté [1].

1. *La Liberté morale*, qui a paru il y a un an, forme la première partie de ce travail.

Il me reste à remercier le nombreux et sérieux auditoire qui m'a soutenu de son attention, de sa sympathie et de son indulgence dans l'accomplissement d'une tâche souvent malaisée.

Rivage, 6 avril 1869.

SOMMAIRE

QUATRIÈME DISCOURS

L'ÉGALITÉ PAR LE COMMUNISME

CINQUIÈME DISCOURS

L'ÉGALITÉ PAR LA LIBERTÉ

SIXIÈME DISCOURS

L'ÉGALITÉ PAR L'ÉVANGILE

SEPTIÈME DISCOURS

HARMONIES SOCIALES

NOTES

L'ÉGALITÉ

PREMIER DISCOURS

INÉGALITÉS ET ÉGALITÉS INDESTRUCTIBLES

Nous allons faire campagne ensemble, messieurs. Ensemble, car je n'irai pas sans vous. Je n'aborde la rude besogne que j'ai là devant moi, que parce que j'ose compter sur cet appui que donne à un orateur la sympathie patiente, indulgente et vivante de l'auditoire.

Je dis la sympathie ; je ne dis certes pas l'accord constant des pensées. Loin de là ; si l'on signait encore des traités (mais la mode en est passée, ce me semble), je vous proposerais une convention en deux articles : le premier stipulerait la liberté de l'orateur et le second la liberté des auditeurs ; liberté de l'orateur, il exprime librement des convictions, qu'elles plaisent ou qu'elles déplaisent ; liberté des auditeurs, ils examinent, ils critiquent, ils acceptent, ils rejettent. Entre gens qui se

1

respectent je ne conçois pas d'autre pacte que celui-là.

Je vais m'avancer sur un terrain semé de piéges; je vais marcher sur des charbons ardents. Comment parler de l'égalité, sans blesser quelque chose ou quelqu'un? que de susceptibilités en éveil! que de systèmes, que de partis sur le qui-vive! Pour sortir de là je ne connais qu'une méthode; il n'y a que la grande franchise qui se tire des grandes difficultés.

La grande franchise s'en tire. La petite, celle qui est habile, celle qui choisit parmi les vérités, excite une méfiance légitime. Je prends l'engagement de ne pas tomber dans cette demi-franchise-là. Mon dessein bien arrêté est de traiter la question de l'égalité telle qu'elle est, sans esquiver ses scandales et ses périls. L'égalité ne me sera pas un prétexte pour parler d'autre chose; je ne prendrai pas de l'égalité ce qui me convient et je n'en laisserai pas ce qui m'embarrasse. Nous allons entreprendre une étude complète et sérieuse, essayant de nous placer en face des vrais problèmes. Nous abandonnerons à ceux qui l'aiment le côté déclamatoire de l'égalité; le temps où nous sommes ne demande pas des phrases, mais des solutions.

Jamais le problème de l'égalité n'eut le caractère d'urgence qu'il revêt aujourd'hui; il faut s'en occuper, il le faut absolument. Aussi mon hésitation n'a-t-elle pas été longue, lorsque invité à monter à cette tribune, j'ai eu à indiquer le sujet de mes conférences. Je n'ai pas choisi mon sujet; c'est lui qui s'est imposé à moi. Il est une question qui se pose partout aujourd'hui, à laquelle nous pensons tous, qui se mêle à toutes nos agitations, qui trouble toutes nos consciences, qui in⸗

quiète notre présent et qui pèse sur notre avenir. Acclamée par les uns, redoutée par les autres, l'égalité est-elle suffisamment comprise et connue? La voit-on telle qu'elle est? Ceux qui l'aiment savent-ils toute sa beauté? Ceux qui la détestent savent-ils toutes les calamités et tous les crimes qui s'abritent sous sa bannière? Je ne le crois pas. Aussi me semble-t-il nécessaire de la regarder en face et de près. Dans notre époque de démocratie, c'est bien le moins que nous nous rendions compte de ce que signifie le mot égalité.

Mais vous avouerai-je ce qui m'a arrêté un moment? Je me suis souvenu des déclamations égalitaires. Les chercheurs de popularité ont créé tout une rhétorique d'égalité mensongère, en présence de laquelle on se demande s'il est possible de parler dignement de la vraie.

Cela est possible, à la seule condition d'aimer bien la vraie égalité et de bien détester la fausse. Ici comme partout la déclamation est à la surface, la vérité est au fond. Il ne s'agit que de creuser profondément, d'aller jusqu'à cette noble, grande et sainte égalité, si digne d'exciter des admirations passionnées et de généreux entraînements. Elle n'a rien de commun, Dieu merci, avec le nivellement grossier qui trop souvent lui a pris son nom.

L'égalité! Pourquoi y a-t-il des inégalités ici-bas? Pourquoi? J'aurais peu d'estime, j'en conviens, pour l'homme que ce navrant problème n'aurait jamais troublé. Et si cet homme est un riche, un heureux (nous verrons plus tard la valeur de ce terme), il m'est absolument impossible de le comprendre. Quoi! vous avez tout, et ceux-ci n'ont rien; et la chose vous semble na-

turelle ! et vous trouvez que cela va de soi ! et aucune
question ne se dresse devant vous, aucune de ces ques
tions terribles qui entrent chez nous malgré nous,
qui forcent la porte, qui se tiennent là, debout, et qu'il
faut voir, et qu'il faut entendre, et auxquelles il faut
répondre !

Je ne vous cacherai pas, messieurs, mon impression
première. En soi, l'idée d'égalité réveille vivement
mes sympathies. C'est dans ce sens que nous devons
marcher, cela n'est point douteux. Si la cause a été
gâtée, rabaissée et compromise par les déclamateurs
intéressés ou subalternes, elle n'en demeure pas moins
belle, belle entre toutes. Elle a de quoi faire réfléchir
quiconque pense ; elle a de quoi remuer quiconque
sent.

Vous comprenez maintenant pourquoi j'ai hésité à
vous dire cela. J'ai craint un moment de marcher, en
apparence du moins, sur la trace des plats courtisans
du peuple. Voyant surgir à ma droite et à ma gauche je
ne sais combien d'égalités de mauvais aloi auxquelles je
tiens à déclarer la guerre, sentant que la démocratie
est la puissance du jour et mal accoutumé à saluer les
soleils levants, je me suis demandé s'il m'était permis
d'exprimer mon enthousiasme pour cette chose si belle
qui se nomme l'égalité.

Hé bien, oui, je l'exprimerai cet enthousiasme, qui
chez moi est très-sincère, très-profond et déjà très-
ancien. Puissent les faits donner tort à mes craintes !
J'en serai d'autant plus heureux, que j'aime beaucoup
l'égalité et qu'il m'est dur de ne pas me fier pleinement
à elle. Je l'aime ; je ne la subis pas, je la goûte. Le
sentiment de l'égalité humaine me saisit avec une telle

puissance, ma conscience l'affirme si nettement, l'Évangile la proclame de telle sorte, que je vais à elle comme on va à la vérité et à la justice. Une des joies que nous donne l'histoire, elle qui nous fait tant de chagrins, c'est de nous montrer comment succombent l'une après l'autre les inégalités d'ici-bas. Quel bonheur de voir sortir tour à tour de leur abaissement, depuis que la parole de Jésus a donné le grand signal, d'abord la misérable multitude des esclaves antiques, puis celle des serfs du moyen âge, puis celle des bourgeois de l'ancien régime, puis celle des paysans, puis celle des ouvriers, puis celle des nègres, dont l'affranchissement couronnait l'autre jour tant de progrès de l'égalité !

Nous ne sommes pas au bout, je le sais. Il existe encore parmi nous des inégalités qui doivent cesser. Et le jour où elles cesseront, nous tressaillerons de joie. Il y a à tendre la main à ceux qui sont en bas pour les aider à monter. Il y a à faire disparaître certaines exploitations de l'homme par l'homme qui sont une des hontes de notre temps. Il y a à tarir, autant que cela dépend de nous, certaines sources de paupérisme. Il y a à lutter contre les iniquités et surtout contre les vices, ces agents infatigables d'inégalité. Il y a à soulager les misères, à seconder les efforts du pauvre, à ouvrir largement pour tous l'accès de la propriété, à répandre l'instruction, à mettre les âmes en contact avec l'Évangile.

Sous chacun des mots que je viens de prononcer, j'aperçois des pas en avant de l'égalité. Qu'elle est bonne ! qu'elle est belle ! Comment font les gens qui ne l'aiment pas ou qui croient ne pas l'aimer ? Je ne connais pas un progrès de l'âme, de l'esprit, de la charité, de la liberté,

de la paix, qui ne soit un progrès de l'égalité. L'égalité
se lie à tout ce qui est bon sur la terre et principalement
à l'œuvre de Christ. Le mouvement ascendant d'un grand
nombre d'hommes vers cette région de sainteté et de
lumière qui est par excellence le pays de l'égalité, présente à nos yeux le plus magnifique spectacle qu'il nous
soit donné de contempler ici-bas. C'est le spectacle
qu'entrevoyaient les anges quand ils célébraient la naissance d'un sauveur; c'est le spectacle sur lequel Dieu
lui-même se penche avec bonté. Tout homme qui a un
cœur, tout chrétien qui comprend ce que signifie le
christianisme, doit avoir l'amour, je dis peu, la passion
de l'égalité.

Un mot encore, et j'entre en matière. Il est entendu
que les incidents du jour et les débats de la politique
proprement dite ne figureront pas dans notre étude. A
cette tribune j'oublie les discussions courantes et les
partis. C'est dans une autre sphère, celle de la science
pure, que nous allons monter; ce sont d'autres problèmes que nous allons envisager ensemble.
Ces problèmes où est engagé l'avenir entier des sociétés humaines, je me suis attaché à les aborder successivement depuis que j'ai le privilége de prendre la
parole à Genève. Ceux d'entre vous, messieurs, qui ont
bien voulu accorder quelque attention à mes conférences, auront remarqué le lien qui les unit. Le bonheur, la
famille, la liberté, l'égalité, autant de questions sociales
qui s'imposent à notre génération, que nous ne suppri-
merons pas en nous efforçant de ne pas les voir, qu'il
faut voir au contraire et qu'il faut résoudre.

II

Dès la première heure où je me suis mis à penser aux inégalités telles qu'elles sont, une conviction instinctive s'est emparée de moi : l'œuvre divine a été gâtée; la société humaine n'est pas ce qu'elle doit être ; il est impossible que ces navrants contrastes, ces rencontres de la satiété et du dénûment appartiennent à l'état normal; il y a eu une profonde, une effroyable perturbation; « c'est l'ennemi qui a fait cela. »

En y repensant ces jours-ci afin de préparer nos entretiens, je me suis félicité de ce qu'un autre orateur m'avait précédé dans cette enceinte, de ce qu'un autre problème avait été étudié devant vous, vous savez avec quel éclat. Lorsque M. Ernest Naville discutait ici le grand problème du mal, il nous apprenait précisément ce que nous avions besoin de connaître pour aborder le problème de l'égalité.

Une partie de ma besogne est donc faite, grâce à Dieu. À l'aspect de ce trouble social que manifestent tant de souffrances, tant d'injustices, tant d'inégalités extrêmes, tant de misères effroyables, nous savons à qui nous en prendre. Nous savons aussi à qui nous adresser, de qui implorer le redressement. Nous le savons, nous le devinons du moins, que le Dieu d'amour qui relève l'homme déchu peut relever nos sociétés corrompues; l'Évangile seul peut nous donner du baume pour de telles plaies.

Je ne fais qu'indiquer, la démonstration viendra en son temps; elle se fera peu à peu, je l'espère, au courant de nos entretiens. Mais il m'a semblé loyal de vous

déclarer sur-le-champ ce que je pense de la nature du
mal et de la nature du remède. Je ne vous ai rien appris,
du reste, en trahissant ainsi dès l'abord les conclusions
vers lesquelles nous allons marcher. Vous vous en dou-
tiez bien un peu.

Avant de faire un pas de plus, délimitons, messieurs,
le terrain du débat. Ceci est un point essentiel, si essentiel même, que nous ne ferons pas autre chose aujour-
d'hui; et si nous y réussissons nous n'aurons pas perdu
notre temps.

L'égalité est un terme vague, qu'il est aisé de répéter,
et qu'on répète en effet sans en préciser le sens. Volontiers on se figurerait qu'il est possible d'établir une
égalité complète entre les hommes. Volontiers on se
figurerait d'autre part qu'aucune égalité n'existe parmi
eux et que tout est à créer sous ce rapport. Double
erreur, qu'il importe de signaler nettement. S'il existe
des inégalités ineffaçables, nous ne pouvons songer à les
supprimer. S'il existe des égalités toujours subsistantes,
nous n'avons pas à les fonder. Donc le champ des modi-
fications réalisables s'étend beaucoup moins qu'on ne le
croit et surtout qu'on ne le dit. Il est borné d'un côté
par la vaste région des inégalités nécessaires, et de
l'autre par la région plus vaste encore des égalités indestructibles.

Ceci est bien simple, et pourtant trop oublié. Or, il
résulte de cet oubli que la question n'est pas seulement
obscurcie, mais envenimée. Les champions de l'égalité
s'irritent, quand ils aspirent à tout niveler et qu'ils s'aperçoivent que leurs plus énergiques essais se brisent contre l'impossible. Les discussions seraient à la fois éclai-

rées et apaisées, si nous savions que nombre d'inégalités sont naturelles et qu'il faut en prendre notre parti, si nous savions en outre que nombre d'égalités sont non moins naturelles, qu'elles sont essentielles à l'humanité, qu'il ne nous est donné ni de les fonder ni de les détruire, et qu'elles ont une valeur immense. Notre patrimoine d'égalité est grand, messieurs, et ce que nos efforts pourront y ajouter est peu de chose en comparaison de ce que nous possédons tous, nécessairement et partout, en notre seule qualité d'hommes.

Procédons à nos deux enquêtes, et commençons par constater les inégalités nécessaires.

Ne craignez pas que je range dans cette catégorie je ne sais quels priviléges aristocratiques. Je les y place si peu, que je n'y place même pas la propriété. Bien qu'elle enfante des inégalités qui, selon moi, sont parfaitement nécessaires, je ne prétends pas la mentionner ici. Le problème de la propriété appelle une démonstration, et nous nous en occuperons un autre jour; je ne cite maintenant que les inégalités dont personne au monde ne peut admettre la suppression, celles qu'aucune modification de l'ordre social n'atteindrait, celles dont aucun décret, si insensé fût-il, ne saurait songer à proclamer l'abolition. Je prends au sérieux le mot *nécessaire* ; les inégalités nécessaires, ce sont celles que toute organisation sociale, quelle qu'elle soit, se sent forcée d'accepter.

Telle est l'inégalité qui existe entre les hommes et les femmes, les inégalités, devrais-je dire, car il y en a deux : si la femme est inférieure à l'homme en certaines choses, elle lui est supérieure en certaines autres; chaque sexe est supérieur dans l'accomplissement de la mission qui lui est propre. Aussi s'agit-il plutôt ici de diversité que d'inégalité. Nos réformateurs à contre-sens ne remarquent point cela : ils nous démontrent gravement que la femme a autant d'esprit que nous. La belle trouvaille ! Il y a longtemps, je pense, que nous nous en sommes aperçus. Il faut autant d'esprit, ce me semble, pour remplir la mission spéciale et magnifique de la femme, que pour s'acquitter du rôle réservé à l'homme. Reste à savoir si en fabriquant des femmes-hommes d'abord et des hommes-femmes ensuite, nous aurons fait deux chefs-d'œuvre. Abolir ces deux inégalités-là, ce serait accomplir un médiocre progrès.

Il s'agit en ce moment, on nous l'annonce de tous côtés, de mettre au monde la femme électeur, la femme député, la femme orateur, la femme ministre, la femme préfet, la femme conseiller d'État, c'est-à-dire la femme dépouillée du charme féminin, la femme exposée aux froissements grossiers, la femme sans retenue, la femme qui se produit en public, qui harangue, qui contredit, qui gouverne.

Pauvres femmes ! Ceux qui prétendent les grandir ainsi ne savent donc pas qu'ils les abaissent, qu'ils les privent de l'influence qui vaut mieux que l'autorité, qu'ils en font des hommes manqués, des hommes de second ordre et décidément inférieurs ?

Il est vrai que, par compensation, on ne tardera pas sans doute à nous relever, nous aussi, de notre infériorité sous d'autres rapports. Nous aurons notre tour dans les plans de ces réformateurs ingénieux. Si leur galanterie a commencé par le beau sexe, ils ne sauraient oublier toujours le sexe laid. Sommes-nous incapables de débarbouiller les marmots, de diriger le ménage et de surveiller le pot-au-feu ? Pourquoi l'empire du *home* et l'éducation des enfants ne nous écherraient-ils pas, le jour où nos gracieuses compagnes monteront à la tribune et gouverneront l'État ?

Ceci, messieurs, est plus sérieux qu'on ne le croit, et je me reprocherais d'en rire. Assurément les deux inégalités dont je parle résisteront aux efforts des niveleurs, aucune inégalité nécessaire ne peut périr ; mais les attaquer est déjà un mal, un grand mal. Il en résulte un trouble profond, et la cause de l'égalité n'a rien à gagner, bien s'en faut, à ces tentatives qui la discréditent. Inclinons-nous devant l'inégalité nécessaire des femmes vis-à-vis des hommes, et devant l'inégalité non moins nécessaire des hommes vis-à-vis des femmes. Plus nous respecterons ces différences providentielles, mieux nous serons placés pour attaquer d'autres différences qui n'ont rien de providentiel, que les lois ont établies et que l'équité réprouve. L'égalité a sous ce rapport plus d'un progrès à accomplir, et plus d'un article de nos codes montre clairement que les législateurs avaient de la barbe au menton.

Abolissons les priviléges injustes ; mais n'essayons pas de fonder la fausse égalité. Nul n'y gagnerait, et les femmes moins que personne.

S'il y en avait ici, je suis sûr qu'elles m'approuveraient hautement ; elles repousseraient comme une insulte la dégradante égalité dont on prétend les affubler. Elles sentiraient tout ce qu'il y a de respect pour elles dans l'énergie avec laquelle nous maintenons une inégalité nécessaire.

Il en est d'autres que personne ne contestera, cela est certain, parce que leur nécessité a le caractère de l'évidence absolue. Les inégalités fondées sur la différence des sexes se laissent discuter, bien qu'elles ne se laissent jamais abolir ; mais essayez de mettre en question les inégalités fondées sur la beauté, sur la force, sur la taille ! Je suis laid et vous êtes beau ; je suis faible et vous êtes fort ; je suis petit et vous êtes grand ; ces différences peuvent être plus ou moins importantes, en tous cas elles sont indestructibles. Nous n'y pouvons rien, nous n'y changerons rien. Cela est ainsi ; les uns ne sont pas traités comme les autres, et chacun ira jusqu'au bout avec le lot qui lui est échu.

Il me serait aisé de faire ici des phrases superbes sur la fragilité des avantages extérieurs ; je m'en garderai, certes. Aucun de nous ne souhaitera que son enfant soit faible et laid. Les biens sont des biens et les maux sont des maux. Je constate seulement que ces biens et ces maux établissent entre nous, dès notre entrée dans la vie, des différences souvent considérables, qu'ils influent réellement sur notre destinée, que notre existence entière, nos joies, nos douleurs, nos sensations, nos sentiments, nos idées, peuvent s'en ressentir dans une large mesure.

Et l'inégalité des maladifs et des bien portants, qu'en pensez-vous ? Quelle égalité y a-t-il entre une vie saine et robuste qui se développe dans sa vigueur, je dirai presque dans sa joie, et une vie souffreteuse (celle d'un pauvre ou d'un riche, il n'importe) qui se développe à peine, qui languit, étiolée, impuissante, condamnée aux souffrances et aux privations de toutes les heures ? Sans

doute il est des compensations.; sans doute la santé de
l'âme est mille fois plus précieuse que celle du corps ;
sans doute il ne manque pas de malades qui ne change-
raient pas de destinée avec certains bien portants, de
même qu'il ne manque pas de laids et de laides qui
l'emportent de tout point, à commencer par le charme,
sur nombre de ceux et de celles qui avaient été mieux
partagés ; mais cela n'empêche pas que l'inégalité dont
je parle ne soit très-grande.

Au moment même où je vous parle, ma pensée se dirige vers de pauvres êtres dont j'ai connu les misères,
vers les paralytiques, vers les aveugles, vers les estro-
piés, vers ceux qui n'ont jamais eu une journée, une
heure peut-être, de bien-être, vers ceux dont l'existence
entière a été une longue suite de douleurs. Il y en a de
tels, messieurs. Les réformés de l'armée, que le maréchal Niel présentait l'autre jour comme des partis sorta-
bles aux jeunes filles désireuses de se marier, peuvent
être quelquefois des maris et de bons maris ; ils peuvent
être même des gens heureux, ceci est une autre affaire
et nous y reviendrons ; ce qui ne peut pas être, c'est
qu'ils n'aient pas à porter le fardeau d'une inégalité bien
lourde. On a beau être égalitaire, il faut renoncer au
nivellement des santés, et voilà sur ce seul article une
différence auprès de laquelle celles des millionnaires et
des prolétaires semble parfois insignifiante.

Notez que parmi les maladies il en est qui agissent sur
l'humeur. Tel homme est né avec des dispositions physiques qui le rendront incapable de jouir, de sourire ; il
sera la proie des soucis rongeurs ; un voile sombre
s'étendra sur son présent et sur son avenir, sur ses
devoirs, sur ses tendresses et jusque sur ses joies. Oui,

il sera tristement joyeux, tristement heureux ; tous ses bonheurs seront trempés de larmes ; toutes ses espérances seront accompagnées de soupirs. Et l'on nous parle d'égalité absolue !

Après le corps, l'esprit ; après l'aristocratie indestructible des bien portants, l'aristocratie non moins indestructible des bien doués. Elle existe, qui le niera ? On ne s'en plaint guère ? D'où vient cela ? Deux vers très-connus n'expliqueraient-ils pas cette résignation générale ?

> Nul n'est content de sa fortune,
> Ni mécontent de son esprit.

Oui, cette aristocratie-là trouve grâce devant tout le monde, parce que tout le monde se flatte d'en faire partie. Or, si niveleurs que nous soyons, il est des aristocraties auxquelles nous pardonnons toujours, les nôtres.

Mais qu'importe ! Nous n'en sommes pas moins en présence d'une inégalité qui se fait sentir d'un bout du monde à l'autre, dans toutes les positions et à tous les âges. Déjà, sur les bancs de l'école, le maître qui distribue les récompenses et qui administre les pensums opère un classement qui se retrouvera plus tard dans les différentes carrières. Les jeunes aristocrates de l'école risquent de devenir les vieux aristocrates du conseil municipal, du conseil général ou du Parlement. Aussi les niveleurs conséquents ont-ils les yeux sur eux. Babeuf, qui rêvait au commencement de ce siècle l'égalité absolue, recommandait aux instituteurs d'arrêter dans leurs progrès les écoliers trop distingués. A son point de vue, il n'avait pas tort.

S'il y a des Babeufs aujourd'hui, je leur conseille d'avoir l'œil, non-seulement sur les hommes d'esprit, mais aussi sur les savants, ce qui n'est pas toujours la même chose. Qu'ils soient hommes d'esprit ou non, les savants forment évidemment une classe supérieure dont le rôle et l'influence grandissent de jour en jour. Nous avons beau dire, nous les ignorants, nous sentons là devant nous une de ces inégalités naturelles qu'on n'abolira jamais. Convenons-en entre nous, messieurs, nous qui ne sommes d'aucune académie, nous avons des supérieurs.

Au reste, je suis peut-être allé trop loin. S'il se trouve ici des académiciens, je leur demande humblement pardon [1]. Quand j'ai dit que nous n'étions membres d'aucune académie, j'aurais dû imiter la prudence de ce prédicateur qui parlait devant Louis XIV de notre égalité en face de la mort et qui, apercevant les sourcils froncés du grand roi, se hâta d'ajouter : « Oui, nous mourrons tous, mes frères, ou presque tous. » — Tous, messieurs, nous sommes étrangers aux honneurs académiques, tous, ou presque tous.

Nous ne sommes pas au bout; il nous reste à passer en revue plus d'une aristocratie indestructible. Voici, par exemple, celle des honnêtes gens.

L'abolirez-vous, celle-là ? Je vous présente deux hommes : le premier poursuit son éducation personnelle, il a soif de progrès moral, il souffre de ses chutes, il a horreur de ses fautes, il lutte jusqu'au sang contre

1. En prononçant ces paroles, j'entrevoyais dans un coin de la vaste salle un des savants les plus spirituels de notre époque, un des huit associés étrangers de l'Académie des sciences.

le mal, il est dévoré de la noble passion de la justice, il avance, il avance encore, sévère pour lui-même, indulgent pour les autres, serviteur du devoir et amant de l'idéal; le second est content de lui, il ne se préoccupe ni de justice, ni de progrès, il n'avance pas, il s'assied par terre, dans la fange, glorifiant ses vices, tournant en dérision toute chose belle et grande. Ces deux hommes sont-ils égaux?

Y a-t-il égalité entre l'âme esclave et l'âme libre, entre celle qui tremble devant le préjugé, devant le nombre, devant le succès, et celle qui ne tremble devant rien, ni devant personne?

Y a-t-il égalité entre le serviteur de la vérité, qui en a besoin, qui lui appartient, qui accepterait la douleur plutôt que le reniement, et l'homme qui porte les opinions de son pays, de sa société et de son temps, comme il porte les vêtements à la mode, indifférent au vrai, ne trouvant pas que le vrai vaille une lutte, que dis-je, une recherche, la fatigue d'y regarder?

Y a-t-il égalité entre le douteur lâche et le douteur vaillant, entre celui qui se réfugie dans le scepticisme comme dans un lieu d'asile bien gardé contre les questions, et celui qui doute avec angoisse, le trouble dans l'âme, décidé à ne pas affirmer tant qu'il ne croit pas, décidé à affirmer coûte que coûte, dès qu'il aura cru?

Y a-t-il égalité entre l'homme rangé et le débauché, entre celui qui dépense au cabaret ou au café le pain de sa femme et de ses enfants, et celui qui gagne ce pain à la sueur de son visage, qui se prive de tout pour que ses bien-aimés ne manquent de rien, et qui vient chercher là sa part de bonheur?

Que d'aristocrates se lèveraient encore après ceux-là!

Voici les vaillants; voici les chevaleresques; voici les
patriotes. En vérité, je n'en finirais pas. Il est une égalité, messieurs, qui n'habitera jamais ici-bas avec la
justice; il faut que l'une ou l'autre cède la place. La
conscience ne s'accommode point des doctrines qui
proclament cette égalité-là, l'égalité du bon et du mauvais; je me trompe, l'égalité du bien et du mal. La conscience prendrait au besoin la voix d'Alceste pour se
plaindre de ceux

> Qui traitent du même air l'honnête homme et le fat.

Si nous sommes des brutes, je n'ai rien à dire; les
instincts se valent et le loup qui mange l'agneau n'est
pas moralement inférieur à l'agneau qui broute son
herbe. Mais si nous avons un libre arbitre et une responsabilité, alors nous sommes moralement inégaux.
Pour niveler la société humaine, il faudrait écraser bien
des choses, la justice d'abord, la famille ensuite, la
famille, ce nid toujours chaud, où se couvent des aristocrates, et où il en éclora, quoi qu'on fasse, tant que
l'âme se sentira fortifiée dans une atmosphère de tendresses, de prières et de devoirs.

Vous me tenez compte, je l'espère, du soin que je
mets à ne mentionner ici que les inégalités que rien au
monde ne saurait retrancher. Je ne vous ai pas parlé des
différences de fortune, puisqu'il y a des gens qui prétendent (nous verrons cela) qu'on peut les abolir. Je ne
vous ai parlé d'aucune des différences énormes qui naissent de la famille, de la croyance et des exemples des
parents, de l'éducation en un mot; n'y a-t-il pas des gens
qui prétendent niveler tout cela en ôtant la famille, en fon-

dant l'éducation commune et la croyance commune ? Je ne vous ai pas parlé des différences qui apparaissent, indépendamment de la fortune ou de l'éducation; par ce seul fait que certaines maisons sont pleines de tendresses expansives, de joies brillantes, d'air libre et de soleil, tandis que d'autres semblent vouées à l'engourdissement et à l'ennui ; on y grelotte, on y bâille, on n'y rencontre ni fortes affections, ni élans de l'esprit, ni éclats de rire, ni indépendance véritable des pensées, ni devoirs cordialement accomplis, ni plaisirs simples et vrais. Voilà certes des inégalités ; voilà deux classes d'hommes qui, toutes choses semblables d'ailleurs, auront devant elles des destinées fort diverses ; ce n'est pas une petite misère, fût-on riche à millions, que d'appartenir à une famille où l'on s'ennuie de père en fils. J'ai omis pourtant cette inégalité et plusieurs autres, parce qu'on peut dire qu'en supprimant la famille, on supprimera du même coup les diversités qui tiennent aux traditions domestiques.

Mais ce qu'on ne supprimera pas, c'est la diversité des caractères. Je suppose pour un moment que les nivellements les plus impraticables aient été pratiqués : quand vous seriez parvenus à ôter la famille et la propriété, quand de la société des hommes vous auriez fait un troupeau broutant les mêmes herbes, dans la même dépendance stupide, toutes les têtes baissées au même niveau vers le sol, vous n'auriez retranché aucune des inégalités fondamentales. Si abruti fût-il par votre système, l'homme conserverait son libre arbitre, il serait bon ou mauvais. Je vais plus loin, chaque homme aurait son caractère à lui, ses tendances natives et ses instincts. Essayez de fabriquer avec cela de l'égalité absolue !

Il ne sera jamais indifférent d'être naturellement doué
de courage ou naturellement poltron, d'être naturellement gai ou naturellement morose, d'être naturellement
expansif ou naturellement concentré. Personne n'est
naturellement vertueux, je le sais, et vis-à-vis du péché
notre égalité ne subsiste que trop ; mais ce mot, *un
caractère heureux*, signifie pourtant quelque chose.
Entre les caractères heureux et les caractères malheu-
reuxl'inégalité est si grande, qu'elle se maintient presque
toujours d'un bout à l'autre de la vie, et qu'au travers
des événements du dehors, au travers même des
révolutions du dedans, oui, même quand le changement
fondamental du cœur s'opère par la foi à l'Évangile, la
distinction des caractères continue à se faire sentir
dans une certaine mesure ; il est rare qu'elle s'efface
entièrement.

Je ne peux ni ne veux tout dire, et vous compléterez
aisément, messieurs, cette énumération des inégalités
nécessaires ; laissez-moi néanmoins vous en citer encore
deux ou trois.

A moins de pratiquer, ce qui ne durerait guères, la
célèbre *anarchie* de Proudhon, on créera forcément,
toujours et partout, une hiérarchie gouvernementale. Le
gouvernant, quoi qu'on fasse, sera toujours, sous ce
rapport, au-dessus du gouverné.

Ce que je dis là est vrai des chefs élus d'une république comme des chefs héréditaires d'une monarchie.
Prenez-y garde, vous qui ne voulez aucune inégalité et
qui vous figurez avoir réalisé votre théorie en établissant
le suffrage universel, vous ne cessez de faire des
aristocrates ; il en sort de chacun de vos scrutins. La

classe des élus n'est pas celle des électeurs. Les communes ont leurs maires, les milices ont leurs officiers, les couvents ont leurs abbés ; nulle part on ne se dérobe aux classements hiérarchiques. L'*anarchie* même de Proudhon ne s'y déroberait pas pendant une heure.

D'autres inégalités, plus contestables à première vue, sont pareillement impérissables. L'illustration du nom est un fait, un fait impossible à supprimer. Sans doute des vanités blessantes ou ridicules peuvent apparaître ici, et les grands noms ne grandissent pas toujours ceux qui les portent, ils les écrasent parfois. S'enorgueillir, se pavaner, se croire d'un autre sang que le vulgaire parce que l'on compte un ou plusieurs hommes illustres parmi ses ancêtres, c'est montrer bien peu d'esprit et de véritable fierté. Mais enfin cela n'empêche pas que le nom illustre (je ne parle que de ceux qui le sont réellement) ne demeure un nom illustre. S'il a sa place dans l'histoire, il la gardera. S'il rappelle de grandes découvertes, le génie des sciences, des lettres ou des arts, un rôle éclatant, des services rendus au pays, il continuera à les rappeler. Quoi qu'on fasse, les noms de Corneille et de Michel-Ange, ceux de Washington et de Lincoln ne seront jamais les premiers noms venus.

L'illustration est quelque chose ; la considération est quelque chose aussi. L'égalisation n'ira jamais, Dieu merci, jusqu'à faire qu'il n'y ait pas certaines familles, pauvres ou riches, il n'importe, que le respect public élève au-dessus du niveau commun.

M'accuserez-vous d'aller trop loin, si je place le comme il faut parmi les inégalités nécessaires ?

- Eh bien, oui, il faut aller presque là. Les bonnes manières, la vraie urbanité, les habitudes que donne la bonne compagnie, celles qui se contractent sans qu'on s'en doute dans l'atmosphère de certaines maisons, ce je ne sais quoi aussi qui vient en droite ligne de la distinction de certaines âmes, tout cela constitue une supériorité à laquelle nous rendons involontairement hommage.

Et ne vous méprenez pas sur ma pensée ; je ne confonds pas le comme il faut avec l'affectation ou les prétentions, encore moins avec le sot orgueil de l'homme qui se croit au-dessus des autres. La vraie distinction est simple, modeste, et vous la reconnaissez précisément à ce signe qu'elle ne s'en fait pas accroire.

Ajoutons qu'aucune classe de la société n'en possède le monopole. Je connais, dans ce qu'on appelle le grand monde, des gens absolument dépourvus de comme il faut, de vrais manants, grossiers, sans gêne, affectant le genre hardi qui dispense les hommes de la politesse et prive les femmes de cette grâce attachée à la réserve ; et j'ai vu souvent au village, dans des maisons de paysans, des familles qui avaient trouvé la délicatesse des manières parce qu'elles avaient la délicatesse du cœur.

Mais, en quelque endroit qu'ils se trouvent, dans le grand monde ou au village, les distingués sont au-dessus des grossiers, nous ne changerons point cela. La vraie distinction a un charme que nous reconnaissons, que nous subissons à notre insu. Et ce charme marche avec plusieurs autres, avec les goûts élevés, avec les nobles instincts, et, pourquoi ne pas le dire? avec je ne sais quelles révélations intimes de la poésie et de l'idéal.

Ceci, messieurs, vaut la peine qu'on y insiste, afin de

prévenir tout malentendu. — Quand nous nommons cette chose un peu suspecte et qui sent son ancien régime, la distinction, quand nous rappelons ces inégalités si impalpables et si réelles qui tiennent à l'éducation, aux traditions de famille, aux habitudes de la bonne société, à l'hérédité des bonnes manières, et d'abord aux divinations du comme il faut dont quelques natures ont le secret, certains démocrates s'alarment et ne sont pas loin de s'indigner.

Je leur demande la permission d'aimer l'égalité sans adorer la vulgarité. Pourquoi l'égalité serait-elle grossière? Autant vaudrait prétendre, tout nous ramènera incessamment à cette formule, que l'égalité est le nivellement. Il existe ici-bas d'autres niveleurs que les communistes, et dans le nombre j'en connais peu de plus déplaisants que ceux dont je m'occupe ici.

Sans prêcher le socialisme, on peut rêver une société où chacun pratique, affecte au besoin la vulgarité, une société mal élevée, et qui tient à l'être, et qui s'en fait gloire. Là personne ne se gêne pour personne ; là les gens estimés et qui donnent le ton sont ceux qui font leurs affaires sans se mêler d'être aimables par-dessus le marché. Chaque homme est libre de gagner de l'argent, d'en perdre, d'en dépenser à sa guise, même de faire du bien si cela lui plaît, pourvu que sa bienfaisance soit brutale comme le reste.

Je pense que les amis de l'égalité ont à se proposer un meilleur idéal; je pense en outre qu'ils ont à le proclamer bien haut. S'il est une crainte qui nuise à leur cause, c'est celle-ci : sous le régime de l'égalité il n'y aura plus de place pour la politesse.

Vous savez quelle est la signification vraie de ce mot,

politesse. Le respect des autres et de soi, les saines élégances, les délicatesses du tact qui ne s'apprennent nulle part et qui tiennent de plus près qu'on ne croit à la vie morale, les bienveillances et les égards, tout cela compose les mœurs polies. Elles n'ont rien de commun avec les courbettes, avec les étiquettes de cour, avec l'aplatissement des caractères, avec les raffinements d'une fausse civilisation. La civilisation nouvelle ne se montrera supérieure à l'ancienne qu'à charge de la dépasser en urbanité aussi bien qu'en indépendance. Ceci est un des problèmes que notre temps est appelé à résoudre. — On nous donne à choisir entre l'égalité et l'urbanité ! Pourquoi pas l'une et l'autre ? Je proteste au nom de l'égalité contre l'égalité qu'on nous offre quelquefois. Celle qu'il faut aimer, celle qu'il fait bon poursuivre, c'est l'égalité qui n'exclut ni l'urbanité, ni la chevalerie, ni la poésie, ni l'idéal. Que les hommes mal élevés nient ou proscrivent le comme il faut, je ne m'en étonne pas beaucoup ; qu'on applique à notre siècle une méthode aussi ancienne que le monde et qu'on rogne les gens sous prétexte de faire des égaux, la chose n'est que trop naturelle ; mais défions-nous des renards qui conseillent de couper les queues.

Tournez-vous donc, de grâce, et l'on vous répondra.

Puisque nous en sommes à ce chapitre, comment ne pas signaler ici ce qu'on pourrait nommer les délicatesses de l'égalité ? Si égaux que nous soyons, encore y a-t-il deux façons de l'être.

Les inégalités que je vais rappeler constituent des nuances peut-être plutôt que des différences. Elles n'en ont pas moins pour mission de résister, elles aussi, au nivellement absolu. Ce ne sont plus, je l'avoue, des inégalités nécessaires ; il importe infiniment de les maintenir, mais il n'est pas impossible de les supprimer. Cependant vous me pardonnerez, messieurs, de leur avoir donné une petite place dans cette enquête, qui serait incomplète en vérité si elles n'y figuraient à aucun titre,

Vis-à-vis des vieillards, vis-à-vis des hommes supérieurs, nous vivons volontiers sur le pied de pairs et compagnons. Vis-à-vis des femmes, et je profite pour le dire de ce que nous sommes entre nous, on se dispense de ces égards, de ces respects qui ne disparaissent pas sans dommage pour la société tout entière. La fausse égalité n'en fait pas d'autres : lorsqu'elle nous débarrasse de ce qui nous gêne, elle nous prive de ce qui nous améliore.

Cette égalité par voie d'abaissement général ne se montre nulle part plus funeste que dans la famille. Vous savez ce qu'elle devient, quand la mère n'est pas respectée, quand les parents âgés ne sont pas entourés de vénération et de soins, quand le ton de la camaraderie règne entre le père et le fils. L'autorité n'y périt pas seule ; l'affection y souffre plus que je ne puis dire, l'idéal s'enfuit, tous les sentiments délicats se contractent en quelque sorte au contact des brutalités niveleuses. La famille égalitaire n'est plus la famille.

Dans la famille, hors de la famille, nous faussons l'égalité quand nous y joignons la familiarité. Celle-ci est le privilége, très-doux et très-rare, d'un petit nombre de relations. Sortie de là, transformée en un fait banal, elle devient un fléau. Sur son passage elle ren-

verse et détruit les obéissances, les déférences, dont
l'égalité vraie ne se passe pas et qui s'allient si souvent
à la tendresse elle-même pour lui donner le caractère
qu'elle doit avoir.

Aucun temps, aucune forme sociale ne se prive impunément de ce que j'appelais tout à l'heure les délicatesses de l'égalité. Malheur aux gens qui se borneraient
à mener leurs affaires, à gagner de l'argent, à exercer
leurs droits, à affermir leurs libertés, et qui installe-
raient chez eux la grosse égalité, celle qui passe comme
un rouleau sur les déférences et sur les gênes ! Où le
rouleau a passé la terre est aplanie, et il est possible
qu'on y fasse une bonne récolte de bon froment ; mais
il est certain que les fleurs sont écrasées. Ne promenons
pas le rouleau partout, croyez-moi.

Vous le voyez, messieurs, l'inégalité a un grand rôle
ici-bas. Inégalités physiques, inégalités intellectuelles,
inégalités morales, inégalités d'illustration, inégalités de
fonctions, inégalités d'éducation et de manières, elles
constituent une des conditions essentielles de la vie.

Non-seulement elles sont inévitables, mais elles sont
nécessaires, dans le sens le plus profond et le plus élevé
de ce mot. Nous ne saurions nous en passer. Si nous
souhaitons avec ardeur un état de choses où certaines
inégalités disparaîtraient, nous ne saurions en souhaiter
un où toutes seraient abolies En effet, l'égalité absolue
porte un autre nom, un nom fatal, l'uniformité. Supposez que nous parvinssions à ne plus être inégaux, nous
aurions cessé d'être divers, l'individualité aurait péri.
Or, l'individualité est la forme même de la liberté. Aussi
l'inégalité se conservera-t-elle dans le ciel ; aussi existe-

t-elle parmi les anges. Jusque dans le séjour de l'égalité suprême, égaux par le salut, égaux par la nouvelle naissance, égaux par le bonheur, nous conserverons pourtant cette inégalité indélébile qui fait que nous sommes divers, que nous sommes *nous*.

Pour ce qui est de la vie actuelle, il est évident que l'inégalité y occupe beaucoup de place et qu'elle ne peut y être abolie. En l'ôtant, nous ôterions l'homme, l'homme divers, l'homme s'élevant et s'abaissant suivant sa vie morale, l'homme responsable. Les priviléges qui tiennent à son énergie pour le bien comme aussi aux dons naturels qu'il a reçus, caractère, talent, santé, nom, distinction, beauté, sont de ceux que ni les décrets de l'État ni même le consentement des privilégiés ne peuvent supprimer. Il n'y a pas de nuit du 4 août pour ces priviléges-là.

Et cela est heureux, je le répète, car le jour où l'on serait parvenu à niveler les caractères, à rendre égaux les savants et les ignares, les intelligents et les bornés, les grossiers et les délicats, puis, par-dessus le marché, les bons et les mauvais, ce jour-là, l'homme cesserait d'être l'homme. Il faudrait nous numéroter pour nous reconnaître, la société humaine serait devenue semblable à une ruche d'abeilles, ou plutôt peut-être à une bande de loups.

L'égalité absolue, qui prétend abolir les priviléges, établirait le plus révoltant de tous, le privilége de la paresse, de l'incapacité, de l'inconduite, du sans-gêne. Il s'agirait d'appliquer une méthode que nous étudierons prochainement : ne pouvant par simple décret élever ce qui est bas, on essayerait (ce qui semble plus facile) d'abaisser ce qui est haut.

Comment s'y prendrait-on? Je l'ignore. Les inégalités nécessaires feraient bonne défense; mais c'est déjà un mal, et un mal immense, de faire croire aux hommes qu'elles peuvent être supprimées et que le nivellement est praticable. Rendrait-on malades les bien portants, pour ne pas humilier les malades? Diminuerait-on les géants pour ne pas humilier les nains? Casserait-on les jambes qui marchent pour ne pas humilier les boiteux? Crèverait-on les yeux qui voient pour ne pas humilier les aveugles? Nul ne peut le dire. On essayerait sans doute de fermer les écoles dans l'intérêt des ignorants, d'abrutir les intelligents dans l'intérêt des imbéciles, de corrompre les honnêtes dans l'intérêt des vicieux. Ceci, par malheur, peut réussir jusqu'à un certain point.

Permettez-moi, messieurs, de vous raconter une histoire. Il y avait une fois chez les Grecs (voilà bien longtemps de cela et je ne me porte pas garant de la légende) un brigand qui se nommait Procuste. Ce partisan mal famé de l'égalité absolue paraît avoir eu une idée fixe, supprimer la différence des grands et des petits. Tous les hommes lui semblaient devoir être de même taille, et comme sa taille à lui était naturellement à ses yeux la taille normale, il avait décidé que quiconque lui tomberait entre les mains serait allongé ou raccourci de manière à n'être ni plus grand ni plus petit que Procuste. Les malheureux étaient donc étendus dans son lit; ceux qui étaient trop courts étaient allongés, ceux qui étaient trop longs étaient raccourcis. L'histoire ne dit pas qu'un seul voyagur ait eu la mesure exacte. Elle ne dit pas non plus qu'un seul ait été encore propre à

quoi que ce soit, après avoir subi sous la direction de Procuste l'opération du nivellement radical.

III

Il y a donc des inégalités indestructibles. Au fond,
nous n'en doutons guères, quoiqu'il nous manque le
plus souvent de nous en être rendu compte. Nous ne
connaissons bien ni les inégalités ni les égalités toujours
subsistantes de la société humaine; mais nous devinons
qu'elles existent. De là ces deux impressions si générales et si vives que nous ressentons tous dans une certaine mesure : l'horreur du nivellement, l'amour de
l'égalité.

Oui, je l'affirme, messieurs, et sans crainte d'être
démenti par vous, l'idée de nivellement nous répugne.
Nous semblons prévoir, dès qu'on nous en parle, que,
pour mettre de niveau ce qui diffère par tant de côtés,
il faut estropier le genre humain. Avec des caractères
inégaux, avec des organisations inégales, avec des intelligences inégales, avec des moralités inégales fonder
l'égalité absolue, prendre des paresseux, des prodigues,
des vicieux, des abrutis, et leur assurer la même situation qu'aux laborieux, qu'aux économes, qu'aux honnêtes, qu'aux intelligents, cela suppose un déploiement
de violences, une mutilation de la destinée, une négation de la liberté, dont la pensée seule donne le frisson.

Et, d'autre part, ceux qui nient l'égalité ne nous consternent pas moins que ceux qui prônent le nivellement.
Nous savons, avant même de l'avoir appris en détail (et il

importe de l'apprendre ainsi), que nous sommes encore
plus égaux que divers. Un infaillible instinct nous révèle
que parmi les hommes l'égalité est fondamentale, constitutionnelle et quelque sorte, et que l'inégalité est accidentelle. Si de tels accidents sont sans remède ici-bas,
nous saluons d'avance les perspectives saintement égalitaires que nous offre l'Évangile; nous aspirons à ce
temps où, par le renouvellement du cœur et par l'enri-
chissement de l'intelligence, tous ceux qui auront aimé
Dieu et leurs frères seront égaux par tout ce qui est essentiel, égaux sans cesser d'être divers. Quelque chose
en nous nous dit que c'est là qu'il faut tendre, que porter
en haut ce qui est en bas est la grande tâche de notre vie,
qu'en nous et chez les autres il y a à élever les niveaux,
niveau d'intelligence, niveau d'instruction, niveau de
moralité, niveau de bonheur ; je ne crains pas d'ajouter
niveau de force, de santé, de beauté même, car tout se
tient dans l'œuvre du relèvement.

Voilà pourquoi les théories rétrogrades qui nous con-
struisent une hiérarchie en remplacement de la fraternité et qui mettent des castes là où nous comptions
rencontrer le genre humain, nous causent un étonnement mêlé de scandale, lequel, grâce à Dieu, va croissant à mesure que les lumières se répandent. Nous ne
pouvons plus songer sans rire à ceux qui se croient d'un
autre sang que le commun des mortels. Autant nous
méprisons les charlatans de l'égalité et les courtisans du
peuple, autant nous aimons en elle-même l'idée d'égalité, car elle signifie le droit, car elle signifie la justice,
car elle signifie le progrès, car elle signifie l'avenir.

Ceci nous conduit, messieurs, à la seconde partie de

2.

cette enquête que nous avons entreprise aujourd'hui. Il fallait commencer par distinguer la vraie égalité de la fausse, ou si vous l'aimez mieux, l'égalité du nivellement. Pour cela, nous avions à rechercher ensemble les inégalités naturelles et indestructibles. Montrer que nous sommes nécessairement, irrémédiablement inégaux en bien des choses, c'était prouver que le nivellement est une chimère.

Reste maintenant à constater les égalités essentielles, celles que Dieu a mises en nous, que nos vices mêmes ne parviennent pas à anéantir, et qui sont comme le signe de l'unité visible du genre humain.

Cette seconde partie de l'enquête n'est pas moins importante que la première. Nous verrons quelle place vraiment grande et belle l'égalité occupe ici-bas. Et il ne sera pas inutile de l'avoir vu : cela nous apprendra, d'une part à la respecter comme partie intégrante du plan de Dieu, d'autre part à ne pas accepter le point de départ des réformateurs à outrance, qui supposent que l'égalité n'existe pas, qu'elle est tout entière à fonder, qu'il s'agit d'une création *ex nihilo*. Rien n'est plus propre à envenimer le débat ; l'égalité cherchée nous fait oublier l'égalité possédée ; nous ne voyons que les dissemblances, nous ne voyons pas la ressemblance fondamentale ; nous nous attachons à ce qui nous sépare, et nous oublions ce qui nous unit.

Or, ce qui nous unit est bien plus considérable que ce qui nous sépare. Les égalités qui subsistent, en dépit de tout, au milieu des hommes, sont d'une grandeur et d'une magnificence dont, faute d'y avoir réfléchi, nous ne nous formons pas une juste idée. Je considérerais comme un résultat précieux de notre entretien les notions, un peu plus justes peut-être et plus complètes, que nous pourrons emporter d'ici sur ce point.

En toute chose essentielle nous sommes égaux. L'air, la lumière, l'eau courante ne sont le privilége de personne, et notez que chacun de ces petits mots désigne un bien tellement grand, que les trésors de Crésus, disons mieux, les budgets perfectionnés de notre temps, ne sauraient entrer en comparaison. Des milliards ne payeraient pas un rayon de soleil.

D'autres richesses non moins précieuses sont distribuées aux hommes sur le pied de la plus entière égalité. Tous ont une raison ; tous ont une conscience ; tous ont un libre arbitre. Quelles que soient les diversités de situation et de caractère, nul n'est autorisé à dire : « Je suis ainsi fait, que ma raison n'admet pas les droits de la vérité, que ma conscience n'accepte pas l'autorité du devoir, que mon libre arbitre ne proclame pas la responsabilité de mes actes. »

Tous ont un cœur ; tous sont capables de tendresse. La famille offre à tous son asile de félicité, de collaboration morale et de paix. Les joies de la bienfaisance sont offertes à tous. Tous peuvent s'intéresser aux belles causes. Tous peuvent travailler. La joie, le bonheur, passez-moi ce paradoxe apparent qui est une vérité d'expérience, sont accessibles pour tous. Tous sont appelés, et parvenus aujourd'hui, à l'égalité devant la loi. Tous possèdent l'égalité devant Dieu ; à tous Dieu, nous le verrons, offre la grande égalité du salut.

Ah ! si Dieu privait un seul homme de ces choses-là, aussi indispensables que l'air, que l'eau et que la lumière, s'il nous était possible de découvrir ici-bas un

seul homme sans raison, sans conscience, sans libre
arbitre ou sans cœur, si la famille, la bienfaisance, le
travail, les belles causes, les joies, le bonheur faisaient
l'objet d'un monopole, alors nous serions condamnés
à dire, l'âme navrée : l'égalité n'existe pas.

L'égalité existe, messieurs. Les grands biens sont pour
tous, et les grands maux sont aussi pour tous ; pour
tous la maladie, l'inquiétude, la lutte intérieure, les séparations, les larmes ; pour tous les dépendances, les
ignorances, les limites imposées à notre faiblesse ; pour
tous la mort, et après, le jugement.

En vérité, lorsque je contemple ces égalités si prodigieuses, je sens qu'auprès d'elles nos inégalités sont
petites, quoiqu'elles soient assurément trop réelles
(et vous verrez que je ne cherche point à dissimuler
leur gravité). Somme toute, nos destinées ici-bas sont
moins inégales que diverses. Nous avons chacun notre
fonction, et qui nous dit que les fonctions ne se vaillent
pas ? L'ouvrier ne peut-il pas faire, à la place qui
lui est assignée, autant de bien que le patron ? Le
pauvre n'a-t-il pas sa mission comme le riche ? Qui
n'a vu des malades, cloués sur un lit de douleur, incapables de mouvement, et qui accomplissaient là, dans
leur humble sphère, une œuvre de charité, de consolation, d'encouragement au bien, que notre activité
bruyante et bien portante ne réussit pas souvent à sur-
passer ?

Cette égalité fondamentale, qui tient tant de place dans
toutes les vies en dépit des circonstances contraires, elle
peut s'exprimer par un mot, l'homme.

Montrez-moi un sauvage, un nègre, un papou ; avant

d'être frappé des différences qui existent entre lui et
moi, je serai frappé de la ressemblance. C'est un homme ;
il a comme moi une âme ; comme moi il connaît les
joies et les douleurs ; comme moi il commet le péché ;
comme moi il est appelé au repentir, au progrès, à
l'éducation personnelle ; comme moi il a des devoirs à
remplir ; comme moi il marche vers l'éternité ; comme
moi il a un Père au ciel ; pour lui comme pour moi un
Sauveur a versé son sang.

J'ai souvent voyagé ; eh bien, rien ne m'a plus frappé
en voyage que cette persistance des trait fondamentaux
qui constituent l'humanité. Tout change excepté cela.
Langues, mœurs, lois, religions, coutumes, tout se transforme incessamment, mais l'homme reste. Chez les
Maures de Tanger, chez les Nubiens du haut Nil, chez
les Turcs de Constantinople, chez les Arabes du Sinaï
j'ai rencontré ce que je sens en moi, et souvent, bien souvent, beaucoup mieux que ce que je sens en moi. Comment s'y prennent les hommes qui, à la vue d'un forçat
ou d'une femme de mauvaise vie, se rendent le témoignage qu'ils n'ont rien de commun avec ces gens-
là ? Je l'ignore. Il ne m'est jamais arrivé de rencontrer une des manifestations extrêmes de la corruption humaine, sans m'y reconnaître en plein. Voilà
ce que j'ai senti ou pressenti ; voilà ce qui se serait
développé chez moi, si je n'avais pas été placé dans
des circonstances favorables, si la grâce de Dieu ne
m'avait gardé ; voici mon frère et voici ma sœur.

Vous aurez beau exagérer les contrastes, vous ne parviendrez pas à abolir l'égalité que je signale et sur
laquelle j'insiste. Tout différera, les situations, les
milieux, les croyances, les sentiments, les actes ; le

niveau des idées et des connaissances, de la moralité, du développement, des tendresses, des plaisirs, sera très-élevé ici et très-abaissé là ; il n'importe, la grande égalité demeurera intacte, l'homme ne cessera pas d'être l'homme ; celui d'en haut aura toutes les misères, celui d'en bas toutes les grandeurs de l'humanité.

Prenez, j'y consens, un homme de génie qui a été en même temps un homme de bien, prenez Newton, et mettez auprès de lui le plus dégradé des Ashantis, ce qui vous frappera avant tout c'est la ressemblance. Vous avez devant vous deux hommes, deux pécheurs, deux âmes immortelles, deux cœurs capables d'aimer et de souffrir, deux êtres appelés à s'élever vers Dieu. L'un et l'autre ont des passions, des sympathies, des haines. Si je ne craignais de vous scandaliser, messieurs, j'ajouterais une énormité de plus : la distance entre ce que savent les plus savants et la science complète est tellement grande, que l'Ashanti et Newton se ressemblent par leur ignorance, comme ils se ressemblent par la constitution invariable de l'entendement humain, préparé pour la vérité.

Nous nous comprenons, n'est-ce pas ? je ne prétends certes pas que la science humaine ne soit rien. Je suis encore plus loin de prétendre que la supériorité morale ne soit rien; elle forme au contraire la seule différence bien décisive entre les hommes. Ce que je soutiens, c'est que l'égalité constitutionnelle des hommes subsiste, quoique le développement des uns ait été comprimé par des circonstances qui n'ont pas pesé sur les autres, quoique les uns aient accompli plus que les autres le abeur de la lutte intérieure qui n'est impossible dans

aucune condition, dans aucune race et sous aucune
latitude. Nulle part Dieu n'a retranché la conscience,
refusé ses secours ou supprimé le libre arbitre ; supposer
un homme sans conscience, sans libre arbitre et placé
de telle manière qu'aucun secours divin ne pénètre jusqu'à lui, c'est supposer un homme qui n'est pas homme.

Je cherche vainement sur la terre un homme sans
libre arbitre et sans conscience. Livingstone et Speke
ont traversé les contrées les plus sombres de l'Afrique ;
ils n'ont pas rencontré cet homme-là. D'autres explora-
teurs ont parcouru au péril de leurs jours les solitudes
de l'Australie, et au fond des forêts étranges, dans le
pays des Kangurous, parmi les peuplades qui ont à peine
la figure humaine, ils n'ont pas rencontré cet homme-
là. Sous aucun ciel, grâce à Dieu, on n'a trouvé l'homme
en qui l'on ne peut éveiller le sentiment du devoir, de
l'obligation morale vis-à-vis du bien, de la responsabilité
résultant du mal.

Quelle égalité, messieurs, que celle des consciences !
Elles peuvent être très-obscurcies ; ces sauvages qui
grimpent aux arbres de l'Australie en sont réduits, on
l'assure et je le crois, à une notion infiniment misérable,
faible et imparfaite du devoir ; néanmoins le devoir est
là, la conscience est là. Il est tel acte qui leur apparaît
mauvais, et qu'ils n'accomplissent pas sans éprouver
du remords.

Et voilà l'égalité des consciences. Elle subsiste, alors
même que les notions morales sont faussées, affaiblies
ou réduit à leur moindre état. Pour en découvrir de telles,
il n'est pas indispensable, vous le savez, de visiter
l'Afrique ou la Nouvelle-Hollande. Il y a eu tel temps de
l'histoire de notre Europe, il est tel pays habité par des

peuples indo-germaniques, nos proches cousins, où il
ne faudrait pas examiner de trop près le catalogue des
vices et des vertus. Si certains sauvages abandonnent
sans remords un père âgé, certains chrétiens ont torturé
sans remords quiconque n'adhérait pas à leur symbole.
Aujourd'hui encore il existe parmi nous, dans les bas-
fonds de la société et dans le grand monde aussi, je ne
sais combien de morales plus immorales les unes que les
autres ; sur nombre de points, et des plus graves, nous
adoptons d'étranges principes. Qu'est-ce à dire ? la
conscience serait-elle abolie ? Non, elle est là, maintenant son unique, sa précieuse et infaillible maxime : le
bien oblige. En dépit des faux devoirs, la notion de
devoir subsiste ; en dépit des mauvaises pratiques, nous
ne cessons pas de savoir qu'il ne nous est pas permis
de pratiquer le mal.

Si quelqu'un, messieurs, était tenté de mettre en
doute ces grandes égalités humaines, la conscience, la
raison, le cœur, le libre arbitre, je l'engagerais à considérer une expérience qui depuis dix-huit siècles est
en train de s'accomplir ici-bas. Je veux parler de la prédication de l'Évangile. L'égalité, l'unité du genre humain
ont été mises en lumière par un fait éclatant, l'unité de
la foi qui lui a été annoncée. Il n'y a pas un Évangile
pour les blancs et un autre pour les noirs ; il n'y a pas
un Évangile pour les riches et un autre pour les pauvres ;
il n'y a pas un Évangile pour les classes éclairées et un
autre pour les classes ignorantes ou dégradées. Le même
Évangile dit la même chose à tous ; et tous le comprennent ; et chez tous, quand il est reçu, il amène les
mêmes repentirs, les mêmes luttes contre le mal, le

même amour de Dieu et des hommes, la même recherche de la sainteté, les mêmes progrès.

En dehors de l'égalité des hommes, je défie que l'on explique l'évangélisation des hommes. Né parmi les Sémites, l'Évangile est allé vers les descendants de Cham et de Japhet; il est allé vers les blancs, vers les noirs, vers les rouges, vers les jaunes; il est allé vers les races abruties; il est allé vers les races raffinées; il est entré dans les palais, il a monté les fétides escaliers des quartiers immondes où s'entassent les vices et les misères des grandes villes; et partout, partout, sans changer ni sa doctrine ni son langage, il a fait des chrétiens parce qu'il a rencontré des hommes.

Je ne connais pas, messieurs, deux manières de sentir son péché, de se jeter dans les bras ouverts du Dieu d'amour, d'aspirer à la délivrance du mal, de se réjouir à cause du salut. Quand je vois ces transformations s'opérer dans toutes les races et dans toutes les classes, je me dis avec une joie profonde que l'homme est l'homme où qu'on le prenne, que l'homme est légal de' l'homme par la raison, par la conscience, par le libre arbitre et par le cœur.

Vous me parlez de raisons affaiblies ou troublées; et je vous réponds, qu'à part les fous chez lesquels son exercice est suspendu quoique ses lois restent immuables, il n'est pas un de ces entendements affaiblis qui, malgré ses erreurs, ses superstitions, ses préjugés, ne puisse être saisi par la vérité de l'Évangile. Vous citez les consciences atrophiées ou faussées; et je vous montre l'Évangile accomplissant ses miracles de renouvellement moral dans les milieux les plus corrompus. Vous posez en fait que certains hommes sont esclaves

3

et que leur libre arbitre n'est plus qu'un mot; or, je vois ces mêmes hommes affranchis par l'Évangile et se-couant, avec une admirable énergie d'indépendance, le joug que le monde voudrait faire peser sur eux. Vous affirmez qu'il existe des cœurs desséchés et endurcis; je ne dis pas le contraire, mais je remarque que ces cœurs s'attendrissent et reprennent vie au contact de l'Évangile. Décidément, nous sommes égaux; vérité, sainteté, bonheur, tout est mis à la portée de tous. Il fallait la religion immortelle pour mettre en évidence l'immortalité des bases essentielles de l'humanité. Tandis qu'on travaille à nous faire croire que toute religion est le résultat et le reflet d'un état social, qu'il en faut une pour chaque race et pour chaque époque, un fait im-mense se produit depuis des siècles, réfutation éclatante de ces théories et affirmation éclatante de l'égalité hu-maine : la même religion est proclamée dans les mêmes termes, et sa puissance augmente quand le texte pri-mitif des apôtres est maintenu, sans addition, sans changement; elle va immuable d'une nation à l'autre, d'une civilisation à l'autre, et partout, à la ville comme au village, chez les savants comme chez les ignorants, chez les corrompus comme chez les honnêtes, chez les anthropophages de Polynésie comme chez les peuples latins ou anglo-saxons, il a remué les mêmes fibres; 'égalité constitutionnelle des hommes a été prouvée, du siècle des Césars au dix-neuvième siècle, et de la Judée au Labrador, par une démonstration d'une incomparable beauté.

Ne le sentez-vous pas, messieurs? il est bon, il est doux,

il est délicieux de contempler ainsi une à une les grandes
égalités d'ici-bas?

La famille est une de ces égalités-là. Nous pourrions
faire pour elle ce que nous avons fait pour la raison,
pour la conscience, pour le libre arbitre et pour le cœur,
aller d'une race à l'autre, d'une classe à l'autre, et voir
s'il est impossible quelque part de fonder la vraie famille
et de lui demander le vrai bonheur. La famille telle que
l'Évangile la veut, serait-elle le monopole des riches,
par hasard? Ou bien ne pourrait-elle naître loin de nos
climats? Les faits se chargent de répondre : il y a de
vraies familles chez les pauvres; il y en a chez les
Esquimaux, chez les Nègres, chez les Chinois convertis à
l'Évangile.

Ils sont égaux certes, ces hommes de la famille, qui,
quelque idiome qu'ils parlent et de quelques haillons
qu'ils soient vêtus, possèdent les chaudes affections,
les bienfaisants devoirs, la joie, l'innocente joie de
marcher ensemble, d'avancer ensemble, de prier ensemble, de rendre grâce ensemble, de souffrir ensemble
(oui, cela aussi est une joie), de poursuivre ensemble le
travail sans fin de l'éducation personnelle où tous sont
aidés par tous.

Il n'y a point là, que je sache, un privilége réservé à
quelques-uns. L'égalité des tâches a été mise sur la
terre, et elle tend la main à l'égalité des bonheurs.

Ceci a une telle importance, messieurs, la famille
occupe une telle place dans toutes les questions sociales,
que nous aurons à examiner avec un soin jaloux s'il ne
serait pas arrivé çà et là, que, par une catastrophe ou
plutôt par un crime dont la réparation ne doit pas se
faire attendre, la civilisation moderne ait créé des

conditions de vie qui excluent la famille. Si cette inégalité existe, il importe qu'elle cesse, et promptement.
D'autres inégalités peuvent subsister et subsisteront
toujours ; celle-là est impie, le droit à la famille est
inscrit de la main de Dieu dans cette déclaration des
droits de l'homme dont Les articles passent aujourd'hui
sous nos yeux.

L'égalité dont je parle est indestructible en elle-même,
cela va sans dire ; mais elle peut être compromise dans
certains cas par les exigences brutales de notre industrie. Ajoutons qu'elle l'est bien plus souvent par nos
vices ; nos vices à nous nous font toujours plus de mal
que ceux de l'organisation sociale. Elles n'abondent que
trop, hélas ! les maisons, pauvres et riches, où la vie
de la famille est inconnue, où l'on ne s'aime pas, où l'on
ne s'aide pas, où l'on ne se connaît pas, où l'on ne se
voit pas, où les enfants n'ont ni père ni mère, où le
foyer est éteint, où l'on grelotte, où l'on s'ennuie, où
l'on ne découvre dans la vie commune qu'une charge à
laquelle chacun se dérobe le plus possible.

Nous excellons à mettre ainsi des inégalités profondes
là où Dieu avait mis de merveilleuses égalités. Nous
verrons cela souvent en poursuivant notre étude. Bien
souvent nous aurons à sonder nos cœurs, et à confesser
que les inégalités d'ici-bas sont d'ordinaire pour nous
un sujet d'humiliation plutôt qu'un sujet de plainte. Le
mal est en nous ; le remède doit être en nous, la réforme sociale s'accomplira surtout dans l'individu. Au
reste, n'anticipons pas.

Une nouvelle égalité que rien ne saurait détruire
parce que Dieu la met et la maintient à la portée de

chaque homme, mais que chaque homme est libre de ne pas saisir, c'est la bienfaisance.

On s'imagine, je ne sais pourquoi, qu'elle n'appartient qu'aux riches. Quoi ! les riches seuls pourraient goûter cette joie, la plus pure et la plus douce de toutes, la joie de faire du bien ! Votre conscience proteste, messieurs, et votre expérience aussi. Vous avez vu la bienfaisance du pauvre. Le don du pauvre est un des plus suaves parfums qui montent de la terre vers le ciel. Il l'a dit, celui qui à Jérusalem observait la main de la pauvre veuve glissant son humble et riche offrande dans le tronc du temple.

L'émotion nous saisit, nous qui donnons un peu de notre superflu, quand nous rencontrons un pauvre qui donne de son nécessaire. Le pauvre qui n'a pas d'argent donnera quelques denrées. Le pauvre qui n'a pas de denrées donnera de ses forces et de son temps ; il donnera de sa sympathie, cette aumône qui vaut toutes les autres et sans laquelle les autres ne sont rien.

Non-seulement nous sommes égaux devant la bienfaisance, car tous ont besoin de tous, et quel est le riche qui n'a pas demandé, qui n'a pas reçu la charité ? mais nous ne sommes pas moins égaux devant les autres joies de l'activité généreuse.

Ce sont les joies suprêmes et les fêtes de la vie, Dieu n'en exclut personne. Voici des vérités à propager, des opprimés à délivrer, des injustices à signaler, de belles causes à soutenir. Voici de l'entrain et de la passion pour les âmes découragées ; voici du travail pour les existences vides ; voici du soleil qui ne demande qu'à entrer dans les maisons assombries.

Vous demandez où sont les nobles causes ! — Où ne sont-elles pas ? J'en vois à l'Orient et à l'Occident ; j'en vois tant, qu'aucun de nous n'y pourra suffire. Ne craignez pas, il y a de l'ouvrage pour tout le monde, du pain sur la planche pour tous.

Pour tous, ai-je dit ; et il le faut bien, car sans cela, qui oserait parler d'égalité ? Tel homme, qui ne sait rien, qui ne lit pas de journaux, qui ne peut ni parler ni agir avec éclat, rencontre à sa porte, dans les iniquités qui s'accomplissent près de lui, dans la tragédie de la maison voisine, une belle cause (oui, bien belle et bien grande, quoique ignorée) qui réclame un chevalier pour la soutenir. Il sera le chevalier ; il livrera bataille ; il donnera son repos, sa réputation, son sang. Il sera un des champions du droit; il goûtera l'une de ces jouissances d'un ordre supérieur qui nous font sentir que nous ne sommes pas pour rien sur la terre.

Je reproche aux amis de l'égalité de la chercher souvent où elle ne saurait être et de ne pas la voir où elle est. Certes ils sont égaux, quelle que soient d'ailleurs leur situation extérieure , ces hommes qui tous ont des devoirs à remplir, une famille à aimer, des patronages à exercer, des combats à livrer pour la justice, des témoignages à rendre à la vérité, sans compter qu'ils ont tous une âme à gouverner, une intelligence à développer, un cœur à dompter, une vie intérieure à refaire, un Dieu à servir, une éternité à prépre

Quant aux belles causes, elles sont loin d'avoir ce caractère exceptionnel que nous leur attribuons souvent; il y en a beaucoup, il y en a partout. Il y en a d'éclatantes, il y en a d'obscures. Menez-moi dans le plus ignoré des hameaux de la plus reculée des provinces ;

choisissez là l'existence la plus uniforme et la moins
accidentée ; je me charge d'y découvrir, au milieu des
devoirs ordinaires, dans les vulgaires contacts avec les
passions humaines, en présence des mensonges, des
calomnies, des abus de la force, des tyrannies de l'opinion, des oppressions et des douleurs qui ne manquent
nulle part, cent occasions pour une de prendre en mains
la cause des faibles. Quand donc mettra-t-on en lumière
les vaillances des petits et les noblesses des humbles vies ?
Quand nous montrera-t-on les grandeurs que tous ont
à leur portée? Quand fera-t-on appel aux ambitions généreuses de tous ? Parmi les manières de réaliser l'égalité,
celle-ci ne serait ni la moins honorable ni la moins sûre.

Remarquez d'ailleurs, messieurs, que les belles causes
inconnues n'excluent en aucune façon les belles causes
éclatantes. Rien n'empêche les plus pauvres de s'intéresser à celles-ci et de leur donner un appui dont personne ne contestera la valeur. En vertu de quelle loi, je le
demande, certains enthousiasmes seraient-ils le privilège
des hommes de loisir ? Tout se relève chez nous, quand
nous mettons de ces enthousiasmes-là dans nos cœurs
et dans nos maisons ; c'est pour les ouvriers autant que
pour les riches qu'il a été dit : « l'homme ne vivra pas
de pain seulement. » La fausse inégalité des classes se
maintient surtout parce qu'il en est qui ne vivent que de
pain ; la vie des idées, des sympathies, des générosités, la
vie supérieure, en un mot, voilà ce qui manque souvent
Dieu n'a condamné personne à se passer d'idéal ; il a
ouvert devant chacun de nous les perspectives rayon-
nantes. Les niveaux montent, soyez-en sûrs, lorsque
quelque émotion généreuse remue les masses. Rappelez-
vous ces ouvriers anglais qui, pendant la guerre civile

de l'Amérique, tendaient leurs mains aux champions de
la liberté. Tandis que les hommes d'État méconnaissaient
la nature et la grandeur d'un tel conflit, tandis que les
hommes d'affaires songeaient à leur bourse et calcu-
laient (fort mal) les chances de perte et de profit, les
ouvriers, qui souffraient de la crise plus que personne,
qui avaient besoin du coton plus que personne, qui
sentaient plus que personne ce qu'allait leur coûter l'affranchissement des esclaves, n'avaient pas, disons-le,
une minute d'hésitation. Ce jour-là, les ouvriers anglais
ont fait un grand pas vers l'égalité.

Plus nous avançons dans notre enquête, messieurs, et
plus nous apparaît cette destinée commune qui est notre
lot à tous. Dieu y a mis pour tous des affections, des
devoirs, et même de l'idéal. Dieu y a mis du travail; le
travail est une des égalités d'ici-bas, car il est une des
lois universelles de la vie.

Il y a des oisifs cependant; moins qu'à aucune autre
époque de l'histoire, mais il y en a. Or, savez-vous ce
qui rétablit l'égalité? Où les fatigues du travail manquent,
les bénédictions du travail manquent aussi. Et, chose
remarquable, le châtiment des oisifs est une fatigue, la
plus lourde, la plus intolérable que vous puissiez imaginer. Ils sont condamnés à la fatigue de l'ennui : ils se
meuvent dans le vide; leur labeur (car ils en ont un)
consiste à résoudre un problème sans solution, vivre
dans le vide. Ils s'y essayent, et ils n'y parviennent pas.
Épuisés, plus lassés cent fois que le laboureur qui re-
tourne sa terre sous l'ardeur du soleil, impuissants, dégoûtés d'eux-mêmes et des autres, vieux avant l'âge, ne
trouvant de saveur à rien, ne connaissant rien de ce qui

donne du prix à l'existence, ils se traînent languissamment jusqu'au bord de leur fosse, sans avoir savouré aucune des vraies joies, celles du devoir, celles de la tendresse, celles de la bienfaisance, celles des sympathies ardentes et généreuses. Je ne parle pas de celles de la foi et de la renaissance morale ; aucune de ces joies ne se laisse séparer du travail.

La loi du travail n'admet pas d'exception. Chacun de nous travaille à sa manière, je l'espère du moins, l'un dans son atelier, l'autre dans son champ, le troisième dans son cabinet, et les plus rudes tâches, celles qui font venir le plus de sueur au front, ne sont pas toujours celles que l'on suppose.

En tous cas, la loi demeure et sa sanction demeure. L'égalité règne, les fainéants sont punis. Ils succombent à la peine, sous le faix de leur oisiveté laborieuse, tout encombrée de devoirs factices qui sont venus remplacer les devoirs vrais, comme les ronces envahissent la place des nobles chênes tombés sous la hache du bûcheron. Nul d'entre nous n'ignore où mène une vie de paresse, à quelle ruine parfois, à quelle déconsidération souvent, à quels vices toujours.

Et voilà de quelle sorte l'égalité se rétablit. Ils ne l'ont guère comprise ceux qui envient les oisifs, qui se figurent que l'avantage de la richesse consiste à se croiser les bras, que quand on a son pain gagné on n'a plus qu'à tuer le temps, et que les heureux entre les heureux ce sont les élégants qui ne font rien. Les conditions de l'existence humaine sont plus simples et plus uniformes qu'on ne le croit. Ajoutons que la mort couronne et complète cette égalité.

3.

Ici, je me tais. Il y aurait trop à dire, et je craindrais de tomber dans le lieu commun. Quiconque est entré dans un cimetière sait ce qu'il faut savoir sur ce sujet. Oh ! l'égalité du cimetière ! cette terre nivelée, où s'élèvent çà et là de petits tertres égaux entre eux : il se trouve là-dessous des bières de sapin et des bières de chêne ou d'acajou, mais elles tiennent précisément la même place. Il y a des morts qui ont passé quatre-vingts ans sur la terre, et il y en a qui ont été moissonnés dans leur printemps ; il y a des cheveux blancs et des cheveux blonds, plus de cheveux blonds que de cheveux blancs; mais qu'est-ce que cela? qu'est-ce que quelques jours de de plus en face de l'éternité ?

Si je faisais un pas de plus, messieurs, nous verrions se déployer devant nous de bien autres égalités, de bien autres inégalités aussi que celles d'ici-bas; nous verrions en tous cas s'effacer comme une vaine ombre les questions qui font tant de bruit, questions de rang, de richesse ou de pauvreté. — Je ne veux pas aborder aujourd'hui un pareil sujet; le moment n'en est pas encore venu, restons sur la terre.

Vous scandaliserai-je beaucoup en disant que nous sommes égaux vis-à-vis de la douleur ? Je me hâte d'expliquer ma pensée. Je ne songe certes pas à soutenir qu'il n'y ait point de différence entre les hommes sous ce rapport. Ce serait plus qu'un paradoxe, ce serait une cruauté. Le moins que nous devions à ceux qui sont courbés sous une infortune exceptionnelle, c'est de comprendre leur misère et d'y compatir profondément. Dieu nous préserve de leur tenir jamais ce langage : vous avez vos malheurs, nous avons les nôtres ; nos afflictions se valent, et personne n'a le droit de se plaindre, car tous sont à plaindre !

Il est, hélas, des destinées si sombres, si isolées, si dépourvues ; il existe des combinaisons telles de l'indigence, de la maladie, des hérédités funestes, qu'à leur vue nous nous demandons jusqu'à quel point nous avons encore le droit de considérer nos propres maux comme des maux et de gémir sur quoi que ce soit.

Les différences sont grandes, mais voici où l'égalité reparaît : aucun homme n'échappe à la douleur, aucune condition sociale ne préserve de la douleur.

L'opinion contraire n'est que trop répandue. Sans affirmer précisément que la richesse préserve de la douleur (qui l'oserait ? Elle ne préserve ni de la maladie, ni des larmes), on s'imagine volontiers que la prospérité matérielle constitue un fonds de bonheur tel, que les chagrins ne sont plus là qu'à l'état d'accident.

Or, ceci est une grave erreur. Autant il est vrai que les douleurs humaines diffèrent, autant il est faux que cette différence soit en rapport avec la différence des conditions. Les choses se passent tout autrement qu'on ne le suppose en général. Au risque de répéter une banalité aussi vieille que le monde et de la répéter dans les termes consacrés, il faut bien dire que les inquiétudes, les regrets, les désirs inassouvis, les impuissances, les mélancolies, et aussi cette détresse particulière qui tient à la mondanité de la vie, à l'envahissement des affaires, à la négligence des devoirs simples, à l'oubli des affections naturelles, au desséchement du cœur, abondent dans les palais plus encore que dans les chaumières. A part quelques exceptions sur lesquelles nous reviendrons, l'égalité des conditions sociales en regard de la douleur est d'une frappante réalité. Partout on craint, partout on regrette, partout on échoue dans ses desseins, partout on tremble pour des êtres aimés, partout on pleure. Et si quelque part on ne pleure pas, c'est là que la misère est plus grande qu'ailleurs ; là, par le fait de son égoïsme, l'homme est descendu au-dessous du niveau commun ; il a détruit de ses propres mains son droit à l'égalité.

L'égalité du bonheur a les mêmes caractères que l'égalité de la douleur : diversités individuelles, égalité collective. Il y a des degrés infinis de félicité parmi les hommes, mais aucune classe ne possède sous ce rapport l'apparence d'un privilége. Tout à l'heure, en comptant les fronts soucieux et les visages découragés, nous étions amenés à cette conclusion que la proportion des mélancoliques est au moins aussi forte parmi les riches que parmi les pauvres ; maintenant, en faisant le dénombrement des vies heureuses, nous arriverions à constater le même fait sous une forme nouvelle. En tous cas, ce que nous constaterions, et il faut le proclamer bien haut, car l'égalité est à ce prix, c'est que notre bonheur dépend très-peu de notre fortune, qu'il dépend beaucoup de nos principes et de notre conduite. Le bonheur est à la portée de tous. Il n'existe pas de situation, grâce à Dieu, qui, par elle-même, donne le bonheur. Il n'existe pas de situation, grâce à Dieu, qui, par elle même, exclue le bonheur.

Comment en serait-il autrement ? connaissez-vous, messieurs, une situation qui nous interdise d'aimer, de remplir notre devoir, de nous dévouer ? Ah, s'il y en avait de telles, il faudrait le confesser en frissonnant, les hommes, égaux en face de la souffrance, ne le seraient pas en face du bonheur. Mais rien ne nous condamne à un tel aveu. Qui de vous, messieurs, a rencontré un seul être humain condamné à faire le mal, toujours, toujours le mal ? dès que le bien est possible, le bonheur est possible aussi, car ils ne marchent pas l'un sans l'autre. Si le devoir n'est exclu nulle part, le bonheur n'est exclu nulle part. Dieu seul les voit, les félicités profondes qui naissent au cœur des infortunés, qui illuminent de pauvres vies, qui font descendre dans certains gouffres des rayonnements du paradis. Et comment cela? Tout simplement parce que le cœur s'est ouvert, parce que les joies incomparables du devoir accompli ont brillé au milieu des ténèbres d'une existence dénuée, parce que des fleurs de tendresse sont nées au bord des abîmes, parce que des pauvres ont tendu la main à d'autres pauvres, peut-être à des riches, parce que les richesses et les priviléges du développement moral ont abondé au sein de l'indigence. Que notre égalité est grande, messieurs ! Je vois des persécutés heureux, des calomniés heureux, des isolés heureux, des malades heureux, des mourants heureux, et si vous me passez le terme, des malheureux heureux.

La mode s'est perdue, et pour cause, de dire : « heureux comme un roi. » La mode se perdra de dire : « heureux comme un riche. » Mais on dira toujours : heureux comme un homme de devoir, heureux comme un homme de famille, heureux comme un homme bienfaisant, heureux comme un homme au cœur chaud, heureux comme un homme libre, heureux comme un homme délivré de lui-même, heureux comme un homme dont le trésor est en haut.

Tous nous pouvons devenir cet homme-là. L'existence

supérieure, celle de l'âme qui remonte à sa vraie nature, celle du cœur qui s'ouvre et se donne, celle de l'homme qui échappe à la servitude de la corruption, cette vie s'offre à chacun de nous.

Je n'ai certes pas la prétention d'épuiser aujourd'hui le problème de bonheur ; il se représentera de nouveau à nous, soyez tranquilles, car il occupe nécessairement une place immense dans le problème plus large de l'égalité. Nous le sentons d'instinct, le bonheur est possible pour tous les hommes sans exception, ou il nous faut renoncer à parler de l'égalité humaine.

Mais, dira-t-on, le bonheur qui est possible pour tous, c'est le bonheur grave, sérieux, et souvent même (vous l'avez avoué) trempé de larmes ; quant au bonheur joyeux, quant aux fêtes de la vie, quant aux plaisirs, ceci est réservé aux classes opulentes.

Loin qu'il en soit ainsi, messieurs, j'oserais affirmer que, s'il existe une inégalité, elle est tout entière au profit de la classe moyenne et de la classe laborieuse. Vies simples, plaisirs simples, voilà le gros lot. Les riches peuvent avoir des plaisirs sans doute, puisque l'égalité substantielle existe ; rien ne les empêche non-seulement d'être heureux, mais d'être joyeux, mais de s'amuser ; les plaisirs simples, qui sont les vrais, ne sont pas hors de leur portée. Cependant la difficulté de s'amuser ainsi devient grande, lorsqu'on subit le joug de l'opulence qui nous impose certaines habitudes, exige de nous un certain train de maison, amène à sa suite certaines relations et encombre nos journées de faux devoirs.

Les faux plaisirs prennent place à côté des faux de-

voirs. Les faux plaisirs ! Il n'y a pas de quoi rire. Vous
savez ou vous devinez ce que sont les joies d'un homme
condamné aux réceptions, aux raouts et aux visites à
perpétuité. A moins d'avoir beaucoup de bon sens et
d'énergie, on se laisse glisser sur la pente commune,
on suit le courant, on s'amuse selon l'ordonnance.
C'est à dire qu'on porte en gémissant le poids de sa
fortune et des obligations insipides qu'elle entraîne.
Une journée ressemble à une autre journée ; on s'agite
mélancoliquement, et l'on croit vivre ; on entrevoit une
lumière crépusculaire, et l'on croit voir le jour ; on refait
sa millième visite et sa millième promenade en voiture,
et l'on déclare qu'on s'est amusé.

Que c'est triste, messieurs, surtout quand le rassasiement vient s'ajouter à la fatigue ! Alors naît une maladie
étrange, fatale, presque toujours incurable, que les médecins n'ont pas classée et que j'appelle la maladie des
gens heureux. L'Ecclésiaste la connaissait bien : « Le
dormir de celui qui laboure est doux, qu'il mange peu
ou beaucoup ; mais le rassasiement du riche ne le laisse
pas dormir. » Être rassasié, être blasé, être sorti des
conditions de la saine existence qui donne les veilles
énergiques et les francs sommeils, avoir trouvé la lie au
fond de toutes les coupes, se traîner dans le cercle éternel des plaisirs de convention, savoir que demain sera
semblable à aujourd'hui, n'avoir que cela, et, qui sait ?
ne désirer que cela, c'est une misère sans nom.

Admirez ici une fois de plus, messieurs, la sagesse
de notre Dieu qui, nous voulant égaux, a voulu que les
vrais plaisirs fussent les plaisirs simples, ceux qui sont
à la portée des pauvres, et des riches aussi, quand ils
savent le vouloir.

Lorsque je cherche à me rappeler les plaisirs vifs de ma vie, les journées que les anciens auraient marquées d'un caillou blanc, celles dont pas un détail ne s'est effacé et qui revivent lumineuses après bien des années, je trouve toujours devant moi quelques-unes de ces fêtes dont la marche, l'entrain, l'appétit, la belle nature ont fait tous les frais et au sujet desquelles la question de dépense ne se pose même pas.

Partir de grand matin avec quelques vrais amis; monter vers les cimes; se fatiguer; se désaltérer aux fraîches sources; fouler l'herbe fine et embaumée; cueillir, par delà la région des chalets, ces fleurs incomparables, ces gentianes d'un bleu céleste, qui semblent avoir été découpées dans l'azur du firmament; s'étendre sous un sapin, et là, les yeux fixés sur les Alpes, sur la plaine immense, sur les lacs, demeurer de longues heures dans la contemplation des œuvres de Dieu; s'imprégner des sensations de là-haut; refaire sa provision d'idéal; causer, et se taire, et lire quelque chef-d'œuvre, et rendre grâce, voilà un très-grand plaisir parfaitement démocratique.

Un homme ingénieux, dont je ne voudrais certes pas adopter toutes les idées, M. Azaïs, avait inventé ce qu'il appelait le système des compensations. Selon lui, tout compte fait, les portions ici-bas se trouvent égales et ce qui manque à l'un d'un côté, il le regagne infailliblement de l'autre; les pauvres ont le corps plus exercé et plus vigoureux, les malades ont moins de tentations, et ainsi de suite. Je suis loin, fort loin, d'accepter cette théorie : il faut être aveugle volontaire, ou faiseur de système (c'est tout un) pour ne pas découvrir ici-bas nombre de misères sans compensation. Il serait par trop commode pour notre égoïsme de se rassurer à peu de frais, de se consoler des souffrances visibles que l'on rencontre par la pensée des jouissances invisibles. On se dispenserait ainsi des sympathies et des devoirs.

Pourtant il y a du vrai dans la pensée d'Azaïs, et ceci n'est pas la moindre de ces harmonies sociales que nous aurons à admirer ensemble.

A côté des travaux pénibles de l'homme qui gagne sa vie vient se placer une joie immense inconnue aux riches, la joie du pain gagné par le travail, du pain rapporté à la maison. L'ouvrier qui nourrit sa femme et ses enfants, qui ajoute çà et là quelque chose à leur bien-être ou même à leur modeste élégance, goûte certainement une des joies les plus vives qu'il y ait ici-bas.

A côté des privations d'une existence laborieuse se trouvent des bonheurs inconnus aux riches ; et d'abord, pourquoi ne pas le dire? le bonheur d'avoir faim. Avoir faim, que cela se payerait cher dans certaines maisons! Je me les rappelle encore les beaux appétits du collége, cette saveur du pain sec, ces sensualités raffinées des jours d'extra où nous ajoutions au pain du fromage, de la galette ou des châtaignes. Plus tard, dans les longues courses de la jeunesse, quand le sac ne renfermait pas grandes provisions, quelle volupté de dévorer un oignon cru au bord d'une claire source ! Demandez aux gens blasés s'ils se doutent de ces jouissances-là.

Chez eux, plaignons-les, les jeunes sont aussi vieux que les vieux. Vous voyez de pauvres enfants (oui, pauvres, plus pauvres cent fois que ceux du village) qui succombent à la lettre sous le poids des étrennes et des cadeaux. La petite fille dont la poupée a de vrais bijoux, tourne les yeux et dit papa et maman, et qui n'a garde de s'amuser avec une si belle dame, et qui remplace déjà le plaisir par la vanité, et qui se demande si les jouets de ses amies n'auraient pas coûté par hasard plus cher que les siens, est-elle aussi heureuse, je le demande, que cette autre petite fille qui s'endort en serrant dans ses bras une poupée de deux sous? Le petit garçon, gorgé, rassasié, ennuyé au milieu des cadeaux dont on le comble et dont on l'assomme, est-il aussi heureux que cet autre petit garçon qui, en gardant ses vaches, allume un feu de branches mortes et fait cuire des pommes de terre? J'ai vu l'arbre de Noël des riches, et j'ai vu aussi l'arbre de Noël des pauvres ; or, je sais bien lequel était attendu avec le plus d'émotion, salué de plus de cris, lequel laissait dans l'esprit et dans le cœur les souvenirs les plus durables, ces souvenirs qui vivent toute une année, jusqu'au nouvel arbre de Noël. C'est le cas de dire que les derniers sont les premiers. Et je remercie Dieu de ce qu'il en est ainsi. Il existe sur la terre une égalité fondamentale, qui se rétablit en quelque sorte d'elle-même et que les différences sociales ne réussiront jamais à compromettre. Jamais il ne sera permis d'établir une synonymie entre ces termes : les riches et les heureux, les pauvres et les malheureux.

Je tiens à appuyer, messieurs, sur la place infime qui revient à l'argent dans la liste des inégalités. Pour bien des gens, l'inégalité c'est la différence des fortunes; les riches et les pauvres, voilà les deux grandes classes. Nous ne saurions assez protester contre cette sottise qui en produit beaucoup d'autres.

Les différences de fortune ont leur valeur, parfois même leur gravité. Elles peuvent se faire sentir à l'homme dès ses premiers pas dans la vie et l'accompagner jusqu'au tombeau. Ce n'est certes pas la même chose de naître au sein de l'aisance ou au sein de la misère. Ce n'est pas la même chose de recevoir les leçons des meilleurs maîtres, ou d'être laissé en proie à l'ignorance. Ce n'est pas la même chose d'avoir son pain tout gagné, ou d'avoir à le gagner péniblement. Ce n'est pas la même chose d'avoir de l'indépendance, du loisir pour le développement de ses facultés, ou de se sentir comprimé par des nécessités despotiques. Ce n'est pas la même chose surtout d'échapper aux inquiétudes rongeantes ou de les subir, de marcher sur un chemin uni ou de gravir un sentier rocailleux, en trébuchant contre les pierres, en se heurtant aux douleurs, et qui pis est aux tentations.

Je ne suis donc pas de ceux qui s'indignent de ce que l'on signale les contrastes de l'extrême opulence et de l'extrême indigence, et de ce que le problème de l'égalité se pose souvent ainsi aux yeux des gens qui n'ont pas de pain. Mais je m'indigne, et qui plus est, je m'effraye de ce que le problème se pose toujours ainsi. Cela n'est ni juste, ni sensé. A part certaines misères exceptionnelles dont il faut s'occuper, à part le paupérisme dont nous n'avons pas le droit de prendre notre parti, les inégalités d'ici-bas sont loin, très-loin, de se répartir dans la proportion de l'argent. Il est parfaitement absurde de prétendre que les plus riches soient les plus heureux. Les inégalités qui viennent de l'argent semblent bien petites, lorsqu'on les compare à celles qui se rattachent à la vie morale, au milieu où nous sommes nés, aux exemples qui nous ont été donnés, aux principes religieux que nous avons sucés avec le lait, à notre famille, à notre pays, à notre temps, pour ne pas parler de notre santé, de notre tempérament et de notre caractère.

Les voilà, les inégalités redoutables. En vertu des transmissions héréditaires et des circonstances indépendantes de notre volonté, en vertu de notre volonté aussi et de l'action décisive du libre arbitre, nous sommes placés à des niveaux infiniment divers. J'enrage quand je vois rabaisser le drame tragique des inégalités humaines aux proportions d'une règle de trois dont voici les termes : étant donné un chiffre (cent, par exemple) représentant la somme de bonheur dont jouit tel homme qui possède cent mille francs, déterminer le chiffre représentant la somme de bonheur dont doit jouir tel autre homme qui possède un million. L'opération est des plus simples : dégagez l'inconnue, et vous apprendrez que l'x du problème vaut mille, c'est-à-dire que le second homme doit être dix fois plus heureux que le premier.

Les millionnaires souriront, et le sourire de la plupart d'entre eux sera triste, ce qui ne les empêchera pas d'ailleurs de chercher à devenir vingt fois millionnaires. Ah! l'argent, quoi qu'on dise, n'occupe pas une si belle place dans la liste des inégalités. Il y est, mais tout en bas. Les moindres circonstances, de simples habitudes, peuvent créer des différences auprès desquelles celles que créent les écus sont imperceptibles. Voici une maison, très-riche, si vous voulez, où règne le genre solennel et glacé ; de père en fils on y a vécu ainsi, dans cette monotonie et dans cet ennui ; ceux qui l'habitent se croiraient perdus, si le demi-jour qui y règne était remplacé par l'ardent éclat de soleil, si de frais éclats de rire interrompaient les propos convenables échangés sur le ton réglé. Les élans, l'imprévu, les plaisirs simples ne s'y hasardent pas; ils y feraient scandale. Eh bien, il n'en faut pas davantage; avec beaucoup d'argent, je dis mieux, avec beaucoup de considération, avec beaucoup de mérite et de vertu, on peut se trouver là, par le seul fait de l'ennui, dans une situation d'infériorité profonde. Vous n'iriez pas chercher des victimes de l'inégalité dans cette demeure privilégiée, et vous auriez tort. Plaignez-les.

Vous savez la légende qui porte ce nom, *La chemise d'un homme heureux.* — Un roi avait perdu sa santé. Les médecins déclarèrent que pour guérir l'auguste malade il n'y avait qu'un seul moyen, lui appliquer sur la peau la chemise d'un homme heureux. C'est un remède qui paraît être passé de mode, car il ne figure pas dans le codex.

Quoi qu'il en soit, les envoyés sont en campagne; où trouver ce merveilleux spécifique? On alla d'abord, bien entendu, chez les princes de la famille royale; les princes étaient mécontents, le roi les laissait trop à l'écart. On alla chez les ministres; ils étaient rongés d'inquiétude, une crise s'était déclarée, on parlait d'un autre cabinet en formation, des rivaux minaient le terrain sous leurs pas. On alla chez les gouverneurs de province; l'opposition fondait de nouveaux journaux et préparait des candidatures nouvelles. On se rabattit sur les banquiers; ils avaient bien gagné de belles sommes, mais la confiance refusait de renaître, les affaires étaient languissantes et l'on avait signalé plus d'un point noir à l'horizon. On courut chez les grands propriétaires; leurs vignes avaient gelé.

Comme les messagers revenaient tout tristes, repassant dans leur esprit tant de lamentations, de plaintes et de touchantes mélancolies, ils entendirent une chanson allègre, une chanson d'alouette, la chanson du savetier avant les cent écus. Étonnés, ils se retournèrent. Qui donc a le cœur de chanter sur cette terre de misère ? Il y avait là un laboureur tenant les cornes de sa charrue et suivi d'une bande d'oiseaux qui picotaient dans la terre remuée. A tout hasard, on se rapprocha du brave homme. « Vous chantez ; seriez-vous heureux ? » — « Oui, certes. » — « Parfaitement heureux ? » — « Parfaitement heureux. Ma femme m'aime, mes enfants sont sages, l'aîné commence à manier une bêche, et la dernière venue grossit à ravir. Dieu nous bénit, et vienne la Saint-Jean, mes gages seront augmentés de trois écus. » — « A merveille ! Nous avons ce qu'il nous faut et Sa Majesté sera bientôt guérie. »

Il n'y eut qu'une difficulté : l'homme heureux n'avait pas de chemise.

Ceci est un conte, messieurs, et on le voit vraiment bien. Les contes ne prouvent rien, je le sais ; il leur arrive de servir toutefois à mettre en lumière certaines vérités mal comprises.

Vous pouvez mesurer à présent le chemin que nous avons parcouru et vous rendre compte du but que je me proposais dans ce premier entretien. Avant d'attaquer en lui-même le problème de l'égalité, il importait d'en dégager les abords. Deux questions préalables se présentaient à nous. En premier lieu, toutes les inégalités sont-elles funestes ? toutes les inégalités peuvent-elles être abolies ? n'y aurait-il pas des inégalités naturelles et indestructibles ? — En second lieu, toutes les égalités sont-elles à conquérir ? N'en est-il pas un grand nombre, et les plus essentielles de toutes, qui ont toujours fait et feront toujours partie du patrimoine inaliénable de l'humanité ?

C'est quelque chose de savoir qu'il existe des inégalités indestructibles ; cela fait qu'on écarte d'emblée les théories de nivellement absolu. C'est quelque chose de savoir qu'il existe des égalités indestructibles ; cela fait qu'on s'occupe un peu plus de celles qu'on a naturellement, et un peu moins de celles qu'il faudrait acquérir par des bouleversements sociaux. Ne l'avez-vous pas éprouvé, messieurs ? la vue de ces égalités magnifiques qui s'offrent à tous, partout, toujours, est à la fois douce et bienfaisante. Ne trouvez-vous pas qu'en les contemplant on sent s'affaiblir certaines passions mauvaises ?

Remarquez-le d'ailleurs, les égalités indestructibles et les inégalités indestructibles ont ce caractère commun et vraiment admirable, qu'elles font appel à notre énergie.

Voilà des égalités que rien d'extérieur ne peut abolir ; mais nous, nous pouvons les abolir, chacun en ce qui nous concerne. Nous pouvons tourner le dos à la conscience, à la raison, à la tendresse, à la famille, à la bienfaisance, aux belles causes, au travail, et, pour conclure, au bonheur.

Voilà des inégalités que rien d'extérieur ne détruira ; mais nous, nous pouvons le plus souvent les annuler en ce qui nous concerne. Parmi les aristocraties nécessaires, il en est bon nombre qui demeurent constamment ouvertes ; il ne s'agit que d'y entrer. Il y a l'aristocratie des honnêtes gens ? Soyons honnêtes. Il y a l'aristocratie des savants? Instruisons-nous. Il y a l'aristocratie du comme il faut? Surveillons nos sentiments et nos habitudes. Si j'osais exprimer toute ma pensée, je dirais qu'elle va bien loin cette abolition des inégalités par la puissance du progrès moral. Sans doute nous ne saurions nous rendre beaux si nous sommes laids ; et pourtant, qu'elle est réelle la beauté que donne une belle âme! Nous ne saurions nous rendre spirituels si notre intelligence est bornée ; et pourtant, quels développements merveilleux ne voyons-nous pas s'accomplir dans les facultés, lorsque l'homme intérieur s'améliore et grandit! Nous ne saurions nous donner un caractère heureux si nous ne l'avons pas reçu ; et pourtant, que de natures transformées sous l'influence de la droiture, de la paix, de la charité, de l'éducation personnelle!

Il dépend donc de nous d'anéantir ou d'affaiblir plus d'une inégalité naturelle et de grossir le trésor de ces égalités splendides que personne ne peut nous ravir, personne excepté nous-mêmes. Je vous en ai montré quelques-unes, messieurs; d'autres se sont laissé deviner, j'en suis sûr. Déjà plusieurs d'entre vous, devançant le développement de ma pensée, ont entrevu à l'horizon, derrière l'égalité si belle des hommes, l'égalité bien plus belle encore des chrétiens.

SECOND DISCOURS

LA MARCHE DE L'ÉGALITÉ DANS L'HISTOIRE

I

Ce qui manque peut-être le plus, messieurs, à la bonne et pacifique solution des problèmes sociaux, c'est la connaissance des faits. Chacun de ces problèmes est comme encombré d'exagérations énormes, de suppositions mensongères ; quand on se place loyalement en face de la réalité, on est tout surpris de voir disparaître bien des fantômes. L'autre jour déjà nous en avons mis quelques-uns en fuite; nous avons reconnu combien sont grandes et nombreuses, d'abord les inégalités naturelles, ensuite les égalités indestructibles. Aujourd'hui, je voudrais faire encore un pas avec vous dans la même direction, je voudrais vous montrer que notre époque est relativement celle de l'égalité. Loin d'avoir à pousser un cri d'horreur et de terreur, ainsi qu'on le ferait en présence d'un mal nouveau, nous avons à nous féliciter de ce que nous sommes, de toutes les générations d'hommes qui se sont succédé sur la terre, celle qui échappe le plus aux inégalités injustes. L'œuvre n'est pas achevée, il s'en faut, et je ne suis pas d'avis qu'il convienne désormais de se croiser les bras ; mais s'il nous reste à travailler, si le devoir de lutter contre ce qu'il subsiste d'iniquités sociales n'a pas cessé de faire appel à notre énergie, il n'en est pas moins vrai qu'un progrès immense s'est accompli sur la terre.

Ainsi, l'enquête que nous poursuivons se divise en deux parties : la recherche de ce qu'il y a d'égalités et d'inégalités nécessaires dans l'homme, c'est notre étude de l'autre jour ; la recherche de ce qui s'est passé dans l'histoire, ce sera notre étude d'aujourd'hui. Il y a, en vérité, une marche providentielle de l'égalité dans l'histoire. Parmi les spectacles qui nous frappent lorsque nous consultons nos annales, celui-là n'est certes pas le moins beau.

Expliquons-nous cependant : le progrès dont je parle a une date ; son point de départ, c'est Jésus-Christ. Jésus-Christ n'est pas seulement le point de départ de l'égalité ; tout commence à lui, tout ce qui constitue la grandeur du monde moderne. Cherchez des libertés vraies avant Jésus-Christ ; cherchez le respect des consciences avant Jésus-Christ ; cherchez l'individu avant Jésus-Christ. Le joug de l'État, la tyrannie exercée par les cultes nationaux, l'ébranlement des bases sur lesquelles repose la famille, voilà le spectacle que présente le monde d'alors. Quant à l'égalité, vous verrez, messieurs, où l'on en était !

Avec Jésus-Christ, la vraie liberté, la vraie égalité, la vraie famille viennent visiter la terre étonnée. C'est alors que le progrès commence ; et, chose frappante, il se proportionnera dorénavant à l'action du pur Évangile. Que l'Évangile se voile, le progrès s'arrête ; que l'Évangile reparaisse dans son éclat, la marche providentielle reprend. Plus complète et plus prompte là où l'action de l'Évangile s'exerce le mieux, elle va partout où il va. Vous diriez une inondation bienfaisante du Nil qui recouvre peu à peu toutes les terres altérées : l'onde arrive ici, et puis là ; elle ne s'arrête qu'au pied des montagnes arides qui sont la limite du désert.

Les mêmes limites se montrent à nous dans l'histoire. A l'endroit précis où commence le désert, je veux dire à l'endroit précis où commence soit le paganisme, soit l'islamisme, le flot s'arrête, l'égalité ne pénètre pas plus loin. La polygamie et l'esclavage, c'est-à-dire les deux grands attentats à l'égalité qui sont aussi des attentats à la justice, s'étendent tout juste jusqu'à la ligne géographique qui borne le monde christianisé. Je me trompe, deux exceptions existent encore, les colonies espagnoles et le Brésil ont des esclaves ; mais ces exceptions, qui confirment la règle, vont cesser prochainement, on peut le prédire sans être prophète. Les États-Unis, en affranchissant les nègres chez eux, les ont affranchis dans l'Amérique entière et dans les Antilles. Il existe un niveau des idées aussi irrésistible que celui de la mer.

Si vous passez, fût-ce d'un pas, la ligne géographique que j'ai indiquée, vous rencontrez à l'instant même la servitude et les harems. La vraie famille n'existe plus et l'infériorité ignoble des femmes apparaît. Quant à cette autre infériorité qui s'appelle l'esclavage, *on sait* si elle a cessé quelque part en dehors de l'influence libératrice de l'Évangile. De temps en temps nous entendons parler d'un pays musulman qui, ayant besoin de l'Europe et voulant courtiser l'opinion chez nous, proclame à grand fracas une abolition prétendue, interdisant la traite, défendant les chasses d'hommes, fermant les marchés. Seulement, il ne faut pas y regarder de trop près. L'Égypte, par exemple, dont les vice-rois tiennent à se donner des airs de libéralisme, n'a pas supprimé un seul jour l'infâme commerce qui souille les bords du Nil et dépeuple le Soudan. Au Soudan on ne se gêne pas, la comédie jouée à Alexandrie et au Caire n'a plus de but; aussi se dispense-t-on d'afficher les grands sentiments humanitaires; l'homme fait de l'homme sa proie, sa chose, sa monnaie. Demandez à un habitant du pays ce que vaut sa cabane; il vous répondra qu'elle vaut tant d'hommes, tant de femmes et tant d'enfants.

Puisque la femme marchandise et l'homme monnaie ont peu à peu disparu des contrées où la parole de Christ est annoncée, puisqu'ils n'ont disparu que là, puisque les deux bases premières de l'égalité font défaut partout ailleurs, il me sera bien permis d'affirmer que l'égalité date de Jésus-Christ. Nous n'avons pas, je le disais tout à l'heure, à la chercher plus haut, son histoire commence avec notre ère.

Ceci, messieurs, facilite beaucoup notre tâche. Prenons le monde tel qu'il était au temps de Tibère, et voyons ce qu'a été depuis lors la marche de l'égalité.

Une seconde circonstance nous viendra encore en aide. Au moment où Jésus-Christ paraît, le monde antique se résume en un peuple qui l'a absorbé, qui le domine et qui le représente véritablement. En adoptant Rome (la Grèce et Rome, si vous voulez) comme terme de comparaison, nous sommes sûrs de ne pas faire tort à la civilisation qui précède l'Évangile. Avec l'immobilité

asiatique nous aurions trop beau jeu. Rome n'a pas la
polygamie, ou n'a du moins que celle qui est fondée sur
la liberté absolue des divorces ; Rome a de l'énergie et
du mouvement ; les lois de Rome sont progressives ;
Rome a connu les émotions de la vie publique et les
agitations du Forum.

Rome est donc notre point de départ et aussi notre
point de comparaison nécessaire, aucune hésitation n'est
permise à cet égard. Pour mesurer le chemin que l'égalité a parcouru, il faut comparer l'Europe telle qu'elle
est à l'Europe telle qu'elle a été ; or, l'Europe telle qu'elle
a été, c'est Rome. Au début de nos traditions, de nos
langues, de nos codes, au début de notre histoire moderne, nous apercevons Rome et toujours Rome.

Mais de quelle Rome s'agit-il? car il y en a plusieurs!
— Je ne sais pas s'il y en a plusieurs. Les formes politiques ont changé : la Rome impériale a succédé à la
Rome républicaine, qui avait remplacé la Rome royale.
Les mœurs ont changé : la Rome opulente et amollie a
succédé à la Rome pauvre et austère. Néanmoins, une
chose me frappe ; Rome reste Rome, le génie romain ne
se laisse pas transformer, jamais statue de plus dur métal
ne défia l'action des siècles. Aussi nous est-il possible de
considérer la civilisation romaine comme une unité, et
de saisir ses traits principaux dans ce qu'ils ont eu de
véritablement immuable.

Rome nous présente en outre, au point de vue particulier qui nous occupe, un avantage inappréciable :
chez elle, et chez elle seulement, l'égalité a fait quelques
pas ; je cherche en vain dans l'antiquité entière un autre
peuple dont on puisse en dire autant. Les conquêtes de
l'égalité romaine ne sortent pas, bien entendu, du terrain

4.

des luttes politiques : deux classes sont aux prises, les patriciens et les plébéiens ; deux nations, selon toute apparence. Entre les vainqueurs et les vaincus, entre les conquérants et les conquis, entre les Sabins et les Latins des combats incessants sont livrés. Peu à peu, aux prix de vaillants efforts et d'une persévérance vraiment romaine, les plébéiens obtiennent des garanties, les tribuns du peuple, les tribuns militaires; ils forcent même les portes du consulat. Celles du sénat cèdent à leur tour, il se peuple de chevaliers; les plébéiens enrichis envahissent les emplois, gouvernent les provinces, refoulent devant eux les grandes familles. La démocratie triomphe et la république s'en va; bientôt il y aura des césars, et les derniers représentants des vieilles maisons patriciennes seront livrés en proie aux délateurs, tandis que la populace, souveraine à sa manière, satisfaite des distributions et des spectacles, acclamera les empereurs ou les traînera aux gémonies.

Les conquêtes de l'égalité antique ne vont pas plus loin. Nulle part, je le répète, elles n'ont été ce qu'elles furent à Rome : l'Asie ignora ces luttes ; les démocraties grecques furent à peu près telles dès leur origine et n'eurent pas à livrer les longs combats de la *plebs* latine. Les Germains et les Gaulois maintinrent, sans les modifier beaucoup, les relations des chefs de bandes et des compagnons, de la noblesse et du peuple. Nous ne découvrons qu'à Rome la bataille acharnée de Forum et du sénat, de l'Aventin et du Capitole.

Aussi, Rome est-elle, sous ce rapport encore, notre point de départ obligatoire. Avant de raconter la véritable marche de l'égalité, celle qui procède de l'Évangile, il importe de montrer loyalement ce qu'a été cette

marche de l'égalité avant l'Évangile. La voilà, messieurs.
Elle n'a pas dépassé les bornes du débat politique ; les
plébéiens ont conquis l'un après l'autre leurs droits de
citoyens. L'aristocratie s'est changée en démocratie, et
l'une et l'autre ont été englouties par le despotisme. Arrivée là, l'égalité antique avait dit son dernier mot, car
le rôle politique de Rome était achevé.

Les victoires politiques ne pouvaient anéantir des
inégalités religieuses étroitement liées au culte national. Le patriciat conservait le monopole des sacer-
doces ; et ce monopole avait des conséquences bien plus
étendues que nous ne l'imaginons aujourd'hui. Le mariage des patriciens était d'une nature particulière et
supérieure ; celui des plébéiens, longtemps relégué au
rang des concubinats, ne s'éleva jamais au niveau des
noces légitimes (*justæ nuptiæ*) réservées à la race supérieure. La distinction des patriciens et des plébéiens
ne fut donc pas effacée ; en dépit des progrès de la démocratie et sur le point même où elle avait remporté
ses triomphes, l'égalité romaine demeura étrangement
incomplète.

Auprès de la distinction des patriciens et des plébéiens vient se placer celle des pauvres et des riches.
Celle-ci, loin de s'atténuer avec le temps, n'avait cessé
au contraire de s'aggraver. Les riches de Rome avaient
fini par devenir épouvantablement riches ; le pillage de
l'univers, et plus encore sans doute l'administration de
l'univers, avaient accumulé dans un certain nombre de
mains des fortunes colossales. Un luxe extravagant *dont*
les descriptions confondent aujourd'hui notre imagination, des débauches effrénées en compararaison desquelles nos vices modernes ressemblent presque à de

la vertu, s'étalaient effrontément à côté d'une misère que personne ne songeait à secourir.

On ne secourait pas les pauvres, et nul ne s'était avisé que l'indigence et la maladie dussent exciter quelque compassion. L'idée de charité avait à peine été entrevue par un très-petit nombre d'âmes d'élite, en tête desquelles il faut nommer Atticus. elle est un beau mot exprimant une belle chose, le patronage ; eh bien, Rome l'avait pris et qu'en avait-elle fait ? Vous allez voir, messieurs. — Regardez ces hommes qui viennent chaque matin chercher la petite corbeille (*sportula*) devant la maison de leur patron. Ce sont les clients ; ils attendent son réveil. Paraît-il, ils s'inclinent humblement. Lui daigne à peine les remarquer. Il sort ; ses clients lui font cortége ; ils l'accompagnent dans les rues et sur la place publique ; ils lui appartiennent ; ils suivent ses ordres, ils votent pour lui et avec lui. L'inégalité eut-elle jamais une forme plus blessante ?

Et nous ne sommes pas au bout. — Le créancier romain avait sur ses débiteurs des droits qui sont faits pour nous surprendre, nous qui venons d'assister en France à l'abolition de la contrainte par corps. Si vous voulez mesurer l'espace parcouru, tournez vos yeux vers ce Clichy d'où s'échappaient l'autre jour les cris joyeux d'une race désormais éteinte, celle des prisonniers pour dettes. Rome n'avait pas de Clichy ; mais chaque créancier avait chez lui, dans son ergastule, une prison où il pouvait enfermer son débiteur, pêle-mêle avec ses esclaves.

Vous en conviendrez, messieurs, malgré les victoires des plébéiens, l'inégalité demeurait au cœur même de la république. Elle n'y demeurait pas seulement comme

un fait, elle y demeurait comme un droit. En vertu de
ce génie du droit qui est celui de Rome et par lequel elle
exerce encore aujourd'hui son influence sur nous, ses
institutions civiles survivent intactes aux naufrages de
ses institutions politiques. L'inégalité civile (et c'est la
grande) ne s'est jamais laissé entamer chez les Romains.

Nous n'en douterons plus lorsque nous aurons considéré ces deux incarnations de l'inégalité civile, l'esclavage romain et la famille romaine.

L'esclavage ! Au-dessous du plébéien, et du pauvre,
et du client, et du débiteur, au-dessous de la populace
de citoyens qui vivait de distributions publiques, au-
dessous des provinciaux qui étaient inférieurs aux citoyens, au-dessous des étrangers qui étaient inférieurs
aux provinciaux, dans les bas-fonds de la société romaine,
j'aperçois des misérables sur lesquels pèsent toutes les
oppressions, toutes les ignominies et toutes les duretés.

Ils sont innombrables. Une traite gigantesque va les
chercher dans toutes les parties du monde connu. A la
suite de chaque armée romaine s'avancent les marchands d'esclaves ; chacune de ces victoires célébrées
par les historiens, récitées dans nos colléges, est suivie
d'une vente brutale dont aucune expression de la langue
ne saurait rendre l'horreur. Ici, en effet, les mots ordinaires ne suffisent plus. L'esclavage antique, l'esclavage
romain surtout, est autre chose certes qu'une inégalité.
Comment dire ? Par quel terme désigner ce dépeuple-
ment de l'univers par Rome, allant faire à l'Orient et
à l'Occident, au Septentrion et au Midi, sa provision
d'hommes, de femmes et d'enfants ?

Il y a là des époux, il y a là des pères et des mères ;
ils seront dispersés, ils ne se verront plus, ils ne se con-

naîtront plus. Rome fera la part du cirque; elle fera la part des lieux infâmes; et elle n'aura pas un doute, pas un remords. Ce crime immense, continu, ce long cri des victimes, qui remplit, on peut le dire, l'histoire entière des peuples antiques, tout cela n'a pas remué une conscience, n'a pas réveillé une compassion.

Rome ici n'est que le représentant de l'antiquité païenne. Ce qu'elle a pratiqué, plus durement que personne, tout le monde l'a pratiqué avec elle. Athènes avait quatre cent mille esclaves au service de ses quinze mille citoyens, et la liberté, l'égalité des Athéniens étaient à ce prix.

Soyons vrais, la notion première et élémentaire d'égalité ne se montre point ici-bas avant l'Évangile. Qu'est-ce que l'égalité accidentelle des citoyens, quand l'égalité fondamentale des hommes n'est pas même soupçonnée? Parmi les révélations que nous a apportées Jésus-Christ, celle de l'homme n'a été ni la moins précieuse ni la moins nouvelle. Depuis Jésus-Christ il nous est impossible de rencontrer un homme sans nous sentir en présence d'un semblable, d'un égal; il y a là pour nous une âme, une âme immortelle, aimée de Dieu, rachetée à grand prix, appelée à de glorieuses et impérissables destinées.

Aussi, qu'est-il arrivé? Les peuples chrétiens ou soi-disant tels ont bien pu corrompre et oublier l'Évangile; ils ont pu se refaire des religions héréditaires et nationales, des cultes formalistes, un nouveau paganisme, en un mot; néanmoins ils ne sont point parvenus à effacer entièrement cette révélation de l'égalité. En dépit de tout, l'homme n'a pas cessé de se montrer aux regards de l'homme. La traite antique n'avait pas soulevé une pro-

testation, l'esclavage antique avec ses abominations inénarrables n'avait pas eu un adversaire sérieux; la traite
et l'esclavage modernes, dont je ne nierai certes pas les
horreurs, ont toujours inquiété la conscience publique.
Les crimes n'ont pas été moindres peut-être; mais le
monde moderne, même aux heures où il a été le moins
chrétien, n'a pas cessé de sentir, tantôt vaguement, tantôt nettement, que c'étaient des crimes; le monde antique
ne s'en doutait pas.

Appeler les crimes des crimes, c'est quelque chose;
les abolir, c'est mieux. Le monde moderne a accompli
cette œuvre. Sous l'action d'une puissance irrésistible,
les ventes d'hommes ont disparu en Europe, l'esclavage
européen s'est transformé en servage, le servage lui-
même a abouti à la liberté. Et l'esclavage colonial a été
attaqué à son tour; l'homme s'est montré sous la peau du
nègre; il a fallu traiter l'homme en homme. Il l'a fallu:
en vain les intérêts et les préjugés se sont-ils mis de la
partie, l'égalité humaine a vaincu; au prix de beaucoup
de souffrances, de beaucoup de ruines, de beaucoup de
sang versé (il coulait encore l'autre jour), le monde
moderne a accompli ce que le monde antique n'avait pas
même eu la pensée d'entreprendre.

J'ai dû souligner ceci et y insister, messieurs, par une
raison bien simple : ceci, c'est le point décisif en matière
d'égalité. Qu'est-ce que l'égalité civique à côté de l'égalité humaine? Les questions d'aristocratie ont été posées
avant Jésus-Christ ; la question d'humanité n'a pas été
posée. Or, la question d'humanité est la vraie question
d'égalité, nous l'avons reconnu dès le début de nos
entretiens.

Ce même Grec qui combat avec passion dans l'Agora

les prétentions du parti des riches, vendra sans sourciller à un marchand ignoble la fille de son esclave. Ce même Romain qui soutient énergiquement au Forum toutes les propositions populaires, assistera impassible à la mises aux enchères du bétail humain après le pillage d'une ville : l'idée qu'il y a là des hommes ne lui vient pas ou ne l'émeut pas. Notez que les hommes dont on dispose ainsi, qui vont perdre la possession de leur corps et de leur âme, qui n'auront plus de famille, qui n'auront plus le droit ni d'aimer, ni de penser, ni de résister à l'injustice, ou de se soustraire aux dépravations, ni de refuser quoi que ce soit à qui que ce soit, ces hommes sont des blancs de même race que leurs maîtres, pareils à eux en toute chose. C'est vous, c'est moi, c'est votre fils, c'est votre femme, c'est votre sœur. Pour nous représenter ce qui se passait chez les Gaulois ou chez les Helvètes nos ancêtres quand le clément César dépeuplait leur patrie, vendant ce qu'il n'avait pas égorgé, nous n'avons qu'à nous représenter. Genève prise d'assaut et les restes de sa population entassés au Molard où chaque traitant fera son choix.

On en était là en matière d'égalité, lorsque le christianisme est enfin venu consoler la terre. Un autre esclavage, l'esclavage domestique, pesait sur les familles. Si Rome n'avait pas de harems, elle avait le divorce incessant d'abord, l'infériorité des femmes ensuite. Rome classait la femme au rang des enfants, elle en faisait, comment dirai-je ? la sœur aînée de ses fils.

Ceci est bien grave, messieurs : quand l'épouse, quand la mère est ainsi rabaissée, tout s'abaisse avec elle : les vrais rapports n'existent plus, l'affection est aussi compromise que le respect. Chacun sait ce que la famille romaine était devenue. Après les chastes matrones des premiers temps, des siècles de corruption horrible étaient arrivés. Où trouver les chaudes affections, les vrais époux, les vrais parents, les vrais enfants ? A part quelques exceptions que chacun connaît, on s'aime peu à Rome. La famille fait peur ; on s'en écarte le plus possible ; le nombre des célibataires s'accroît sans cesse, et tellement, qu'il faut faire des lois pour combattre cette passion. Si les célibataires se multiplient, les époux divorcés ne se multiplient pas moins. Enfin, comme conséquence inévitable, les pères usent sans vergogne du droit que leur assure la loi de repousser en se détournant et de faire jeter à la rue leurs enfants nouveau-nés. Cette habitude d'abandonner les enfants acquiert avec le temps des proportions si redoutables, que la législation romaine, qui ne pèche pourtant pas par excès de douceur, commence à s'inquiéter et à s'attendrir.

Il fallait à de semblables maux un autre remède que des interprétations de jurisconsultes et des décisions d'empereurs. Il fallait qu'un souffle nouveau, un souffle d'humanité et d'égalité, se fît sentir ici-bas ; Jésus-Christ parut. Alors commença humblement, sans bruit, sans un mot prononcé sur les questions politiques ou sociales, la révolution la plus grande qui se soit accomplie depuis qu'il y a des hommes sur la terre. En même temps que la liberté naissait et que la conscience individuelle défiait les tyrannies de l'État, l'égalité se mettait à l'œuvre.

Paul renvoyait à Philémon son esclave fugitif, « non comme un esclave, mais comme un frère bien-aimé. » L'Évangile prenait la femme et la replaçait à côté de l'homme, lui rendant un rang qu'elle n'avait nulle part, le rang d'une « aide semblable à lui. »

Mesurez, messieurs, la portée de ces deux progrès, abolition de l'esclavage, relèvement de la femme. Ces deux paroles fécondes renferment un monde dans leur sein : c'est le programme de l'avenir.

Et l'avenir commence là en effet; une civilisation nouvelle est en formation, l'histoire moderne est née. Un de ses caractères dominants, caractère étranger à l'antiquité tout entière, ce sera la préoccupation des faibles. Esclaves, femmes, indigents, tout ce qui subit un joug d'inégalité cruelle va être protégé désormais; La conscience publique va exercer un patronage qui, bien qu'interrompu souvent parce que la conscience s'endort elle-même sous l'influence assoupissante d'un paganisme nouveau, ne cessera jamais entièrement. Viennent les réveils de la conscience et de la foi, viennent les retours au pur Évangile, et on reconnaîtra de quelle puissance l'idée chrétienne d'égalité est douée; la pensée se tournera avec une irrésistible énergie vers les opprimés et vers les petits.

Vous voyez, messieurs, d'où est partie cette égalité dont nous allons suivre la marche dans l'histoire. Nous venons de constater la date précise de son apparition ici-bas. La grande égalité du dedans enfantera l'une après l'autre les égalités du dehors; l'humanité ne pouvait naître que de la fraternité ; nous avions besoin d'apprendre que nous sommes frères pour rapprendre que nous sommes hommes.

Nous l'avions étrangement oublié. Ce nom d'*homme* qui renferme tout, vous le savez, en matière d'égalité, avait perdu à nos yeux sa profonde signification. Il l'a reprise au pied de la croix de Jésus-Christ. Depuis lors, un mouvement immense s'empare des sociétés humaines ; des besoins nouveaux, des devoirs nouveaux les agitent; crise redoutable et féconde, qui remplit l'histoire moderne et dont nous n'apercevons pas encore la fin.

Quelles alternatives de lumière et d'obscurité, de vigueur et de défaillance, de progrès et de recul, d'action et de réaction ! La cause de l'égalité va avancer du même pas que celle du christianisme ; elle subira les mêmes défaites, elle remportera les mêmes victoires. On sait d'ailleurs ce que sont les défaites du christianisme ; les âmes ont beau s'écarter de lui, rien au monde ne peut faire qu'il n'ait pas paru ici-bas. Il y a apporté des idées impérissables qui gagnent du terrain en dépit de tout. Peu à peu, elles se trouvent maîtresses des sociétés modernes ; elles les dominent d'autant mieux, qu'elles les ont faites. Que nous y consentions ou non, elles sont parmi nous, elles agissent sur nous. Dans un sens très-réel, nous sommes et nous demeurerons chrétiens bon gré mal gré, chrétiens en niant le christianisme, chrétiens en le blasphémant.

Rien n'est beau, selon moi, comme les effets indirects de l'Évangile. Vous diriez le soleil, dont les rayons obscurs répandent la chaleur, bien qu'ils ne répandent pas la lumière. La chaleur obscure, je la retrouve dans cette propagande invisible et invincible de liberté, d'humanité, d'égalité, qui s'accomplit sur la terre. Croyants ou non, nous avons des croyances qui sont devenues des axiomes et que l'antiquité entière avait ignorées. Disciples de l'Évangile, ennemis de l'Évangile, nous vivons de l'Évangile ; nous sentons et nous pensons comme nous n'aurions ni pensé ni senti si l'Évangile

n'était pas venu. Il serait intéressant de relever une à
une les idées chrétiennes qui remplissent au dix-huitième siècle les livres écrits par les adversaires du christianisme. Il serait curieux de voir quelle place les idées
chrétiennes ont tenue dans le grand mouvement de 89.
J'espère que nous ne nous quitterons pas, messieurs,
avant d'avoir constaté cela.

Après l'éclat passager de l'Église primitive, après la formation de l'Église d'État, l'univers romain, que ces deux
révolutions en sens inverse avaient remué jusqu'au fond,
reçut, par l'invasion des barbares, une autre secousse
prodigieuse ; le moyen âge commença. Le moyen âge,
étrange début, n'est-ce pas, pour une doctrine d'égalité ! Mais d'abord, ce n'est pas un début : la réaction
formaliste et païenne qui s'était accomplie depuis les
apôtres confond l'esprit par son étendue comme par sa
soudaineté ; on sent bien que c'est le cœur naturel qui
prend sa revanche. Comment oublier ensuite la profondeur du bouleversement opéré par les barbares ?
Voici des vaincus et des vainqueurs ; les hiérarchies
sociales sortent forcément de cette conquête, la plus immense, la plus complète dont l'histoire ait conservé le
souvenir. Les nations envahissantes apportaient d'ailleurs leurs institutions particulières où la féodalité entière était en germe. J'ajoute, et c'est une dernière
remarque, que ce germe s'est développé avec lenteur :
le moyen âge n'achève de devenir féodal qu'à la chute
des Carlovingiens.

Tels sont les éléments de la société qui se forme au
cinquième siècle et dont les siècles suivants complètent
la lente organisation. Il vaut la peine d'examiner si ,

plongé dans un tel milieu et aux prises avec de pareils principes d'inégalité, le christianisme pourra, malgré ses propres blessures, conserver assez de force pour maintenir vivante l'idée d'égalité qu'il renferme.

Hé bien, oui, messieurs ; en dépit de tout, au sein de cette époque funeste et je dirai presque maudite, à cette heure sombre où le genre humain semble près de succomber sous le poids des iniquités, des violences, des misères sans nom, lorsque les clartés s'éteignent, lorsque les âmes subissent une incomparable tyrannie, lorsque la vie physique elle-même se retire et que l'Europe se dépeuple, un souffle rafraîchissant de vie, de liberté, d'égalité ne cesse pas de courir ici-bas. On le sent, il y a là quelque chose que l'antiquité païenne a ignoré ; la création du monde moderne se prépare obscurément au fond de ce chaos.

En doutez-vous ? Voyez ce que devient l'esclavage. Il ne parvient pas à vivre à côté de l'Évangile, même de l'Évangile voilé et défiguré. La terrible traite romaine a cessé ; les marchands d'hommes ne vont plus à la suite des armées ; la vente des hommes, des femmes et des enfants ne se fait plus nulle part. Il est vrai qu'une autre servitude est née ; mais du moins le serf est maître de son corps et a une famille. Attaché à la terre, il ne peut en être séparé. Il reste là, lui et les siens, dans une situation misérable sans doute, toutefois dans une situation qui, comparée à celle de l'ancien esclave, manifeste un triomphe véritable, un immense triomphe de l'égalité.

Il faudrait en dire presque autant de la femme. Si incomplète que soit encore l'œuvre de son relèvement, elle est puissamment commencée. La femme est de-

venue l'égale de l'homme; agenouillée avec lui devant
Dieu, croyant au même Sauveur, marchant vers la même
éternité, elle n'est plus cette créature inférieure que
l'Orient confinait dans ses harems et la Grèce dans ses
gynécées, que les lois romaines traitaient en mineure,
dont les mœurs romaines faisaient le jouet du divorce
perpétuel. Le moyen âge connaît le respect de la femme;
les châteaux, sinon les chaumières, assistent alors à une
transformation dont l'idée seule eût plongé l'antiquité
classique dans un indicible étonnement : l'amour élevé
apparaît, parfois l'amour raffiné ; les preux portent les
couleurs de leurs dames; la passion, la fidélité, l'idéal,
et, il faut le redire, le respect, viennent changer du tout
au tout les relations des deux sexes. Ce n'est qu'un début,
sans doute ; souvent les hommages sonnent faux, souvent les subtilités quintessenciées se heurtent aux brutalités. Romanesque envers la châtelaine, la société
d'alors est volontiers grossière avec la serve; si l'égalité
a gagné du terrain, d'odieuses inégalités demeurent.

Et pourtant, le soin des pauvres avait pris sa place au
milieu de cette société. Des léproseries, des hôpitaux
avaient été construits ; la charité individuelle s'exerçait
dans une certaine mesure ; chacun se sentait pressé de
faire sur ses revenus la part des indigents ; on donnait,
on léguait. En un mot, une préoccupation nouvelle avait
envahi l'Europe.

La chevalerie était née : la pensée de protéger ceux qui
ne peuvent se protéger eux-mêmes avait éveillé au fond
des cœurs plus d'un sentiment de générosité héroïque
dont le souvenir nous émeut encore aujourd'hui. Vous
pouvez en croire, messieurs, un ennemi du moyen âge,
il faudrait être bien prévenu pour ne l'admirer en rien.

Une pensée qui vient en droite ligne de l'Évangile, pensée de foi, de charité, de dévouement énergique et vaillant, le fait tressaillir de temps à autre. Alors il s'élève de cent piques au-dessus de nos médiocrités contemporaines.

Mais le fait est rare; les vrais chevaliers n'abondent pas au moyen âge. Et quant à cette foi qui fonde l'égalité parce qu'elle accomplit au fond des cœurs l'œuvre, égalitaire par excellence, de la conversion, le moyen âge est trop bien défendu contre elle par un rempart de pratiques dévotes. L'uniformité religieuse, qui maintient la préoccupation générale des intérêts de l'âme, laisse peu de place à la piété individuelle. On vit à l'aise sur le fond commun des croyances; on se dispense volontiers de croire fortement pour son propre compte. Jamais peut-être la foi personnelle, qui s'acquiert avec douleur et qui régénère, n'a été plus étrangère aux peuples qui font profession d'être chrétiens. Le moyen âge a bâti d'admirables cloîtres et de splendides cathédrales; il a pris la croix et couru sus aux infidèles; il a mis des legs pieux dans tous les testaments et constitué une propriété de main-morte qui montre qu'il ne marchandait pas quand il s'agissait d'acheter le ciel; mais les âmes renouvelées sont peu nombreuses chez lui, je le crains.

Il faut des âmes renouvelées pour renouveler la société, messieurs. Aussi ne serons-nous pas surpris si nous découvrons que le moyen âge a échoué dans cette tâche. Après avoir eu pendant des siècles l'Europe sous leur domination absolue, les puissances dirigeantes d'alors nous ont légué une Europe très-corrompue, très-sceptique, et qui serait retombée en plein paganisme, si la Réforme ne l'avait sauvée de la Renaissance.

Pourtant, ne nous hâtons pas trop de déclarer que le moyen âge n'a rien fait pour la cause de l'égalité. L'esprit nouveau était là. On pouvait le comprimer, non le supprimer. Voyez-le à l'œuvre. Il profite de tout, des croisades, de l'embarras des seigneurs, de la lutte incessante entre la couronne et les grands vassaux, pour attaquer les inégalités féodales. C'est tantôt la jacquerie qui éclate, tantôt la bourgeoisie qui se soulève et qui réclame des chartes. Les villes s'affranchissent et la liberté communale s'établit. En certains pays, dans les Flandres, en Italie, au midi de la France, cette existence des communes prend un développement vigoureux; républiques italiennes, cités flamandes, villes anséatiques, ce sont des puissances qui se font respecter. La richesse y abonde, le commerce, l'industrie, les arts y prennent un magnifique élan; l'indépendance politique y naît; les classes opprimées y trouvent un refuge. Autant de victoires gagnées sur les inégalités oppressives d'alors.

D'autres victoires du même genre se gagnaient ailleurs. Vainement la scolastique tenait-elle les âmes et les intelligences sous son joug de plomb, on raisonnait en dépit de l'autorité; la pensée se faisait jour au travers des syllogismes; ni la tradition, ni Aristote ne parvenaient à arrêter l'esprit humain qui cherchait sa voie. De grands mouvements d'idées se produisent alors; les universités sont fondées; les multitudes s'attachent aux pas des docteurs célèbres; on embrasse avec une passion que notre temps ne connaît plus la cause des réalistes ou celle des nominaux. En tous cas, des problèmes de vérité se posent et se débattent.

Cela est fort aristocratique encore et le peuple proprement dit n'est point atteint; néanmoins, au sein de ces écoles où les vilains n'entrent guère, parmi ces controverses dont le bruit ne parvient pas jusqu'aux villages, on sent germer plus d'une idée qui profitera aux villages et aux vilains. Les audaces littéraires du moyen âge s'en prennent déjà aux puissances régnantes, à la papauté, au clergé, aux moines, aux seigneurs. Il se trouve déjà des esprits aventureux qui se souviennent du pauvre peuple.

Écoutez ces fabliaux et ces chansons de gestes. La poésie provençale a éclaté, la source albigeoise a jailli; l'Italie et l'Espagne y puiseront. Le nord lui-même se met en branle. Que de plaintes! que de railleries! quelle insurrection des intelligences contre toutes les institutions qui caractérisent le moyen âge !

L'art vient à son tour et dit aussi son mot. Les malices sculptées des cathédrales expriment à leur tour le sentiment chrétien de l'égalité des hommes. Vague encore et peu sûr de lui-même, hésitant et comme effaré au sein d'une civilisation qui semble avoir pour but de le nier, il apparaît néanmoins et se donne parfois les satisfactions les plus imprévues. Je me représente la joie de l'artiste, un vilain, lorsqu'il ciselait certaines figures grotesques en pleine église, au portail, sur les corniches, auprès du bénitier, lorsqu'il les faisait asseoir au-dessus, au milieu des chanoines, ou qu'il les faisait saillir du bois même de la chaire, en face du prédicateur. Et je me représente aussi la joie (peu évangélique, avouons-le) qu'éprouvaient d'autres vilains, quand ils regardaient cela du coin de l'œil, en entendant la messe.

Il faut tenir compte de ces protestations muettes qui se glissent dans les cathédrales et s'écrivent sur la pierre des tombeaux, si l'on veut comprendre les agitations,

tantôt sourdes, tantôt bruyantes, qui secouent une époque si bien défendue, semble-t-il, contre l'indépendance
d'esprit. — L'indépendance d'esprit s'y glisse de droite
et de gauche ; éveillé par l'Évangile, le moyen âge ne
saurait désormais se rendormir. Des problèmes que
l'antiquité classique n'avait pas connus, ou qui n'avaient
été entrevus que par une élite de penseurs, se posent
maintenant devant les foules. C'est la véritable égalité
qui s'avance ; comment le nier ?

Les ordres mendiants sont en lutte ; les philosophies
scolastiques sont en lutte ; on dirait que la liberté politique va naître au sein des états généraux. La bourgeoisie est déjà quelque chose ; elle se prépare à devenir
le tiers-état. Dans ces républiques de l'école qui se re-
muent au sein de plusieurs grandes cités, l'égalité n'est
pas seulement désirée, mais pratiquée ; l'élection s'organise, et les bénéfices s'obtiennent au concours.

Tel est le moyen âge, messieurs. L'obscurité y est si
grande, que les moindres lueurs s'y font remarquer,
comme les étoiles, invisibles de jour, apparaissent l'une
après l'autre dès que la nuit devient obscure. J'ai tenu à
vous montrer fidèlement ces constellations, souvent
brillantes, que le monde moderne a aperçues pendant sa longue nuit de mille années. Des égalités en
formation, quelques libertés déjà formées brillent alors
çà et là. L'âme, épouvantée de rencontrer tant de cruautés, tant de tyrannies, tant de douleurs et tant d'ignorances, éprouve un soulagement véritable en rencontrant
aussi ces indépendances de la conscience et de l'individu qui sont une des gloires du moyen âge, quoiqu'elles
tiennent avant tout à la faiblesse extrême des gouvernements, incapables d'administrer et de centraliser. —

Hélas ! les gouvernements n'échapperont que trop un jour à l'incapacité dont je parle ; le génie de l'administration et de la centralisation prendra ses revanches ; nous en serons peut-être réduits, qui sait? à regretter en cela le moyen âge avec ses rudes libertés, apanage de l'état d'anarchie. En attendant, sachons reconnaître ces mérites accidentels d'une civilisation tristement inférieure sous d'autres rapports.

Je suis loin de penser que ces mérites lui viennent exclusivement de l'Évangile. Si elle doit beaucoup au christianisme, elle doit aussi quelque chose aux barbares. L'invasion germaine, qui a tout bouleversé, a tout renouvelé. Un esprit plus jeune, et, disons-le, plus libre, s'est mêlé aux traditions latines. En même temps que la conquête fondait la société féodale, elle apportait avec elle les habitudes de l'indépendance personnelle. Soyons justes envers les barbares : sans eux l'Europe serait tombée plus bas.

Et pourtant elle est tombée bien bas ; quel temps que celui-là, messieurs ! Nous nous efforçons de lui rendre justice, mais nous ne parvenons pas à ne pas le haïr.

L'égalité aura fort à faire pour se créer sa place dans un monde organisé par la violence et qui semble être l'incarnation de l'inégalité en personne. De sa base à son sommet, la hiérarchie féodale règne en souveraine : hiérarchie des terres, hiérarchie des hommes, classes closes et fermées, les unes comme des forteresses, les autres comme des prisons. Chacun doit vivre et mourir dans son compartiment ; et malheur à qui se trouve dans les compartiments inférieurs ! La société tout entière pèse sur lui et l'écrase.

Notez que l'Église dominante participe à ce caractère

féodal : un pape, seigneur suzerain ; des chefs d'ordres, grand vassaux, possédant des contrées entières et plus ou moins soumis au suzerain ; des évêques occupant la position de seigneurs, et cela à un point tel, qu'on ne sait pas s'ils sont plus seigneurs qu'évêques ou plus évêques que seigneurs, et que la question se débat dans une lutte formidable entre l'empereur et le pape ; enfin, tout en bas, comme toujours, le peuple, les manants, les souffre-douleurs ; tel est le spectacle que présente la féodalité ecclésiastique.

Ecclésiastique ou non, la féodalité aboutit là ; et c'est là qu'il faut la juger, au lieu d'aller chercher, selon l'usage, les chevaliers et les châtelaines. Que m'importe l'éclat de quelques existences, si le grand nombre est écrasé ? L'histoire a toujours agi en aristocrate, et le sentiment qui lui a manqué le plus est celui de l'égalité. Trouve-t-elle dans une république des citoyens exerçant leurs droits, elle ferme les yeux sur la multitude des esclaves qui n'ont de droit d'aucun genre. Aperçoit-elle en Grèce et à Rome quelques philosophes qui professent dans un cercle étroit d'initiés des doctrines élevées, elle ne songe guère à s'informer du peuple, qui reste étranger à ces doctrines et qui subit le joug des superstitions grossières. Découvre-t-elle au moyen âge des seigneurs qu'entourent certaines élégances, dont les castels retentissent du chant des trouvères, qui sont armés chevaliers, portent les couleurs de leurs dames et combattent dans les tournois, elle s'attache à ce côté pittoresque de l'époque, oubliant l'oppression fort peu poétique qui pèse sur le grand nombre.

Quant à nous, messieurs, qui sommes en quête d'égalité, nous ne pouvons pas voir sans un serrement de cœur ces serfs, ces vilains, taillables et corvéables à merci, qui ne peuvent ni posséder, ni se posséder. Du seigneur à eux la distance est telle, que nous ne parvenons plus, Dieu merci, à la concevoir. Il y a des lois spéciales pour les vilains ; il y a des impôts qui ne pèsent que sur les vilains ; il y a des supplices qui ne s'appliquent qu'aux vilains : la corde est bonne pour eux, la hache est réservée aux gentilshommes.

Comment vous dire les avanies auxquelles les vilains étaient soumis ? (Or, les vilains, c'était le peuple entier.) Comment vous dire à quelle dépendance était assujettie la famille du vilain, le mariage de la fille du vilain ? En vérité, il vaut mieux se taire.

Les cités, je l'ai dit, étaient moins opprimées que les campagnes : là se formait peu à peu la bourgeoisie, à l'abri des chartes communales et des remparts. N'allons pas croire cependant que l'inégalité n'ait pas trouvé moyen de s'y installer. Le régime des corporations y règne ; chacune a le monopole d'un genre de travail. Que nul ne s'avise de faire œuvre de ses doigts avant d'avoir obtenu son admission au nombre des privilégiés ! Il n'est permis à aucun homme de gagner son pain, s'il n'a passé par un apprentissage et payé le maître pendant quatre ou cinq ans.

Mais que fais-je, messieurs, en m'arrêtant à ces vétilles, quand je n'ai que l'embarras du choix entre les inégalités monstrueuses ! Avez-vous réfléchi quelquefois à ce qu'est une société cléricale ? Voici une classe d'hommes qui sont placés en dehors et au-dessus du droit commun : les lois ordinaires ne les atteignent pas ; les tribunaux ordinaires ne les jugent pas. A tous les degrés de la hiérarchie vous les rencontrez, toujours

chargés de diriger. La direction, avec ses mille moyens
et ses applications infinies, la direction, absolue, universelle, et, par-dessus le marché, armée, comm' elle
l'était alors, constitue un phénomène dont le souvenir
nous oppresse encore aujourd'hui. Pendant dix longs
siècles, l'Europe est partagée en deux peuples, les dirigeants et les dirigés. Pendant dix longs siècles, l'autorité
des dirigeants a pour auxiliaire la force publique. Il
ne s'agit pas d'une influence librement acceptée; il
s'agit d'une puissance à laquelle personne n'a le droit
de se soustraire.

Ceux qui tentent de s'y soustraire sont livrés au bras
séculier. Quelle inégalité, messieurs, que celle qui atteint
les consciences! Vous pouvez obéir à la vôtre, mais je ne
puis obéir à la mienne. — Personne n'ignore ce qui se passait quand l'égalité des consciences était revendiquée et
pratiquée quelque part. Tantôt on emmurait, tantôt on
torturait, tantôt on brûlait. Dans les cas graves et lorsque
les consciences révoltées étaient nombreuses, on levait
tout simplement une armée, on prêchait une croisade,
on tuait un pays.

Vous le voyez, les plus malheureux au moyen âge ce
ne sont pas les serfs et les vilains. Au-dessous d'eux,
nous apercevons des classes pour lesquelles l'égalité,
que dis-je? le droit, n'existe à aucun degré. Auprès des
dissidents viennent se placer les juifs, dont les massacres
périodiques étaient un des divertissements populaires
d'alors, en même temps qu'un des procédés de gouvernement, un moyen admis de battre monnaie.

Quant à cette inégalité qui seule ou presque seule nous
préoccupe aujourd'hui et qui s'appelle la misère, je ne
pense pas qu'elle ait jamais été plus grande, plus géné-

rale, plus irrémédiable qu'au moyen âge. Le paupérisme
est là chez lui, à l'état d'institution. Je ne parle pas seulement de la mendicité organisée que les distributions
régulières des couvents excellaient à maintenir, je parle
de ces armées de déguenillés qui errent çà et là, de ces
cours des miracles où grouille un peuple à part, dont les
magistrats appliquent un code étrange. Le moyen âge
n'a pas seulement sa misère en permanence; il a ses
famines qui reviennent tous les deux ou trois ans; il a
ses pestes qui se chargent d'achever l'œuvre des famines. Les maladreries, les léproseries ne peuvent suffire aux besoins.

Ah! messieurs, que les pauvres furent pauvres alors,
et que les affamés furent affamés! En proie au fléau
constant des guerres privées, livrés à l'arbitraire des
justices seigneuriales, jetés sous le moindre prétexte
dans les oubliettes des châteaux ou dans les cachots
immondes, sans défense, sans garanties d'aucune sorte,
les petits se prirent à désespérer. Et l'on vit des spectacles étranges : tantôt des révoltes, des tueries, des
dévastations effrénées; tantôt des folies contagieuses,
des danses, des flagellations; tantôt des sorcelleries, des
hallucinations prodigieuses, une sorte de culte infâme
offert au diable, le diable transformé en rival et presque
en égal de Dieu, des populations entières livrées à des
obsessions que nous ne comprenons plus, et le tout se
terminant par des supplices.

Telles sont, je ne dirai pas seulement les inégalités,
mais les iniquités effrayantes du moyen âge. Si vous
voulez juger des progrès que l'égalité a faits depuis ce
temps-là, jetez les yeux sur un document écrit au moment même où une autre période va commencer. Lorsque

la Réforme eut donné le signal d'une rénovation dont personne ne connaissait encore l'étendue, les paysans d'Allemagne proclamèrent leurs douze articles. Ce sont les *cahiers* du seizième siècle. Il vaudrait la peine de les étudier comme ceux du dix-huitième. Que demandent les paysans ? que manque-t-il à l'égalité humaine au sortir des mille ans du moyen âge ?

Les paysans demandent l'abolition du servage, l'abolition des corvées, l'abolition des impôts au profit des seigneurs ; ils demandent l'égalité devant les juges et devant la loi ; ils demandent le droit de posséder la terre. C'est-à-dire qu'ils demandent des choses auxquelles nous sommes tellement habitués, que nous ne concevons même plus qu'on ait pu s'en passer un seul jour.

Je ne quitte pas le moyen âge sans éprouver une immense soulagement. Sans doute l'ancien régime, qui va lui succéder, sera loin de lui être supérieur en tout. Si l'égalité fait alors un grand pas, c'est un peu aux dépens de la liberté. Toute âme libérale hésitera à saluer comme un progrès l'avénement des légistes. La monarchie administrative et la centralisation n'ont pas en elles un charme entraînant, avouons-le. Il semble impossible de ne pas regretter ces germes d'institutions libres qui existaient au moyen âge et qui auraient dû se développer, ces communes, ces provinces, ces fortes indépendances locales, ces états généraux qui ont l'air de pouvoir se transformer en parlements.

Et toutefois, messieurs, lorsqu'on y regarde de plus près, on arrive à cette conviction que, si la faiblesse relative de la noblesse a favorisé en Angleterre son alliance avec les communes contre la couronne, partout ailleurs, et en France surtout, une coalition bien différente était inévitable, celle de la couronne et des communes contre la noblesse. Partout, remarquez-le, les deux faibles se sont coalisés contre le fort ; chez les Anglais, le fort c'était le roi ; sur le continent, le fort c'était le pouvoir féodal des seigneurs.

Au sortir du moyen âge un besoin dominait tous les autres : le besoin d'en finir avec la féodalité. « Notre ennemi, c'est notre maître, » a dit La Fontaine. La féodalité était notre maître alors, et un instinct irrésistible d'égalité réclamait, avant tout, par tous les moyens, l'abaissement des seigneuries.

Il eût mieux valu sans doute sortir de la prison féodale par une autre porte ; mais l'essentiel était d'en sortir. Et, en vérité, j'admire les gens qui se lamentent de ce qu'on en est sorti. Passe encore pour les soupirs des poëtes, qui ne veulent voir du moyen âge que ses cathédrales, ses troubadours et ses chevaliers ; quant à nous, messieurs, qui ne nous sommes pas senti le droit de nous forger un moyen âge de fantaisie, nous avons trouvé devant nous une réalité de telle nature, que nous ne saurions lui accorder un regret. Trop de malheureux souffraient alors, les exceptions brillantes de l'époque, châtelains et villes libres, se perdaient trop complétement dans la multitude des opprimés, la poésie d'en haut se payait trop cher en bas, pour que nous ne considérions pas comme un des grands jours de l'humanité celui où l'ancien régime a remplacé le moyen âge.

Tout est relatif d'ailleurs, et notre enthousiasme à l'endroit de l'ancien régime n'a rien d'excessif, vous le verrez. Il fallait que l'état antérieur fût bien exécrable, pour que nous ayons des compliments à adresser à l'état nouveau, je veux dire au despotisme pur, au nivellement centralisateur, à l'arbitraire qui commence par trancher les hautes têtes et qui finit par écraser les basses, à l'inégalité nouvelle, plus superficielle, mais plus choquante peut-être que celle d'autrefois, à la tyrannie mesquine des juristes et des intendants remplaçant la tyrannie orgueilleuse des seigneurs, au système enfin qui, de Richelieu à Louis XIV et de la Convention à l'Empire, a achevé l'œuvre entrevue par Philippe le Bel et entamée par Louis XI.

Je cite des noms français, messieurs, parce que la France est le pays qui représente le mieux le mouvement général de l'Europe au sortir du moyen âge. Quand nous cherchions un peuple en qui se personnifiât le monde d'avant Jésus-Christ, nous n'avons pas hésité, Rome s'est offerte à nous. Ici, la France s'offre au même titre, et ce second fait, comme le premier, facilite notre étude.

A peine échappé du moyen âge, le monde moderne s'élance vers ses destinées. L'égalité se met en marche; et désormais personne ne l'arrêtera plus. Comptez ses étapes, si vous le pouvez. Elle s'attaque au servage, et laissez-la faire, elle en aura raison; le temps viendra bientôt où l'on cherchera en vain des serfs chez les peuples civilisés. Elle relève la famille, et permet au paysan d'exercer ses droits de père sans obtenir ou acheter l'assentiment du seigneur. Elle lui permet de devenir propriétaire. Elle en fait un homme, et de plus un citoyen; la notion de patrie apparaît, et les dépendances personnelles s'effacent devant les devoirs envers le pays. Dans les villes et au milieu des campagnes, l'égalité recrute un tiers-état. Elle prépare l'avénement des classes moyennes ; dès le premier jour, elle prend dans leur sein les juges, les administrateurs, et jusqu'aux ministres de la couronne.

Que de changements, messieurs ! Et un changement plus considérable encore s'opère alors : la société, qui avait été si longtemps cléricale, se fait résolûment laïque ; les deux puissances qui, malgré leurs luttes, avaient été confondues au moyen âge, travaillent à s'isoler. L'entreprise n'est pas mince, car la confusion était descendue jusqu'au fond même des institutions, des croyances et des idées. Il n'importe, elle sera poursuivie, elle se poursuit de nos jours ; elle ne nous mène à rien moins qu'à la séparation de l'Église et de l'État.

On avait commencé, chose étrange, par mettre une confusion nouvelle à la place de la confusion ancienne ; des Églises nationales s'étaient formées ; en haine du temps où le spirituel gouvernait le temporel, on donnait charge au temporel de gouverner le spirituel. Mais ceci n'est que l'histoire ordinaire des réactions ; elles sont aveugles, elles manquent ou dépassent le but. Peu à peu la vérité se fait jour, les Églises nationales ont fléchi, elles achèvent maintenant de mourir.

Et quelle égalité contenue dans cette formation de la société civile, dans cette séparation progressive des deux domaines ! L'égalité des âmes, l'égalité des consciences, le droit d'adorer Dieu selon sa foi, tout ce que le moyen âge avait nié obstinément et cruellement, les temps nouveaux ont fini par le reconnaître, après avoir essayé, cela va sans dire, de le nier aussi à leur façon.

Ils ont essayé, ils n'ont pu. L'Évangile s'était rouvert au seizième siècle, et dans les pages du saint livre sa

doctrine de liberté spirituelle avait resplendi : ce que
l'Évangile avait fait vis-à-vis du paganisme païen, il l'a
refait vis-à-vis du paganisme chrétien, il a proclamé le
droit des consciences, il a rétabli contre les croyances
collectives le caractère personnel de la foi, il a enfanté
l'individu.

Tout est là, messieurs, en fait d'égalité comme en
fait de liberté. Dès que l'individu se lève, les jours de la
religion obligatoire sont comptés. La religion obligatoire
avait été le grand crime du moyen âge ; elle avait pesé
sur lui du premier moment au dernier ; elle avait arrêté
ses élans, comprimé son génie ; elle l'avait comme en-
fermé dans un noir cachot païen. Il était temps que la
pensée chrétienne fît effraction.

Les fondateurs de la société civile, de la société
laïque, ne savaient certes pas jusqu'où leur principe
devait les conduire. Nos principes nous mènent toujours
plus loin que nous ne comptions aller. En s'émancipant
du joug du clergé, les nations modernes ne voulaient
ni proclamer l'indépendance des Églises, ni reconnaître
celle des individus. On aurait fort scandalisé les hommes
du seizième siècle, si on leur avait montré derrière la
société laïque la liberté religieuse d'abord, la séparation
de l'Église et de l'État ensuite.

La conséquence n'en était pas moins contenue dans le
principe ; mais elle ne devait s'en dégager que lentement, et cette époque de lente élaboration est ce que
nous appelons l'ancien régime. Il a pour caractère do-
minant d'être un régime de transition. Il n'est plus le
moyen âge, il n'est pas encore le monde nouveau. Triste
condition que la sienne ! Le progrès immense qui s'accomplit par lui, s'accomplit obscurément, sans qu'il en

ait l'honneur. Si les abus sont attaqués, ils continuent néanmoins ; si les franchises modernes sont en germe, les vieilles tyrannies ne cessent pas. Elles ne sont que transformées, et leur transformation est loin de les embellir. En un mot, la société de l'ancien régime est en travail d'enfantement : elle s'agite, elle souffre, il y a une lutte en elle.

Où commence l'ancien régime ? Les grandes époques ont rarement une date certaine ; la chute du moyen âge ne s'est pas opérée en un jour. Cette chute, toutefois, se rattache à un mouvement de l'esprit humain dont l'histoire n'a rien d'obscur. La Renaissance et la Réforme, fort opposées dans leurs tendances, plus rapprochées qu'on ne croit dans leurs origines, ont donné l'éclatant signal.

Toute païenne qu'elle est par ses doctrines, la Renaissance procède du christianisme. Je vous défie de découvrir une Renaissance dans l'antiquité entière ; je vous défie même de l'imaginer. Les théocraties polythéistes et panthéistes ne furent jamais renversées par une réaction de cette nature. Il y a là un sentiment des droits de la conscience, une aspiration libérale, un respect de l'humanité, que le monde antique n'a guère entrevus ; il se remue là des problèmes qu'on ne posait guère avant Jésus-Christ.

Aussi la Renaissance a-t-elle contribué pour sa part à la création du monde moderne, où ce courant qui sort d'elle n'a pas cessé de couler. Mais si elle avait été seule, sa création n'aurait pas duré, soyons-en certains. Les négations glorieuses que renferme l'Évangile ne se passent pas de ses glorieuses affirmations ; s'il renverse des tyrannies, il fonde l'autorité véritable. Pour devenir libre par l'Évangile, il importe d'être soumis à l'Évangile.

La Renaissance n'entendait pas se soumettre. Aussi semblait-elle destinée à périr avec le bien et le mal qu'elle avait en elle, pauvre vaisseau qui avait gardé ses voiles et jeté son lest. Par bonheur, la Réforme arriva. Profondément croyante, proclamant et acceptant l'autorité des Écritures, prêchant le salut par la grâce et la nécessité de la sanctification, ramenant les hommes au seul Sauveur, elle réagit contre le moyen âge, non par le scepticisme, ce qui est peu de chose, mais par la foi, ce qui est décisif. Elle fit œuvre de foi, pour les catholiques et pour les protestants ; elle amena un gigantesque réveil, et, à vrai dire, une réformation, sinon une réforme, au sein même de l'Église romaine. D'anciens désordres disparurent, les questions religieuses reprirent leur rang, la séve vivifiante se remit à circuler.

Ainsi s'engagea ce combat mystérieux qui remplit toute l'histoire de l'ancien régime. L'esprit de liberté et d'égalité se trouva aux prises avec l'esprit contraire, et la révolution intérieure fut énergiquement commencée. Les dissidences puritaines au sein du protestantisme, la dissidence janséniste au sein du catholicisme, furent dans l'histoire des idées des événements presque aussi considérables que l'avait été la dissidence évangélique au sein de l'unité des peuples gouvernés par Rome. Les âmes, les intelligences refusèrent de se soumettre ; on aima mieux souffrir que de s'avilir. Et dès lors la liberté, l'égalité religieuses, furent fondées par des gens qui peut-être s'obstinaient encore à les nier. Et les autres libertés, et les autres égalités arrivèrent à la file ; les puritains les portèrent en Amérique, l'Angleterre et la Hollande se mirent à les pratiquer. Les pays qui ne les pratiquèrent pas les virent, et cette vue les troubla. Peu à peu, cer-

taines pensées entrèrent dans la civilisation générale
de l'Europe, certaines discussions s'établirent ; un immense changement se prépara partout où il ne s'était
pas déjà accompli. Le monde marchait vers le triomphe
définitif de l'égalité.

Comment en aurait-il été autrement? La Réforme avait
amené à sa suite les écoles, et dans les écoles elle avait mis
un livre, la Bible. Pour quiconque sait la portée de ces deux
mots, Bible, école, il n'en faut pas davantage, l'explication
de 89 est trouvée. Des besoins nouveaux sont nés ; un
affranchissement immense se propage de proche en proche. Maintenant on lira ; maintenant on pensera ; maintenant on discutera ; maintenant certains hommes appor-
teront dans les discussions, non pas seulement la passion
superficielle du lettré, mais la passion profonde et irrésistible du croyant ; maintenant ils poursuivront la réforme
des injustices sociales avec la vaillance des âmes qui
comprennent le droit parce qu'elles ont compris le devoir ; maintenant les inégalités odieuses ne pourront
plus durer. Celles du moyen âge ont vécu dix siècles ;
celles de l'ancien régime en vivront trois. Cette ac-
célération dans la marche de l'égalité montre assez de
quelle puissance était armé le progrès, depuis le double
réveil des intelligences au quinzième siècle et des consciences au seizième.

Pourtant la besogne était rude. Quelle armée d'abus à
combattre ! Quelles étables d'Augias à nettoyer ! L'Her-
cule révolutionnaire y fit passer un fleuve, n'en soyons
pas trop surpris. Voici, messieurs, en quelques mots, les
inégalités qui subsistaient à la veille de la révolution
française :

Le peuple donnait ses fils à l'armée, et leur sang y

coulait dans les batailles aussi abondamment que celui des gentilshommes ; mais ils restaient toujours soldats et les épaulettes d'officiers étaient réservées à la noblesse.

Par compensation, le peuple payait seul l'impôt. Taille, dîme pour le seigneur, dîme pour l'église, corvées, tout cela ne pesait que sur lui. L'ancien régime avait inventé, après le moyen âge du reste, l'impôt progressif en sens inverse ; les pauvres payaient beaucoup, les riches ne payaient rien. Nous avons peine à nous figurer aujourd'hui une organisation sociale qui exempte la noblesse et le clergé, qui enlève aux paysans jusqu'à leur dernier sou.

Cet impôt n'était voté (tant bien que mal) que par les pays d'états ; les pays d'élection le subissaient sans le voter. Tous, en outre, le subissaient sans le connaître : la nation ignorait l'ensemble des charges qui graduellement s'étaient accumulées sur elle ; lorsque Necker publia son fameux rapport, ce fut une révélation.

Quant à la répartition de la propriété, elle était demeurée, ou peu s'en faut, aussi étrange que sous le régime féodal. Si les pauvres gens avaient acquis théoriquement la faculté de posséder des terres, ils ne pouvaient guère en user pratiquement Le droit d'aînesse et les substitutions y mettaient b on ordre. La grande propriété existait presque seule.

Ce qu'elle n'absorbait pas était accaparé par la mainmorte. Celle-ci plaçait un tiers du territoire en dehors de la circulation ; elle en faisait le domaine sans cesse accru des couvents et du clergé. Représentez-vous, messieurs, ce qu'était alors la distribution du sol de l'Europe, et mesurez dans votre esprit l'énormité des questions d'égalité qui se posaient nécessairement.

Les terres qui n'étaient ni seigneuriales ni ecclésiastiques ne supportaient pas seulement la totalité de l'impôt, mais aussi l'obligation de conserver les cultures prescrites. Aussi voyait-on là ces gens hâves et livides, ces « animaux » dont parle La Bruyère. Habitant de sordides villages dont les rues non pavées étaient de vrais cloaques, nourris à peine, portant des vêtements usés et sales qu'on se transmettait de père en fils, ces malheureux étaient en proie à la pire des misères, celle qui hébète et qui dégrade.

Il ne faut s'étonner de rien, puisqu'il se trouve des gens qui s'enthousiasment pour le bon vieux temps ! Qu'on dise qu'il a préparé un temps meilleur, qu'au sortir du moyen âge on ne pouvait entrer de plain-pied dans l'égalité, dans le respect de la nature humaine, je le comprends ; mais qu'on transforme cette époque d'élaboration obscure et douloureuse en une époque regrettable, en vérité, je m'y perds. Que regrette-t-on du bon vieux temps ? Serait-ce la torture, par hasard ? Serait-ce l'inégalité pénale, les châtiments ignobles, le pilori, le fouet et la potence réservés aux vilains ?

Serait-ce l'oppression des faibles se reproduisant sous toutes les formes ? Songez un moment aux maisons de fous et aux prisons de l'ancien régime. — Des maisons de fous, ai-je dit ? J'aurais dû dire des cages de bêtes féroces. Quant aux prisons, l'inégalité y règne mieux que partout ailleurs : il y a la pistole pour le riche ; pour le pauvre il y a les cachots infects, les basses fosses, où on le laisse pourrir en compagnie des animaux immondes.

Et en l'absence de toute garantie sérieuse, un caprice peut le conduire là. Un mince délit de chasse ou de contrebande le jette aux galères. Une fois condamné, on

6

n'entend plus parler de lui; enchaîné sur son banc, qu'il
ne quitte ni jour ni nuit, livré aux férocités des argousins et à l'insensibilité plus infâme peut-être des brillants
officiers qui disposent de cette chair humaine, il achève
de mourir, sans que personne s'inquiète ou s'informe
de son agonie.

Vous savez, messieurs, que parmi les crimes qui menaient aux galères, le crime de prier Dieu autrement que
Louis XIV et que madame de Maintenon figurait au premier rang. Encore une des iniquités et des inégalités
monstrueuses que le moyen âge avait transmises à l'ancien régime. En attendant que l'idée chrétienne de
liberté religieuse eût achevé de vaincre au fond des consciences l'idée païenne d'uniformité, la persécution
poursuivait son œuvre. J'ai nommé Louis XIV, parce
qu'il s'est distingué sous ce rapport, et parce que les
cruautés raffinées et persévérantes de son règne ont
dépassé celles des Dioclétien et des Maximin. Oui, l'intolérance moderne a laissé loin derrière elle l'intolérance
antique; ces empereurs romains, qui frappaient un grand
coup et qui ensuite laissaient respirer les Églises, auraient
eu beaucoup à apprendre à l'école de Louvois et du père
Lachaise.

Voilà des inégalités! Les nôtres paraissent petites
auprès. C'est tout au plus si nous croyons les historiens
qui nous racontent ces choses. Habitués à un état social où non-seulement on ne persécute plus personne,
mais où tout le monde parvient à tout, nous écoutons
avec un certain scepticisme ceux qui nous disent qu'au
siècle dernier on pendait et rouait encore pour cause
de religion, qu'il n'y avait pas de droits civils pour les
dissidents, qu'en outre la nation était taxée en raison

inverse des fortunes, et que les pauvres étaient rivés à leur profession avec défense d'en sortir. Nous qui avons vu tant de promotions de généraux, de préfets, de magistrats et d'ingénieurs venus du village, nous admettons à peine que nos paysans et nos ouvriers aient passé par un temps où l'avancement ne pouvait exister pour eux.

Or ce temps, c'était hier. Hier, un laboureur enrôlé dans l'armée n'avait aucune chance de devenir officier.

Hier, les ouvriers de certaines industries étaient gardés à vue et ne pouvaient s'éloigner sans congé. On les arrêtait comme des criminels quand ils essayaient de se déplacer.

Tel était le bon vieux temps. Il avait d'ailleurs sa manière à lui de rétablir l'égalité. Les lettres de cachet étaient, ou peu s'en faut, un privilége de noblesse. Un ministre ne se donnait pas la peine d'écrire un nom roturier sur ces précieux carrés de papier qui faisaient disparaître un homme, qui l'enfermaient sans jugement dans une bastille quelconque, et qui le supprimaient parfois aussi complétement que s'il était mort.

Les prolétaires pouvaient donc rire en passant près d'une prison d'État, mais ils ne riaient pas longtemps : la prison ordinaire n'était pas loin; il n'était pas beaucoup moins aisé d'y entrer et pas beaucoup moins difficile d'en sortir. Et puis, ils ne riaient guère, les pauvres gens. Entre la gabelle et la corvée, entre la disette d'hier et la disette de demain (car l'Europe a eu faim pendant des siècles), avec leurs champs en friche, forcés d'y faire les cultures qu'aime le gibier et de les laisser dévorer par le gibier, en attendant le jour où les seigneurs en chasse les broyaient sous les pieds de leurs chiens et de leurs chevaux, attelés à leurs charrues faute de bêtes de labour, devenus eux-mêmes bêtes de labour, les paysans avaient trop de peine à vivre pour avoir le cœur tourné à la gaieté.

Il faut lire, messieurs, *le Détail de la France* par Bois-guilbert et *le Projet de dîme royale* par le maréchal Vauban, si l'on veut se faire une idée des inégalités navrantes d'autrefois. Vauban, qui était un original et qui poussait la bizarrerie jusqu'à s'inquiéter alors des classes pauvres, ne nous apprend-il pas que la France de Louis XIV possédait en tout dix mille familles opulentes, et n'ajoute-t-il pas que presque tout le reste était misérable ! Je n'ai rien à ajouter à un pareil témoignage.

Voyez, au reste, comme ce travail sourd qui remplit l'ancien régime remue déjà les problèmes et laisse entrevoir les solutions. Auprès du pauvre de Vauban, j'aperçois le marquis de Molière, le courtisan de Saint-Simon, le paysan de La Bruyère. Une clameur naît, elle grossit ; nous touchons à 89.

Nous avons parcouru les douze articles des paysans d'Allemagne pour voir à quelle distance nous sommes du moyen âge ; il faudrait parcourir maintenant les cahiers de 1789 pour voir à quelle distance nous sommes de l'ancien régime. Les enjambées de l'égalité se marquent ainsi dans l'histoire. Il y a loin des douze articles aux cahiers, aussi loin que du commencement du seizième siècle à la fin du dix-huitième. Ces trois cents ans-là marquent dans l'histoire du monde, car ils suivent le grand réveil de la Réforme.

C'est un beau spectacle, messieurs, que celui du mouvement des idées qui franchissent l'une après l'autre les

mille obstacles placés au travers de leur chemin. Cela for-
tifie le cœur à l'heure des découragements et des défail-
lances. Si vous ne considérez que la superficie des événements, l'ancien régime est une époque désespérante,
vous diriez un moyen âge rapetissé : une confusion moins
franche du temporel et du spirituel, des persécutions
moins fières et moins sûres d'elles-mêmes, une aristocratie qui se transforme en noblesse, une noblesse qui
devient une cour, la violence remplacée par la ruse et
les chevaliers se retirant devant les légistes, les indépendances individuelles et locales se perdant au sein de
la centralisation, la royauté devenant autocratie, l'absolutisme rédigeant ses codes et opérant ses nivellements,
la société polie enfin se jetant à corps perdu dans l'impiété et dans la corruption : voilà ce que vous aperce-
vez à première vue.

Mais un examen approfondi découvre autre chose.
Comme je le disais tout à l'heure, les idées ont travaillé.
Il s'est opéré depuis le seizième siècle une propagande
mystérieuse de vérités ; un fait nouveau, un fait décisif
s'est produit, il y a une opinion publique en Europe.
Une opinion publique, c'est-à-dire une force morale en
face de laquelle la force matérielle n'est rien. Vous savez
ce que répondit Quesnay à ce ministre qui s'écriait : « La
hallebarde mène le monde. » — « Et qui mène la hallebarde ? »

Oui, qui mène la hallebarde ? Le jour où une telle
question se posait nettement, on pouvait se mettre à
rédiger les cahiers de 89. Là, toutes les égalités légitimes
se présentèrent à visage découvert. Plus de privilèges
en fait d'impôts ; plus de privilèges en fait de grades ; la
même loi pour tous ; la même justice pour tous ; les

mêmes carrières pour tous. La Bastille est déjà prise dans les cahiers. Dans les cahiers apparaît la société nouvelle, qui a rompu sans retour avec les traditions du moyen âge et de l'ancien régime, la société décidément laïque, la société au sein de laquelle chacun servira Dieu selon sa conscience, travaillera selon son goût, avancera selon sa capacité.

La France n'oubliera jamais l'immense promotion démocratique qui eut lieu alors. Les barrières tombèrent ; elles étaient vieilles et vermoulues, le premier choc de l'opinion les avait brisées, elles ne se relèveront plus. On ne relèvera pas davantage la main morte et la grande propriété. L'égalité des partages est devenue le gardien et comme le garant des autres égalités.

Rendons hommage, messieurs, à ce beau mouvement de 1789, à cette passion sincère d'égalité et de justice qui transportait un peuple entier. En quelques heures, dans la nuit du 4 août, les privilégiés immolèrent une montagne de priviléges : les droits féodaux, les servitudes personnelles, les justices seigneuriales, la vénalité des charges, les dîmes, les dispenses d'impôt, les jurandes et les maîtrises. D'un bout de l'Europe à l'autre, l'opinion publique salua avec enthousiasme les droits de l'homme, l'égalité des hommes devant la loi.

Qui avait formé l'opinion publique ? Interrogez, messieurs, les deux puissances devant lesquelles le moyen âge était tombé. Après l'avoir mis à mort, l'une et l'autre avaient continué leur œuvre, répandant des idées, remuant les intelligences et les cœurs, préparant au travers de l'ancien régime l'éclosion du monde nouveau.

Je ne mets pas au même rang certes la Renaissance

et la Réforme ; mais, si inégales qu'aient été et leur influence et leur valeur, il faut, au point de vue de l'histoire loyale, les mentionner toutes deux. La tradition de la Renaissance s'est continuée évidemment d'Erasme à Voltaire, et l'importance de son action ne saurait être niée. Il y a là un mélange de vérité et d'erreur, de bien et de mal, de libéralisme et de despotisme, qui n'explique que trop les contradictions de nos destinées : d'une part, les notions fondamentales d'indépendance, de respect du droit, de respect de la conscience, de respect de l'homme, qui forment la base de la saine égalité, un déisme parfois élevé, une morale souvent assez saine, une doctrine, en un mot, dont l'origine évangélique ne saurait être contestée, puisque rien de semblable n'existait ici-bas avant l'Évangile ; d'autre part, une disposition incurablement sceptique et moqueuse, une horreur du sérieux de la pensée, une horreur non moins décidée du sérieux de la conduite, un grand goût pour les paroles grossières et une grande indulgence pour les vies corrompues, une tendance toute classique et toute latine vers l'unité, vers le nivellement, vers les pouvoirs forts et centralisés, je ne sais quel désir enfin de concilier un peu de tolérance avec beaucoup de religion nationale.

Tel est ce fleuve de la Renaissance, où les eaux pures et les eaux bourbeuses vont ensemble sans se confondre entièrement ; il traverse notre histoire d'un bout à l'autre et, du plus au moins, nous nous y sommes tous abreuvés. Par bonheur, un second fleuve, autrement puissant, coule en Europe depuis trois cents années. Que la Réforme soit un de ces événements qui modifient la marche de l'humanité, nul ne le conteste ; mais peut-être n'a-t-on pas assez reconnu l'action qu'elle a exercée sur les pays catholiques, et particulièrement sur les pays catholiques qui appartiennent à l'école de la Renaissance. Les nations protestantes sont loin d'avoir été modifiées seules par le retour à la parole évangélique qui marque le siècle de Luther; un ébranlement universel s'est opéré, et de proche en proche les doctrines de liberté et d'égalité mises en circulation par les apôtres ont envahi les contrées mêmes où les écrits apostoliques n'étaient point livrés au peuple.

Comment en aurait-il été autrement? On peut empêcher un peuple de lire, on ne peut pas l'empêcher de voir. Or, ce qu'on voyait, bon gré malgré, c'était une Angleterre, une Hollande, une Amérique devenues libres d'une façon étrange et dont les hommes jusqu'alors n'avaient eu aucune notion. Là, grâce aux dissidents, grâce aux puritains, grâce aux réfugiés, grâce aux vaincus, l'indépendance des âmes s'était maintenue à l'état vivant et n'était pas venue se fossiliser dans la masse d'une Église nationale. Les âmes étaient bien indépendantes et bien vivantes, les habitudes de vraie liberté s'étaient prises; quand on est libre en matière religieuse, on le devient vite en matière politique, et les hommes qui n'admettaient d'autorité que la parole de Dieu étaient peu disposés à se courber devant les Stuarts. Aussi, quelle différence entre les parlements du moyen âge et ceux de la Réforme; à partir de Guillaume III et du bill des droits, le gouvernement parlementaire commence chez les Anglais. Otez la Réforme et ce qu'il y a eu de plus réformé dans la Réforme, les dissidents, le pouvoir absolu s'établira en Angleterre comme ailleurs, en dépit de la grande Charte; les Tudors ou les Stuarts fonderont le despotisme, comme les Bourbons et les Habsbourg.

Le grand fait, messieurs, dont on ne saurait assez tenir compte, c'est que le monde étonné vit se dresser un gouvernement tout nouveau, le gouvernement parlementaire, le gouvernement libre. Philippe II avait trouvé devant lui le Taciturne; Louis XIV trouva devant lui Guillaume III ; par delà l'Atlantique, les États-Unis surgirent à l'horizon.

Cela a plus contribué qu'on ne le croit d'ordinaire au mouvement français qui remplit notre dix-huitième siècle et qui rédige nos cahiers. A côté du courant de la Renaissance, qui nous apporte avec tant d'esprit tant d'impuretés et d'impiétés, un courant nouveau pénètre chez nous ; il nous apporte les idées anglaises et américaines. L'imitation anglaise devint une mode ; l'enrôlement au service de l'Amérique en fut une à son tour. Modes généreuses, messieurs, dont les hommes légers ou rétrogrades étaient seuls à se moquer, et qui seules rendaient possible l'explosion libérale de 1789.

Je ne sache pas qu'un seul des hommes qui ont influé alors sur la révolution des idées ait manqué de visiter les pays libéraux. Ni Voltaire, ni Montesquieu n'ont caché ce qu'ils doivent à l'Angleterre. Rousseau était né à Genève. La Fayette avait combattu en Amérique, aux côtés de Washington; de là cette « délectation » avec laquelle, disait-il, il se courbait devant un paysan, maire de village.

Ne trouvez-vous pas, messieurs, que la réunion de ces quatre noms, Voltaire, Montesquieu, Rousseau et La Fayette, en dit long sur les chances terribles qu'allait courir la France? Il y a là de quoi expliquer l'élan magnifique de 89. Il y a aussi de quoi expliquer les crimes

de 93, l'Empire après la Convention, et l'éternelle bran-
loire qui va de l'anarchie au despotisme en traversant
la liberté sans s'y arrêter longtemps. Il n'est pas près
de finir, le combat que se livrent en France les influences
de la Réforme et les traditions de la Renaissance.

Pourtant, certaines conquêtes sont définitives et nous
aurions mauvaise grâce à en contester l'importance. Sur
les points où les deux esprits s'étaient coalisés au lieu
de se combattre, ils avaient fait taire toute résistance.
Or c'était en matière d'égalité que l'accord de la Renaissance et de la Réforme avait le plus souvent prévalu.
L'idée que tout homme est un homme, qu'en cette
seule qualité il a toujours droit d'être traité comme un
homme, avait renversé les priviléges, pour établir cette
chose si grande et qui nous semble aujourd'hui si simple, le droit commun.

Quand je pense, non pas seulement à l'antiquité
païenne avec ses esclaves, mais au moyen âge et à
l'ancien régime avec leurs inégalités monstrueuses, et
quand je me dis que nous en sommes venus au droit
commun, il me prend envie d'admirer la marche de
l'égalité dans l'histoire. Il nous est absolument impossible de concevoir les Prussiens vendant les Autrichiens
en détail après Sadowa, ou les vilains livrés à la fantaisie des seigneurs, ou même des maîtres bâtonnant leurs
domestiques, ce que les contemporains de Molière trouvaient fort peu étrange lorsqu'ils assistaient à la représentation des *Précieuses ridicules*.

Les progrès accomplis sont immenses. Il est vrai que
nous ressemblons aux gens bien guéris et depuis longtemps guéris : ils trouvent la santé un fait très-naturel

et ne songent guère à en remercier Dieu; mais s'ils ont
encore quelques incommodités, c'est là ce qui leur paraît contre nature. Nos maux présents sont réels, je n'en
disconviens pas, et nous devons en chercher le remède;
que sont-ils toutefois, comparés à la maladie antérieure,
dont nous avons été délivrés?

Jamais, je crois, depuis que le monde existe, l'égalité
parmi les hommes n'a été ce qu'elle est maintenant; jamais la proportion des propriétaires et des prolétaires
n'a été ce qu'elle est devenue. Le nombre des propriétaires s'est énormément accru. Petite propriété, petits
grands-livres; par les placements mobiliers comme par
la possession de la terre, le prolétariat ancien disparaît.

L'égalité des partages a pour corollaire une autre égalité, celle du travail. Avez-vous remarqué ceci, messieurs? le travail, sous toutes ses formes, achève de se
réhabiliter aujourd'hui. Autrefois il était ignoble de travailler; je vois venir le temps où il sera honteux de ne
rien faire. En attendant, les fortunes, qui ne sont plus
gardées par le droit d'aînesse et par les substitutions,
disparaissent d'elles-mêmes, dès que le travail ne vient
pas les conserver, disons mieux, les refaire, de génération en génération.

Je ne veux rien exagérer, la bataille de l'égalité, gagnée devant la loi, n'est pas encore tout à fait gagnée
dans les mœurs; il nous reste à empêcher certaines
iniquités sociales; il nous reste à mieux comprendre le
rôle de l'effort volontaire pour le relèvement de ceux qui
sont en bas; il nous reste à trouver la formule des
grandes mutualités fraternelles. Néanmoins l'égalité devant la loi, c'est quelque chose. Elle aurait étrangement
surpris les citoyens d'Athènes ou de Rome, les contem-

porains de Louis IX et de Louis XIV. Égaux devant le
code civil, égaux devant le code pénal, égaux comme
travailleurs, égaux comme soldats, nous avons tous désormais le droit d'arriver à tout. Ceci est plus qu'un
mot, c'est une réalité. Si cette phrase nous fait sourire :
« Chaque soldat porte dans sa giberne le bâton de maréchal, » faisons le compte des bâtons, et des plus
illustres ; nous verrons que la plupart sont sortis en
effet d'une giberne de soldat.

Ne soyons pas injustes envers notre temps. J'y remarque un fait qui porte vraiment l'empreinte chrétienne,
la préoccupation croissante des faibles, des petits, du
grand nombre. Ni l'antiquité, ni le moyen âge, ni l'ancien régime n'ont songé au grand nombre ; on y songe
maintenant, et je ne connais pas d'application meilleure
du principe démocratique.

Notre siècle met du jour et de l'air dans les quartiers
pauvres. Notre siècle ouvre partout des écoles. Bientôt
on ne trouvera pas un laboureur qui n'écrive correcte-
ment ; il y a cent ans les duchesses ne savaient pas
l'orthographe. Autrefois, qui pouvait se procurer des
livres ? Aujourd'hui, qui n'a à sa portée une bibliothèque
populaire, peut-être même une salle de lecture chauffée
et éclairée, comme celle qui existe sous ce toit ?

Autrefois il y avait des esclaves aux États-Unis et des
serfs en Russie. Autrefois les prisonniers étaient jetés
dans des fosses infectes. Autrefois les fous étaient enfermés dans des cages de fer. Autrefois les droits de la
guerre étaient atroces : on vendait tout ce qu'on n'avait
pas tué, et qui dira les cruautés et les infamies qui suc-
cédaient de plein droit à une prise d'assaut ? Autrefois
on s'inquiétait beaucoup de gagner les batailles, très-

peu de soigner les soldats blessés ; sous le premier Empire encore, un homme blessé était trop souvent un homme mort ; il faut lire sur ce sujet les effroyables aveux de Larrey et de Percy.

Aujourd'hui..... Savez-vous, messieurs, que c'est bon signe quand on peut employer ainsi ces deux mots : *autrefois* et *aujourd'hui*, deux adverbes dont le rapprochement signifie progrès !

Ainsi marche l'égalité poursuivant son œuvre : hier ceci, aujourd'hui cela, demain autre chose. Oui, demain fera autre chose. Nous ne sommes pas au terme ; nous voyons encore autour de nous trop d'iniquités et de misères, pour qu'il soit temps de nous reposer. J'ai voulu montrer, non pas que nous avons atteint le but, mais que nous avons fait des pas en avant. Deux chiffres nous permettront d'apprécier, mathématiquement en quelque sorte, l'amélioration qui s'est introduite dans la condition du grand nombre. Entre 1770 et 1790, il mourait chaque année un trentième de la population ; maintenant, il n'en meurt plus qu'un quarantième. La vie moyenne, en moins d'un siècle, s'est donc accrue de dix ans.

II

L'égalité est entrée de partout dans les lois ; est elle entrée aussi dans les mœurs ? C'est une question que j'ai déjà indiquée et devant laquelle il faut s'arrêter.

Si j'en juge par mon impression personnelle, les mœurs ne sont pas loin de se mettre d'accord avec les lois.

N'éprouvez-vous pas ce que j'éprouve, messieurs, une sorte d'embarras lorsqu'il s'agit d'employer ces mots : classes inférieures ? Ces mots ne s'expliquaient que trop jadis par l'existence de priviléges réels ? à l'heure qu'il est, décidément, ils n'ont plus de sens. Je le déclare sans intention aucune de courtiser ou de rabaisser qui que ce soit, il me serait impossible de dire où sont les classes inférieures, si c'est parmi les riches ou parmi les pauvres. Je sais bien quelles sont les natures inférieures, et j'en vois partout, dans ce qu'en appelle les rangs élevés comme ailleurs. Je sais bien aussi quelles sont les natures supérieures, et j'en rencontre partout, en bas comme en haut. Mais en dehors de ces aristocraties naturelles du cœur, du caractère, de l'esprit, de la science, de l'illustration, de l'éducation et du comme il faut, il n'y a plus moyen de trouver sur la terre une aristocratie viable.

Entendons-nous bien, il existe encore des aristocraties politiques, une en tout cas, et moins que personne je voudrais nier le grand rôle d'une chambre des lords ; ce serait méconnaître une des constitutions les plus libérales de notre temps. Mais la chambre des lords ne forme pas le moins du monde une classe privilégiée. Les lords ne sont pas une classe ; je ne vois là qu'un nombre limité de législateurs, à la plupart desquels, dans l'intérêt commun, on a confié l'hérédité qui est le garant de leur indépendance. Voyez quel soin elle prend, cette aristocratie toute politique, de se mettre en règle avec l'égalité. Elle est ouverte par les deux bouts ; d'un côté, elle se recrute incessamment parmi les illustrations nationales ; de l'autre, elle replace incessamment ses fils puînés au rang des simples citoyens. Les nouveaux lords

se prennent partout, dans la marine, dans l'armée, dans
les grands services publics, dans la chambre des communes, dans le barreau, dans le commerce, dans l'industrie. Leur titre n'existe que par leurs fonctions ; leurs
fils puînés, je viens de le dire, sont et demeurent des
bourgeois, suivent une carrière quelconque, et ne se dis-
tinguent en rien de leurs compatriotes.

. Si l'avenir doit avoir une aristocratie, il aura celle-là ;
c'est la seule que le principe d'égalité puisse avouer désormais, car les distinctions qu'elle consacre se rattachent aux fonctions et non aux familles, elles ne sauraient
fonder une classe. Chez nos voisins, l'aristocratie politique des lords sert de rempart à la *nobility*, aux baronnets
et aux chevaliers, à cette *gentry* qui, préoccupée elle-
même du devoir de fortifier son existence par ses services, remplit dans les comtés des charges gratuites
d'administration et de judicature. Aussi l'Angleterre peut-
elle entendre chanter sans crainte au dix-neuvième siècle
cette vieille chanson des paysans anglais du quinzième :
« Lorsque Adam bêchait et qu'Eve filait, où était le gentilhomme ? »

. Ce refrain troublerait davantage les pays qui au lieu
d'une aristocratie ont une noblesse, une classe fermée,
et revêtue de distinctions qui ne se rattachent pas à des
fonctions. Si l'aristocratie politique peut se maintenir là
où elle subsiste encore, la noblesse sans rôle public est
morte, bien morte, et on ne la ressuscitera pas. Il est
naturel sans doute que les noms illustres restent des
noms illustres, et peut-être les titres consacrés par l'histoire se conserveront-ils avec les noms auxquels ils sont
liés. C'est possible ; je n'en sais rien, et je ne pense pas
que la chose importe beaucoup. Ce qui importe, c'est de

ne pas tenter l'entreprise ridicule, et plus dangereuse encore que ridicule, de rétablir des classes au sein d'une nation.

Le principe de la séparation des classes n'a pas survécu à sa dernière victoire. Vous vous rappelez ce jour de l'ouverture des états généraux, où la noblesse et le clergé se donnèrent la satisfaction de tenir le tiers à distance et de le laisser un peu se morfondre à la porte. Le marquis de Brézé triomphait; mais son triomphe fut court. Le tiers entra et prit tant de place, qu'il n'y en eut plus que pour lui; les états généraux devinrent l'assemblée nationale, et l'étiquette éplorée put prévoir déjà le moment où un ministre qui n'avait pas de boucles à ses souliers oserait se présenter aux Tuileries.

Certaines choses sont mortes, faisons-en notre deuil; d'autres vivent et doivent vivre, maintenons-les fermement. Dieu me préserve de répéter les platitudes de la fausse égalité et de proclamer ou de rêver l'abolition des distinctions sociales! Il y en a, il importe qu'il y en ait.

Il y aura toujours des noms qui rappelleront des services rendus, un rôle historique, de grandes découvertes; ces noms ne seront pas, quoi qu'on fasse, les premiers noms venus. Je vais plus loin, il y aura toujours des maisons anciennes; il ne sera jamais indifférent de compter une longue suite d'aïeux illustres ou honorés.

Allons jusqu'au bout : outre l'éclat du nom ou des origines, les vieilles traditions de famille se feront toujours sentir. On ne cessera pas de reconnaître à des signes infaillibles celles au sein desquelles se sont déposées l'une après l'autre, génération après génération, des couches successives de bonnes manières, de bons principes, de bons exemples, de nobles études et d'habitudes élevées.

L'égalité n'est pas le nivellement. Où les habitudes diffèrent, où les éducations diffèrent, où les relations diffèrent, gardez-vous d'opérer des confusions qui seraient une souffrance pour tous. Nous pouvons être moralement égaux et socialement inégaux; malheur à nous, si nous prétendions n'en pas tenir compte! Il serait aussi fâcheux d'abolir les distinctions réelles, que de créer des distinctions factices. En retranchant les distinctions sociales, on retrancherait beaucoup d'autres choses; on tomberait dans l'utilitarisme grossier qui trouve la délicatesse absurde et l'idéal ridicule, qui n'estime que les gens habiles à faire leur chemin, qui règle les relations d'après la fortune, et qui classe les gens d'après le nombre de leurs écus. Il ne faudrait pourtant pas pousser la haine des aristocraties jusqu'à les remplacer toutes par celle de l'argent.

Des distinctions sociales, mais point de classes, telle est, vous le voyez, la formule qui s'impose à nous. L'abolition des classes se poursuit sous nos yeux, partout où l'intelligence des temps modernes a pénétré. Laissez-moi, messieurs, vous citer votre pays. Vos jeunes gens, dans quelque situation qu'ils soient nés, quel que soit le rang de leurs familles et alors même qu'elles veillent peut-être avec beaucoup de soin sur le choix de leurs relations et de leurs alliances, n'hésitent pas à entrer dans toute carrière libérale; négociants, industriels, avocats, médecins, pasteurs, savants, professeurs, peintres, architectes, ils ne croient pas s'abaisser en travaillant. Ils pensent que c'est trop peu d'être fils

de ses ancêtres, si l'on n'est pas aussi fils de ses œuvres.
Cela vaut un peu mieux que de s'engourdir dans une
noble oisiveté. A force de se mettre à part parce qu'on
se croit au-dessus des occupations vulgaires, on finirait,
j'en ai peur, par se trouver au-dessous.

Ce qui se passe à Genève se passe pareillement aux
États-Unis, en Angleterre, et commence à se passer ailleurs. Nous assistons aux débuts d'une révolution presque
inaperçue, qui fait moins de bruit et plus de besogne que
la plupart de nos révolutions à grand fracas.

Nous essayerions de maintenir ou de ressusciter les
classes, que cela n'empêcherait pas le monde d'aller
son train. Il ne s'arrêtera pas, soyons-en sûrs, devant
quelques prétentions du temps jadis ; il marchera, sans
s'en occuper autrement. Prenons-en notre parti, les
aristocraties ne se tiendront désormais debout qu'appuyées sur des supériorités et sur des services rendus.
Il faudra qu'elles se mettent en tête de tout, remuant
des idées, aidant aux progrès, exerçant les généreux
patronages, donnant l'exemple des sacrifices, de la vaillance et du travail. Je ne connais plus qu'un moyen
d'être le premier : marcher devant.

Je sais bien que certains instincts chercheront longtemps à se faire jour ; plus la société est démocratique,
plus on attache de prix aux distinctions quelles qu'elles
soient qui empêchent un nom de se perdre dans la foule.
Je sais aussi et je comprends à merveille, vous l'avez
vu, qu'on se soucie médiocrement de voir remplacer le
noble par le riche et le gentilhomme par le fonctionnaire.
Nous ne gagnerions pas au change ; l'aristocratie des
emplois et des écus n'aurait certes rien de très-glorieux.

Mais c'est à nous d'y pourvoir : fondons d'autres aristocraties ; ayons encore, ayons toujours des gentilshommes, des chevaliers, des grands seigneurs. On pré
tend qu'il n'y en a plus ! Je soutiens qu'on se trompe.
J'en ai rencontré, moi, tantôt dans les rangs de la société brillante, tantôt au sein des plus humbles demeures. Oui, tout en haut, et tout en bas, et au milieu
aussi, on trouve des grands seigneurs et de grandes
dames, c'est-à-dire des êtres dont la distinction exquise
ne permet pas de mettre un instant en doute le rang
qui leur appartient.

Il y a quelque chose d'impatientant, de faux et de bête
dans cette manie de nos auteurs à la mode qui, pour la
plupart du moins, s'évertuent à nous refaire des classes
et à réserver toutes les vertus à la noblesse en attri-
buant tous les ridicules à la bourgeoisie. Le moment est
bien choisi, en vérité ! L'autre jour, Grant, Farragut,
Sherman Sheridan gagnaient les batailles américaines,
ils restaient Grant, Farragut, Sherman Sheridan. Quelqu'un a-t-il trouvé que leurs noms ne fussent pas suffisamment ennoblis et qu'il leur manquât quoi que ce
soit?

Le rôle de la bourgeoisie aujourd'hui n'est pas de ceux
qui prêtent à la raillerie. Il y a des bourgeois absurdes,
d'accord, comme il y a eu des marquis immortalisés par
Molière; rions de ces bourgeois et de ces marquis, mais
ne livrons pas à des moqueries sans justice ce siècle
bourgeois qui est le nôtre. Cherchez bien, messieurs,
vous découvrirez des gentilshommes partout, et aussi
des manants partout, je vous en réponds.

Sans rien retirer de ce que j'ai dit sur cet héritage du
comme il faut qui se transmet dans certaines maisons,

je soutiens que de telles transmissions s'opèrent au sein des familles bourgeoises aussi bien qu'ailleurs. Restant à leur place et la trouvant bonne, n'ayant pas la moindre envie de compromettre leur dignité et leur bonheur, ne se jetant pas dans d'autres habitudes, dans d'autres relations et dans d'autres milieux, elles ne prêtent nullement à rire. Il y a eu, ce me semble, en Hollande, en Flandre, dans les villes anséatiques, dans les cités libres et impériales, dans les républiques italiennes, et ailleurs encore, des patriciats municipaux, de vraies dynasties bourgeoises, qui ne l'ont cédé à aucune noblesse pour la hauteur des vues, la fermeté de la conduite, la grandeur et les vertus héréditaires. En France, nos maisons parlementaires n'ont pas été le moins bon côté de l'ancien régime.

Voilà pour la vieille bourgeoisie; faudra-t-il se moquer de la nouvelle! A qui en avons-nous, je le demande, quand nous prononçons avec dédain ce mot de *parvenu*, ce brave mot, que nous ne devrions répéter qu'avec joie et en ouvrant les bras?

Ingrats que nous sommes, les parvenus, les bourgeois ont presque fait toute notre histoire, par l'affranchissement des communes, par le long effort des classes moyennes, par le parlement, par la révolution de 1789.

Ceci n'est pas l'histoire de la France seulement, c'est celle du monde civilisé. Votre Suisse vit glorieuse et libre avec ses gouvernements bourgeois; l'Amérique prouvait naguère encore la puissance d'un gouvernement bourgeois. Aux époques les plus obscures du moyen âge, les gouvernements bourgeois ont été la consolation de l'Europe.

Lorsque nous nous moquons des bourgeois, nous nous

moquons de nous-mêmes. Notre législation fait des bourgeois par l'égalité des partages ; les progrès de l'industrie transforment des ouvriers en bourgeois ; notre avenir, s'il est prospère, sera un avenir bourgeois. Loin de railler la bourgeoisie, nous devrions aspirer à un état social où il n'y aurait presque plus autre chose, où l'on ne rencontrerait plus ce qu'on nommait autrefois la populace, où tous auraient mêmes moyens de fortune et mêmes droits.

La bourgeoisie (la classe moyenne, si vous voulez) est tellement l'essentiel, que lorsqu'elle est absente la liberté fait défaut. Interrogez les Russes éclairés et intelligents qui habitent Genève, et pour peu que leur circonspection patriotique leur permette de répondre, ils vous diront tous que ce qui manque à leur pays, c'est une classe moyenne, une bourgeoisie. Si vous pouviez donner une classe moyenne à la Turquie, vous ne seriez pas loin de résoudre la question d'Orient. Jacquemont, dans ses lettres datées de Rio-Janeiro, nous épouvantait sur l'avenir du Brésil, parce qu'au-dessous de la gent dorée sur tranche il n'avait vu que des mendiants ou des voleurs, et qu'il n'avait pas aperçu de bourgeois.

Comment se fait-il que la bourgeoisie, avec le passé qu'elle a derrière elle et l'avenir qu'elle a devant elle, ne le prenne pas de plus haut ? N'a-t-elle pas eu ses grandes familles dans les parlements, dans la science, dans l'industrie ? Les Estienne, par exemple, ne formaient-ils pas une dynastie d'imprimeurs ! Le temps viendra, espérons-le, où l'on aimera mieux descendre de ce savant, de ce travailleur, de ce bourgeois, Henri Estienne, qui subit vaillamment la persécution et dont Genève a conservé le souvenir, que de porter le nom d'un des mignons de Henri III.

Il me semble, messieurs, que Sieyès a parlé pour le monde entier, quand il s'est écrié dans sa fameuse brochure : « Que doit être le tiers état? Tout. » Un autre écrivain, que ne troublait pas le spectacle des révolutions, Aristote, déplorait en son temps la destinée des nations qui n'avaient que des pauvres et des riches, des extrémités et pas de milieu. Je suis de l'avis de Sieyès et d'Aristote.

Que les extrémités s'affaiblissent et que le milieu s'accroisse, tel est le programme de l'égalité. Nous avons suivi sa marche au travers des siècles. Comment a-t-elle opéré? Elle a pris les esclaves et elle en a fait des serfs. Elle a pris les serfs et elle en a fait des bourgeois. Elle a pris les bourgeois et elle en a fait des citoyens. Le même jour elle prenait les nobles et elle en faisait aussi des citoyens. Maintenant elle est en train de prendre les ouvriers pour en faire à leur tour des citoyens et des bourgeois. Ainsi s'achève la suppression des classes, par l'arrivée successive de toutes sur ce terrain commun de la bourgeoisie.

L'avénement de la classe ouvrière est un fait considérable. Il ne sera pas moins fécond en conséquences heureuses pour tous que ne l'a été au siècle dernier l'avénement de la classe bourgeoise. Et ne m'accusez pas, messieurs, de faire ici un rapprochement forcé; la révolution ouvrière du dix-neuvième siècle n'aura pas moins de portée, j'en suis convaincu, que la révolution bourgeoise du dix-huitième. Celle-ci, bien que très-démocratique et même très-démagogique dans ses procédés, avait laissé sans solution définitive le problème social.

Ce problème, aujourd'hui, se pose de partout. Au milieu de la contrariété apparente des mouvements, il est difficile de ne pas apercevoir une tendance centrale et dominante. L'heure du grand nombre a sonné : suffrage universel, instruction universelle, à ces deux signes on reconnaît la démocratie qui s'avance. Dès ses premiers pas, elle impose à l'Angleterre elle-même le bill électoral que chacun sait. Et nous ne sommes pas au bout ; que sortira-t-il de l'agitation ouvrière et de la fermentation générale ? Je l'ignore, mais je sais une chose, c'est que la question d'égalité ne s'est jamais formulée comme aujourd'hui, qu'elle est là devant nous, que nous ne pouvons l'écarter, qu'en vain nous fermerions les yeux pour ne pas la voir. Il s'agit de la regarder en face et de la résoudre, sans sacrifier ni la justice ni la liberté. Telle est l'œuvre qui nous réclame, messieurs ; nous nous y mettrons ensemble, sentant qu'elle n'admet pas de retard.

A mesure que le rôle des ouvriers augmente, et il augmente à vue d'œil, leur responsabilité augmente aussi. Notre devoir grandit toujours avec notre pouvoir. Si cela est compris, la fusion définitive et l'abolition des classes s'opérera dans les conditions les meilleures, et nos sympathies pourront suivre jusqu'à la fin la marche de l'égalité dans l'histoire.

Déjà se forme le livre d'or où s'inscrivent les noms des ouvriers illustres, les noms de plusieurs maréchaux, les noms de plusieurs inventeurs et de plusieurs savants, des Watt, des Fulton, des Stephenson, des Faraday ; les noms de plusieurs hommes d'État aussi, et avant tous, ce nom d'ouvrier consacré par une grande vie et une mort sanglante, doublement consacré par le mal qui s'est fait depuis qu'il n'est plus là, le nom du doux et noble Lincoln.

III

N'est-il pas vrai, messieurs, que pendant que je vous racontais tout à l'heure la marche de l'égalité dans l'histoire, une objection se présentait à votre esprit ? Je l'ai lue dans vos regards, je l'ai presque entendue, votre discrétion seule l'a retenue sur vos lèvres. Eh quoi ! vous disiez-vous, on nous vante les progrès de l'égalité, et notre siècle voit s'étaler en plein soleil les horreurs inénarrables du paupérisme !

Loin de vouloir esquiver l'objection, je n'ai cessé de l'avoir devant mes yeux en vous parlant. Ce mal odieux du paupérisme, il n'a cessé de hanter ma pensée depuis que je prépare ces conférences; bien plus, il n'a cessé de peser sur ma conscience et sur mon cœur depuis que je me connais.

N'exagérons rien cependant, quoique un fait moderne, l'industrie, ait donné au paupérisme une gravité locale et en outre une notoriété, un éclat qui lui manquaient jadis, il n'en a pas moins existé à toutes les époques. Le monde antique, le moyen âge et l'ancien régime ont eu des misères auxquelles les nôtres, grâce à Dieu, ne sauraient se comparer. Lisez une histoire quelconque du paupérisme, celle de M. Moreau Christophe, par exemple; vous découvrirez avec une sorte de terreur ce qu'étaient en étendue, en profondeur, en dégradation physique et morale, les souffrances des époques qui ont précédé la nôtre.

Si notre paupérisme fait beaucoup de bruit, c'est précisément parce que notre organisation sociale vaut mieux. Sur un habit sale, une tache de plus ou de moins ne frappe personne ; sur un habit propre, la moindre souillure paraît. C'est comme le bûcher de Servet qui, dressé à Genève, cause plus d'horreur et de scandale que cent bûchers dressés à Burgos ou à Madrid, et c'est justice.

Le paupérisme aujourd'hui se présente à l'état concentré, passez-moi le terme. Jadis il était partout, à la ville et à la campagne ; aujourd'hui il ne se rencontre que dans certains quartiers trop célèbres de nos grandes cités, et surtout au sein de certaines populations industrielles. Mais là, il s'entasse, il fermente, il s'exaspère, il devient la chose horrible dont j'ai à vous entretenir.

Il est des centres pestiférés, je ne trouve pas d'autre mot, où toute vie semble s'éteindre, faute d'aliment, la vie morale, la vie intellectuelle, la vie de famille, et pourquoi ne pas le dire ? la vie physique elle-même. Là renaissent sous une forme nouvelle et non moins hideuse les iniquités d'autrefois. Nos sociétés modernes ont leurs serfs comme le moyen âge, leurs esclaves comme l'antiquité ; leur luxe, comme celui de Rome païenne, broie sous ses pas insouciants des corps et des âmes.

Ces inégalités-là, messieurs, il faut les peindre telles qu'elles sont, sans employer des couleurs atténuées. Je ne suis certes pas un ennemi de l'industrie ; je crois qu'à ne la considérer qu'au point de vue de l'égalité, elle a accompli une œuvre splendide. Quelle égalité est contenue dans ces seuls mots : le bon marché ! Bon marché des vêtements, bon marché de l'éclairage, bon marché des moyens de locomotion, bon marché des livres, bon marché des écoles, quelles conquêtes ! Ce qui était le privilége du petit nombre a été mis à la portée de tous.

Mais ce progrès, qui est considérable, a entraîné deux conséquences sur lesquelles nous sommes tenus de veiller. Ce sont celles que j'indiquais tout à l'heure : l'entassement excessif des populations dans les grandes villes, l'entassement des ouvriers dans les grandes fabriques.

Il y a à Londres, pour ne citer que cette capitale, des quartiers où l'on ne se hasarde qu'en tremblant et que la charité seule ose visiter en détail. La misère universelle y est compliquée d'une universelle dépravation. On aperçoit là des classes qu'on dirait vouées au mal. Vous comprenez, sans que j'aie à le dire, quelles leçons se donnent là, quelle morale se pratique là, quelle vie se mène là, ajoutons, et quelle indigence sans nom règne là. C'est le paupérisme, c'est bien lui, le paupérisme héréditaire, accepté, presque nécessaire, le paupérisme qui se sent chez lui, que personne ne conteste, auquel personne ne songe à se soustraire. Et qu'arrive-t-il, lorsque à cette misère sans nom vient s'ajouter un surcroît quelconque, une disette, par exemple? Il arrive qu'on vous annonce froidement que dans tel quartier de Londres (nous l'avons tous entendu, messieurs) six cent mille hommes sont en train de mourir de faim.

Et nous sommes au dix-neuvième siècle! Et voilà dix-neuf cents ans bientôt qu'on prêche ici-bas une religion d'amour ! N'est-il pas vrai que cette inégalité-là ressemble trop à une iniquité pour qu'on puisse en parler froidement? Il faut qu'elle disparaisse. Aucun homme de cœur n'en prendra son parti. Je plaindrais l'homme qui se dirait : « Des milliers de mes semblables expirent près de moi, à l'autre bout de cette rue, dans le dénûment et dans la crapule ; mais ce n'est pas ma faute, je n'y puis rien, et comme il est désagréable d'y penser, je penserai à autre chose. »

Je sais des populations industrielles qui présentent un spectacle non moins révoltant. Ce sont, je le répète, des centres pestiférés, sur lesquels on serait tenté de déployer le pavillon jaune comme on le fait sur les navires atteints par la contagion. — Écoutez.

Pour certaines populations industrielles la vie de famille n'existe plus ; la vie de famille, ce qui charme, ce qui console, ce qui protége, ce qui élève, ce qui relève. Pauvres, pauvres gens ! Les fabriques ont des engrenages où le corps entier passe quand on leur laisse prendre un bout du vêtement ; ne laissez pas prendre à la dure machine industrielle la moindre partie de vos affections et de vos devoirs ; tout y passerait, la famille entière serait broyée, l'homme, la femme et l'enfant, le bonheur et la dignité.

Comment en serait-il autrement? L'un après l'autre, l'homme, la femme et l'enfant ont été emmenés loin de l'asile qui seul pouvait les protéger ; le foyer est éteint. On ne se voit plus, on ne se connaît plus, on ne s'aime plus. Et ce qu'il y a de pis, c'est que cette existence dépouillée et rabaissée se fait accepter. On n'a pas besoin d'autre chose.

Le grand attentat a eu lieu le jour où l'industrie s'est emparée de la femme et de l'enfant. — La femme coûte moins que l'homme; employons la femme! L'enfant coûte moins que la femme; employons l'enfant! — Cela est bientôt dit, messieurs, et à ne considérer que le bilan de fin d'année, il est possible que cela se trouve juste. Mais il est un autre bilan, celui des santés, celui des moralités, celui des bonheurs, qui se solde alors par un affreux déficit.

Qui dira ce qui se passe, quand une femme, une mère de famille, donne sa journée entière au travail de la fabrique? Elle cesse de tenir son ménage; elle cesse d'élever ses enfants; elle renonce à sa douce royauté. Elle partie, il n'y a plus d'intérieur, le nid est détruit, la nichée se disperse. Mesurez les conséquences d'un pareil désastre.

Et l'enfant? Il ne lui manquait plus, à ce pauvre être, déjà orphelin par le fait de l'industrie, que d'être adopté et élevé par elle! M. Jules Simon l'a écrit, dans un de ces livres éloquents où il signale nos plaies sociales: « Un enfant de six ans peut bobiner. » Hélas! oui, à six ans, ses petites mains y suffisent. Le voilà absorbé par la fabrique, à l'âge des jeux, à l'âge de l'école, et, ceci dit tout, à l'âge de l'éducation.

Des enfants qui s'étiolent, des femmes qui se perdent, des hommes qui, à défaut des joies de la famille, vont chercher l'abrutissement du cabaret, l'abandon de soi sous toutes les formes, l'indifférence à sa propre dégradation, à celle des êtres qu'on devrait aimer, l'abaissement et la misère sans remède, en un mot le paupérisme dans toute son horreur, voilà où l'on arrive.

On y arrive. Le cœur se serre à voir les ouvriers sortir

de certaines manufactures. Ces êtres hébétés, abâtardis, contrefaits, ces êtres au milieu desquels les conseils de recrutement ne trouvent plus de quoi compléter le contingent, ce sont ceux que Dieu avait destinés à la vie simple, au grand soleil, au travail salubre, aux tendresses, au progrès, au bonheur. Ont-ils encore une âme ? vous seriez tenté d'en douter, tant cette âme a cessé de se refléter sur leur visage. Quant au corps, il ne supporte pas longtemps une existence contre nature. L'atmosphère des manufactures, viciée sous tous les rapports, ne tarde pas à accomplir son œuvre. On voit là de quel prix se payent ces salaires de la femme et de l'enfant qui semblent un profit, et qui sont en réalité la ruine infaillible du pauvre. — Règle générale, ce qui nous coûte la famille nous coûte trop cher.

Peut-être ai-je eu tort, messieurs, de vous parler de la femme et de l'enfant en passant l'homme sous silence. L'homme aussi est nécessaire aux siens. L'homme aussi a son rôle dans l'éducation des enfants ; l'homme aussi a besoin qu'on lui laisse le temps de se reposer, de penser, de respirer. S'il n'a pas ses dimanches et si les journées de travail sont trop longues, il cesse d'être homme et devient un mécanisme ; l'époux, le père, le citoyen, la créature intelligente et aimante, tout disparaît peu à peu.

Pour achever de nous montrer telle qu'elle est cette inégalité qu'on appelle le paupérisme industriel, je devrais vous prier d'entrer avec moi dans les demeures sordides où s'entassent des êtres humains, en dehors des conditions les plus élémentaires de la propreté, de la salubrité et de la décence. Je n'insiste pas, vous m'avez compris. N'est-il pas vrai que nous avons à faire, en pleine Europe, une émancipation des esclaves?

Cette émancipation est possible, messieurs, et je n'en veux pour preuve que les centres manufacturiers où l'on sait éviter de telles infamies. Il en est de tels, hâtons-nous de le dire. On pourrait citer nombre de fabricants qui font passer leurs devoirs avant leurs profits, qui ne veulent pas bâtir leur fortune sur des existences ruinées et sur des familles détruites. Ceux-là remplissent une des nobles missions d'ici-bas.

Mais l'argent joue un trop grand rôle aujourd'hui, pour que les patrons (c'est le beau nom qu'ils portent) exercent toujours leur patronage. Dès lors, le rôle de l'État est tracé. Aux grands maux les grands remèdes ; quoique je n'aime guère, vous le savez, à multiplier les tutelles de l'Etat, je ne crois pas qu'il y ait à hésiter en pareille occurrence. Les attentats à la vie humaine, à la dignité, à la sécurité humaine, doivent être réprimés. L'Angleterre, qui n'a pas le goût des règlements et qui s'en remet volontiers en toutes choses à l'action des individus, n'a nullement éprouvé ses scrupules ordinaires lorsqu'il s'est agi d'empêcher le meurtre moral et physique des hommes, des femmes et des enfants. — Chacun est libre de disposer comme il l'entend de ses forces et de son temps ! Eh bien, l'Angleterre est intervenue entre le maître et l'ouvrier. — Chacun est libre de se loger dans un chenil si cela lui convient ! Eh bien, l'Angleterre est intervenue entre le logeur et le logé.

Sur ce dernier point, l'expérience n'a pas fait attendre son arrêt. A Londres, avant la loi sur les logements insalubres, la paroisse de Kensington, habitée par les pauvres, présentait une mortalité presque double de celle des autres quartiers ; depuis la loi, cette mortalité s'est abaissée, non-seulement au niveau commun, mais même au-dessous. Que de bien accompli par une seule mesure ! Et en même temps que la vie moyenne croissait, la moralité moyenne croissait aussi.

Le même progrès s'est accompli dans les manufactures. La loi anglaise, une loi sérieuse, appliquée, surveillée, a commencé, sinon achevé, une œuvre dont les fruits se montrent déjà. En limitant le nombre des heures de travail, pour les hommes d'abord, pour les femmes ensuite, en interdisant d'employer les enfants au-dessous de huit ans, en réduisant à six heures et demie le travail des enfants qui dépassent cet âge, en réservant à tous le repos entier du dimanche [1], elle a ressuscité la vie de famille. L'ouvrier anglais a repris haleine ; le soleil et les jeux sont rentrés au pauvre logis.

Nous sommes tenus d'en faire autant. Il ne suffit pas de voter en hâte une loi, il faut veiller à ce qu'elle soit réellement exécutée. Et pourquoi cette grande œuvre, la destruction du paupérisme industriel, ne serait-elle pas poursuivie en commun par tous les peuples civilisés? S'il est une convention internationale qu'il soit urgent de conclure, c'est bien celle-là. Convenir que nulle part il ne sera permis à une manufacture, ni de faire un travail quelconque le dimanche, ni d'employer les hommes plus de dix heures, les femmes et les enfants plus de six, ce serait abolir la vraie servitude de notre temps. Un pareil traité honorerait le dix-neuvième siècle. Il est des

1. La loi, qui sort de son rôle quand elle impose l'observation du dimanche à titre d'acte religieux, reste fidèle à son rôle quand elle l'impose à titre de limitation du travail dans les cas exceptionnels où cette limitation légale devient nécessaire.

exploitations de l'homme par l'homme qui ne sauraient être tolérées. L'assassinat en grand d'une population, qui périt corps et âme sous le poids d'un régime auss' féroce que corrupteur, doit être réprimé, ce me semble, tout comme l'assassinat d'un individu. Ou nous empêcherons cela, ou nous ne serons décidément que des faiseurs de phrases, le pire métier que je connaisse ici-bas.

Quand je pense à ces crimes de l'industrie moderne, je ne suis pas loin de me demander si nous avons le droit de parler d'égalité. La marche de l'égalité dans l'histoire viendrait-elle donc aboutir à l'inégalité suprême, à l'abolition de la famille pour toute une classe d'hommes ?

La famille, messieurs, est la forteresse de l'égalité. Quelle mutualité que celle-là ! Les forts y travaillent pour les faibles, et les faibles, certes, n'y sont pas inutiles aux forts.

La famille ferme plus de cabarets que n'en fermera jamais la police. Elle ramène ses membres vers elle. Les coupables dépenses, celles qui tuent le présent et l'avenir, disparaissent sous son influence. Elle seule rétablit l'équilibre du budget des travailleurs. Partout où un infernal régime amène la suppression de la famille, il ne faut parler ni de bien-être, ni d'épargne, ni de moralité, ni de bonheur.

Elle est tellement la mutualité providentielle, que certains êtres ne parviennent pas à vivre en dehors d'elle ; pour eux l'isolement c'est la mort. Voyez l'ouvrière à l'aiguille, ce type achevé et touchant de l'inégalité sociale. Cent fois on a refait son pauvre budget ; on a eu beau réduire les dépenses au strict nécessaire ; on a eu beau supposer qu'elle ne serait jamais malade et que l'ouvrage ne lui manquerait jamais ; on a eu beau supposer que ses yeux fatigués par les veilles ne lui refuseraient jamais leurs services, on n'est arrivé qu'à un total qui la met à même de ne pas mourir tout à fait de faim.

Où est le salut ? Dans cette vie de famille que certains régimes industriels détruisent rapidement sous nos yeux. Que l'ouvrière à l'aiguille ait une famille, tout ira bien. Voici l'association voulue de Dieu : les salaires sont mis en commun, et la santé, et les chances aussi. L'ouvrière a sa part de bonheur, de repos, de sécurité. Elle n'est plus livrée sans défense aux tentations du désespoir.

IV

Vous le voyez, messieurs, je ne songe pas à dissimuler les inégalités effroyables dont nous avons encore à poursuivre la suppression. Si le mal est beaucoup moins grand qu'autrefois (j'espère l'avoir prouvé), nous n'aurons cependant pas trop de toute notre énergie pour en venir à bout ; il s'agira d'appeler à notre aide et l'action des lois dans certains cas, et la charité privée toujours, et par-dessus tout l'influence de l'Évangile.

Tant que le paupérisme sera là, nous n'aurons pas le droit de croire notre œuvre achevée. En présence de populations entières qui se corrompent, s'abaissent et périssent, nous avons quelque chose à faire. Le devoir est marqué ; quand je cherche à exprimer l'obligation morale qui pèse sur nous, je ne trouve qu'un mot, notre mot d'ordre : *Il faut.*

Il faut que cela cesse. Ne le sentons-nous pas, que nous sommes responsables de ces misères et de ces vices ? Si nous ne portons pas secours aux malheureux qui glissent vers l'abîme, si nous n'agissons pas avec vigueur, avec passion, si nous nous résignons à avoir, non pas des pauvres seulement, mais du paupérisme, alors renonçons à parler d'égalité.

Je ne puis dire combien me révoltent, en face de telles misères, les paisibles théories des satisfaits. — A quoi bon s'inquiéter et se tourmenter ? Il y aura toujours des misères. Croit-on donc qu'on empêchera les gens de se ruiner et de se perdre ?

En d'autres termes, nous sommes riches ; que nous importent les pauvres ! Nous sommes bien portants ; pourquoi s'avise-t-on d'être malade ! Nous sommes heureux ; les malheureux sont des maladroits !

Vous pouvez en croire un optimiste, messieurs, l'optimisme des satisfaits n'est autre chose qu'un égoïsme qui se donne crûment pour ce qu'il est. Il y avait des satisfaits, soyez-en sûrs, sous le despotisme des Césars ; ils trouvaient que le monde n'allait point mal : ne ramassaient-ils point, le cas échéant, quelques dépouilles de proscrits et ne soupaient-ils pas chez l'empereur ? Il y avait des satisfaits au moyen âge ; ils trouvaient que la vie était bonne dans les châteaux, que les chevaliers avaient grand air dans leurs armures, que les trouvères contaient galamment, et que les cathédrales naissantes faisaient un effet magnifique à l'horizon. Ils menaient joyeuse vie et voyaient s'ouvrir devant eux, moyennant certaines donations et certaines pratiques, la grande route qui mène au ciel. Tout d'ailleurs n'était-il pas dans l'ordre, les seigneurs en haut, les manants en bas ?

Ne soyons pas trop surpris, si aujourd'hui encore nous rencontrons la race impérissable des satisfaits. Vous rappelez-vous les vers railleurs qu'un de vos poëtes, M. Juste Olivier, leur a consacrés ?

> Mon lit est fait; je n'empêche personne
> De faire aussi le sien comme il l'entend.
> Tel n'en a pas, du moins je le soupçonne;
> Mais j'ai le mien, c'est le point important.
> Qu'on le dédouble, on en fera peut-être
> Trois, tout au plus, de moyenne hauteur;
> Mais ce serait un acte bas et traître.
> Conservez-moi, je suis conservateur.

Quoique je sois très-conservateur et très-peu partisan du dédoublement des lits (je vous dirai pourquoi), j'ai toujours tenu en médiocre estime le conservatisme qui redoute tout mouvement par l'unique raison qu'il craint qu'on ne le dérange et peut-être qu'on ne défasse son lit.

Au risque de nous déranger, remuons-nous. Ne nous donnons pas de repos tant qu'une partie de nos semblables fléchit et sombre sous le poids d'une situation impossible.

Elle n'est pas finie, cette marche de l'égalité dans l'histoire qui a été le sujet de notre entretien. L'égalité, qui, chemin faisant, a brisé sous ses pieds l'esclavage, le servage, la hiérarchie féodale, les tyrannies de l'ancien régime, brisera sous ses pieds le paupérisme industriel. Un pas de plus, et nous verrons s'accomplir, je l'espère, un de ces progrès qui dispensent des révolutions.

Et cela fait, l'égalité marchera encore. Ce qu'il
y a d'admirable dans sa marche, c'est qu'elle ne
s'arrête jamais. Jamais nous ne sommes au bout d'aucune de nos grandes tâches. Notre vue bornée ne va
pas au delà d'un étroit horizon. Chacun se dit : « Parvenu là, vers cette montagne, je me reposerai, car je
serai aux limites du monde. »

Heureusement les limites du monde ne sont pas celles
de notre vue. L'antiquité ne concevait pas une société
sans esclaves ; le moyen âge ne concevait pas une société sans serfs et sans vilains ; l'ancien régime ne concevait pas une société sans droit d'aînesse et sans
classes privilégiées. Aujourd'hui, bien des gens peut-
être ne conçoivent pas une société sans paupérisme.
Demain, messieurs, quand le paupérisme sera dépassé,
quand l'infranchissable horizon aura été franchi, d'autres
perspectives, je ne sais lesquelles, s'ouvriront à nos
regards. Nous verrons devant nous d'autres progrès à
réaliser, d'autres efforts, d'autres devoirs. — Et l'égalité poursuivra son chemin.

TROISIÈME DISCOURS

L'ÉGALITÉ QUI ÉLÈVE ET L'ÉGALITÉ QUI ABAISSE

I

Maintenant, messieurs, les faits nous sont connus. Dans notre premier entretien, nous avons étudié l'homme; dans le second, nous avons interrogé l'histoire. Il fallait savoir d'abord ce qu'il y a de naturel, d'indestructible chez nous en matière d'égalité et d'inégalité ; il fallait constater ensuite les progrès que l'égalité a accomplis depuis que la société humaine existe ici-bas et ceux qui lui restent à accomplir. Ici se présente à nous une question nouvelle, qu'il faut résoudre avant d'aller plus loin et qui va nous occuper. Après les questions de fait vient la question de méthode. Quelle méthode d'égalité adopterons-nous ?

J'en connais deux : celle qui abaisse ce qui est haut et celle qui élève ce qui est bas. Pour égaliser des arbres d'une forêt qui renferme des géants séculaires à côté d'arbres très-jeunes, très-faibles et très-petits, le moyen le plus expéditif est assurément de tout abattre ; l'égalité du nivellement est aisée à atteindre et ne laisse rien à

8

désirer. Il est un autre système : donner aux faibles le
temps de se fortifier, donner aux jeunes le temps de
vieillir, assainir les parties malsaines, travailler, patien-
ter. On n'arrive pas ainsi à l'égalité absolue et certaines
différences subsistent toujours ; mais c'est quelque chose,
ce me semble, de n'avoir pas abattu les grands chênes
et d'avoir fait croître les petits.

Entre les deux méthodes nous ne pouvons nous dis-
penser de choisir, car de ce choix dépend la direction
que nous suivrons désormais. Les deux égalités se
tournent le dos ; l'une va à droite tandis que l'autre va
à gauche ; ou plutôt, l'une monte tandis que l'autre descend. Descendre est plus facile : il ne s'agit que d'a-
battre la forêt ; il ne s'agit que de niveler les hommes
dans la boue, dans la misère, dans l'ignorance, dans
l'impiété, dans la haine, et pour tout exprimer d'un
mot, dans le mal.

Vous le devinez, messieurs, je vais consoler aujour-
d'hui ceux que mon radicalisme de l'autre jour avait
affligés. Je ne l'ignore pas, quiconque soutient des
convictions vraiment personnelles et ne reçoit aucun
mot d'ordre, doit se résigner au malheur de mécon-
tenter alternativement le voisin de droite et le voisin
de gauche. Au reste, il arrive parfois que ces deux mé-
contentements combinés produisent une sympathie, et
j'y compte.

En attendant, le tour du voisin de gauche est venu.
Je n'ai ni tendresse ni indulgence pour l'esprit niveleur.
Acceptons franchement la véritable égalité, ne nous
faisons pas les prôneurs des abus du passé, n'usons pas
nos forces à soutenir ce qui tombe et à ressusciter ce

qui est mort, soyons de notre temps, abordons les problèmes de l'avenir tels que les pose le dix-neuvième
siècle, ouvrons tout grands les bras à ceux qui arrivent,
facilitons la marche de ceux qui sont en arrière, proclamons, pratiquons, et sans marchander, les égalités vraies ;
mais en même temps protestons contre les égalités men-
teuses, resistons à ce qui fait la guerre aux supériorités,
ne laissons pas nier les distinctions sociales, ne souffrons pas qu'on nous fasse une société aplatie, écrasée,
sur laquelle les lourds rouleaux du nivellement auraient
passé, dénonçons à voix haute cette tendance jalouse,
bête et haineuse qui nous montre en bas, bien bas, le
point d'arrivée du progrès.

Ce que je signale ici, c'est un esprit plutôt qu'un système [1]. Et là est le péril : nous tous qui aurions horreur
du système, nous participons plus ou moins à l'esprit.

---

1. Cet esprit nous donne chaque jour une petite comédie qui
mériterait d'être écrite. On voit des ignorants déclamer contre la
science, des hommes dépourvus d'imagination trouver la poésie
et l'art ridicules, des égoïstes qui se tiennent soigneusement à
part des affaires publiques juger sévèrement les citoyens mêlés
à la politique active, des malotrus railler les bonnes manières.
Certaines étroitesses religieuses seraient bien scandalisées, si on
leur disait qu'elles sont quelquefois de l'égalité qui abaisse ; et
pourtant, regardez-y de près : quand nous sommes choqués par
la saine élégance, quand nous nous alarmons de l'honnête
gaieté, quand les jouissances littéraires nous semblent suspectes,
ne cédons-nous jamais au désir inavoué d'ôter à autrui ce qui
nous manque ? Cela arrive plus souvent qu'on ne l'imagine,
l'instinct du nivellement n'est point parmi les hommes. Il
s'exprimait naïvement l'autre jour par la bouche des ouvriers
réclamant l'égalité des salaires. Soyez sûrs que ce n'étaient pas

J'étonnerais bien certains ennemis fougueux du radicalisme, si je leur montrais à quel point ils font ses affaires
et aident à son succès. Tel repousse de très-haut les
théories niveleuses, qui est un niveleur féroce. Pourquoi ?
Parce qu'il déprécie ; parce que sa moquerie boudeuse
ne fait grâce à rien ; parce que ni gens ni choses ne
trouvent grâce devant ses yeux. On démolit tout, et le
jour où l'on est entouré de ruines, on lève les bras au
ciel. Le monde est pavé de braves gens qui ne se
privent jamais d'un coup de hache, et qui s'étonnent
lorsque l'arbre se met à tomber. L'arbre tient par ses
racines, la société tient par ses croyances. Parmi ses
ennemis les plus redoutables elle a compté de tout temps,
et aujourd'hui plus que jamais, les radicaux sans le
savoir.

D'autres sont radicaux le sachant et le voulant. Ils ne
frappent pas au hasard, comme ceux qui étourdiment,
innocemment peut-être et par passe-temps, trouvent le
moyen de discréditer les convictions, de tourner les principes en raillerie, de mettre en question les devoirs, de
relâcher les biens de famille, de rendre ridicule la foi au
progrès et les fortes espérances d'avenir. Les vrais radicaux ont bien le projet arrêté de nous bâtir une société
nouvelle selon un plan nouveau, un grand rez-de-chaus-
sée, où rien ne s'élèvera au-dessus du niveau commun.
Avant de rebâtir force est de détruire, ils ne l'ignorent pas,
et nous les voyons manier la pioche du démolisseur en
hommes qui connaissent leur métier. Cependant il leur en
coûte parfois, à eux aussi, de tout renverser ; je les vois

les ouvriers habiles qui avaient inventé une telle demande. Mais
quelle aubaine pour les maladroits et les paresseux, ces partisans-
nés de l'égalité par en bas !

hésiter un peu, il est des supériorités qu'ils respecte-
raient volontiers, ils ne voudraient pas s'attaquer à tout
ce qui est grand.

Mais ils y sont obligés, c'est la condition du système.
En effet tout ce qui est grand fait naître des aristocraties ;
l'esprit, le talent, la science, le caractère, la vertu, la foi
enfantent incessamment des supériorités. Les différences d'éducation sont des différences ; les traditions de
famille, les habitudes de vie, l'élévation des sentiments,
la distinction des manières font leur œuvre d'inégalité ;
et quant à la richesse, il est bien difficile d'empêcher
que les hommes laborieux et économes ne dépassent
pas les oisifs et les débauchés. Quel parti prendre ? Si
nous avons accepté le principe du nivellement, nous
serons forcés d'accepter ses conséquences. Notre principe
est toujours plus fort que nous. Vous voudriez ne pas
aller jusqu'au bout du vôtre ? Il y a une logique des
choses qui se chargera, le moment venu, de vaincre vos
tardifs scrupules. A l'heure où les passions niveleuses
se déchaîneront, les scrupuleux et les hésitants seront
emportés comme la paille.

Ceux-là seuls résisteront alors qui ont un parti pris,
clairement, résolûment, contre l'égalité qui abaisse. Il ne
faudra pas moins que ce ferme propos, pour tenir tête
à la tempête. Tempête terrible et sombre, messieurs, et
dont les signes précurseurs se montrent à notre horizon.
Les passions niveleuses sont une réalité, hélas ! et nous
ne créons pas des fantômes pour avoir le plaisir de les
dissiper ; nous n'enfonçons pas une porte ouverte. L'ennemi est là.. N'entendez-vous pas ces clameurs ? Le bruit
des hostilités, des avidités ameutées, ne vient-il pas jusqu'à vous ? Ne sentez-vous pas qu'à certains moments,

dans le tumulte de certaines crises, dans l'irritation de certains conflits, le monde peut subir, l'invasion des hommes que domine l'instinct du bouleversement ? Il en est de tels, et beaucoup. Abattre ce qui s'élève, renverser, niveler, voilà leur joie, voilà leur but. Ils n'aperçoivent rien au delà ; ne leur demandez pas d'autre doctrine

II

L'égalité qui abaisse n'a pas de plus fidèles représentants. C'est là qu'il en faut revenir et c'est là que nous en reviendrons, afin de nous rendre sérieusement compte du mal que nous avons à combattre. Mais auparavant disons un mot des gens habiles pour qui l'égalité est moins une passion qu'un prétexte, qui songent moins à niveler la société qu'à abaisser ce qui les dépasse. Cette étude des habiles ne sera pas inutile à l'appréciation des fanatiques, car les deux mobiles se confondent plus souvent qu'on ne l'imagine et la haine que nous inspirent les supériorités sociales ne serait pas aussi forte, si elles ne portaient ombrage à notre ambition et à notre orgueil.

S'élever soi et abaisser autour de soi, ce sont deux opérations qui n'ont rien de contradictoire. Lorsqu'on a bien nivelé, on est grand à bon marché ; dans les plaines de la Beauce tout monticule semble une montagne. Tarquin s'en doutait un peu, quand il abattait avec sa baguette les têtes élevées des pavots ; cet acte symbolique n'annonçait pas seulement la destruction des aristocrates, il prophétisait l'établissement de la tyrannie. Aux deux bouts de l'histoire romaine nous rencontrons des abatteurs de pavots ; les Césars se sont souvenus des Tarquins.

La fausse égalité sera éternellement un procédé de domination ; il ne s'agit au fond que de renverser la société sens dessus dessous et de remplacer une inégalité par une autre. Danton l'a dit avec cette impudeur, cette candeur si vous voulez, dont l'histoire lui a tenu compte : « L'égalité, c'est nous dessus et eux dessous. » Tout le monde ne le dit pas, mais beaucoup le pensent et agissent en conséquence. Dieu sait quelles définitions subtiles de l'égalité se formulent ainsi au fond des âmes troublées et ambitieuses : « A mon tour d'être riche, à mon tour d'être puissant, à mon tour d'avoir des inférieurs ; moi dessus et eux dessous ! »

L'égalité qui nous plaît est purement et simplement l'inégalité à notre profit. S'il faut bouleverser la société pour cela, eh bien, nous la bouleverserons. Nous nous ferons niveleurs, en attendant la joie de nous faire despotes. Notre doctrine égalitaire est l'échelle dressée qui nous sert à monter, et que nous renversons ensuite d'un coup de pied sur la tête de ceux qui s'apprêtent à monter après nous.

Vous propose-t-on de tout détruire ? Vous fait-on le tableau sinistre des inégalités de l'ordre social ? Vous peint-on sous des couleurs ravissantes l'eldorado de l'égalité future ? Relisez alors, avant de prendre parti, la fable de Bertrand et Raton. Que de fois le peuple, pauvre Raton, a tiré les marrons du feu ! Voyez-le, il se brûle consciencieusement les pattes, il travaille pour

l'association. Quand il a achevé sa besogne, que trouve-
t-il? Des épluchures.

J'en conviens d'ailleurs, tous les niveleurs ne sont pas
des Bertrands. Il en est qui n'abaissent pas pour s'élever;
ils abaissent pour abaisser, ni plus ni moins. Dans leur
haine sincère de l'inégalité, ils ne pardonnent pas aux
aristocraties légitimes. Comme il y aura des aristocrates
tant qu'il y aura des âmes libres, des caractères élevés
et des cœurs vaillants, ils ont deviné ce grand secret
que pour niveler une société le plus sûr est de la corrompre.

Il est des pays auxquels la méthode de la corruption
a été systématiquement appliquée. Mais c'est là l'exception; d'ordinaire les champions de l'égalité qui abaisse
vont à leur but d'une manière inconsciente et sans se
rendre compte des moyens. L'instinct suffit; d'instinct
et sans combinaison machiavélique, on prend en horreur
les convictions et les principes, et tout ce qui fait que
nombre d'hommes se tiennent debout, que nombre de
têtes ne se courbent pas, qu'il y a des individus au milieu de la foule et des opinions en face de l'opinion.

Ceci est d'autant plus grave, que l'égalité qui abaisse
a trouvé aujourd'hui sa théorie : par une rencontre
dont il est difficile de ne pas être frappé, notre temps
de radicalisme niveleur est aussi le temps de la philosophie niveleuse. Hegel a plus de disciples que de lecteurs.
Il n'est nécessaire ni de l'avoir lu ni même de savoir
son nom, pour nier les principes et pour adorer les faits.
L'histoire étant la grande révélatrice de la vérité et du
droit, la vérité et le droit se transforment au sein d'une
évolution incessante ; la vérité et le droit n'existent

plus, il ne reste que la force et le succès. Qu'on ne vienne donc plus nous parler de principes ! Le principe unique, c'est de se tenir du côté de la force, je veux dire du nombre. Il ne s'agit que de suivre le courant, d'obéir à l'opinion.

Comment dire, messieurs, les ravages qu'a déjà faits cette abominable doctrine ? Avec cette arme l'égalité qui abaisse frappe et abat une à une les résistances qui la gênent. A mesure que les indociles se résignent et que les indépendants se courbent, à mesure que les caractères s'assouplissent, que les convictions doutent d'elles-mêmes, que la tentation des servilités démocratiques sollicite les cœurs généreux, on voit s'effacer les inégalités qui troublaient la belle ordonnance unitaire du monde moderne. Encore quelques progrès du même genre, et nous serons tous de niveau.

Personne n'a poussé aussi loin que les niveleurs le mépris du genre humain ; l'orgueil des despotes, l'insolence des aristocrates n'a jamais été jusque-là. Concevoir l'homme comme un être qui doit se contenter d'un minimum de vie, de développement et de conscience, placer notre idéal dans l'appauvrissement général des existences et des âmes, retrancher tout ce qui est beau, tout ce qui est grand, et souhaiter le bonheur sous la forme de l'égalité d'en bas, c'est traiter rudement notre espèce.

Est-ce insolence ? Est-ce humilité ? N'est-ce pas plutôt haine jalouse de tout ce qui s'élève ? Ces haines ne sont que trop naturelles à notre cœur. Prenons-y garde, elles font des hommes qu'elles gouvernent les plus impitoyables, les plus aveugles des niveleurs.

Abaisser devient alors une joie qui leur suffit. C'est assez pour les contenter des douleurs qu'ils ont infligées, des supériorités qu'ils ont brisées, des ruines qu'ils ont faites, et qui sait? des revanches qu'ils ont prises. Les fanatiques de la fausse égalité n'en demandent pas davantage ; désintéressés à leur manière, pourvu que personne ne soit grand, ils consentiront à rester petits, pourvu que personne ne soit riche, ils consentiront à rester pauvres.

Le même poëte dont je vous ai cité l'autre jour quelques beaux vers, a décrit dans une chanson d'un entrain sauvage cette joie de l'égalité niveleuse, ce bonheur de détruire et d'abaisser. Le titre dit tout : *A bas !* — A bas les institutions ! A bas l'ordre social ! A bas la liberté ! A bas la richesse ! A bas le bonheur !

> Quoi ! le soleil toujours après la pluie ;
> Toujours ces biens qui font notre embarras ;
> Toujours ces fleurs, ces fruits ! — Cela m'ennuie.
>   A bas !

Ne dites pas à l'égalité haineuse qu'en détruisant les garanties des uns elle détruira les garanties de tous ; la servitude commune lui plaît. Plus de droits pour personne, à la bonne heure ! — Ne dites pas à l'égalité haineuse que la science périra sous les débris de la civilisation. Elle ne demande pas mieux, car la science crée des supériorités, et il ne doit plus y en avoir. — Ne dites pas à l'égalité haineuse que le bonheur périra comme la science et que les malheureux seront plus malheureux. Elle en prend son parti, pourvu que les heureux cessent d'être heureux.

Il y a, nous l'avons vu, des inégalités par la conscience,

des inégalités par la vertu, des inégalités par la piété, des inégalités par l'éclat du nom et des services rendus. Périssent la conscience, la vertu, la piété, le patriotisme ! Ce sera le chaos, soit ! Ce sera la ruine universelle, tant mieux ! A bas !

A défaut d'autres jouissances, nous aurons celle de briser, de détruire, de faire souffrir, d'écraser, de souiller. Nous nous serons procuré cette fête sans pareille que se donnait Procuste : nous aurons refait les hommes à notre mesure. Toutes les aristocraties tomberont l'une sur l'autre, aristocraties de naissance, d'illustration, d'éducation, de comme il faut, d'argent, de talent, de science, de moralité. Et maintenant, ayant arraché tout ce qui faisait saillie, tout ce qui nuisait au parfait nivellement, Dieu, l'âme, l'éternité, la famille, la liberté, la vérité, et par-dessus le marché le devoir, n'ayant plus à rencontrer sur notre route une joie, une consolation, une conviction, une dignité, nous approcherons de notre idéal, car bientôt nous serons également pauvres, grossiers, ignares, malheureux, impies et méchants.

Eh bien non ; c'est une illusion. L'idéal de la fausse égalité est plus irréalisable, Dieu merci, que l'idéal de la vraie. Il est moins aisé qu'on ne l'imagine de niveler ainsi par en bas. On peut bouleverser, détruire, d'accord ; on peut renverser bien des fortunes et ruiner bien des bonheurs, je n'en disconviens pas. Quant aux convictions et aux consciences, c'est autre chose. Elles ne sont pas, je suppose, à la merci des révolutions, et on ne les supprime pas par décret. On aura beau faire, on ne réalisera pas cet idéal du nivellement, qui serait l'idéal de la servitude.

Eût-on même réussi à courber un moment toutes choses et à aplanir si bien notre terre qu'on n'ait plus rien à désirer en fait de platitude et qu'aucune tête ne se redressât plus nulle part, ce spectacle enchanteur ne durerait pas un mois. Que dis-je, un mois ? une journée. Hier vous avez obtenu l'égalité absolue ; aujourd'hui elle n'existe plus. Au bout de vingt-quatre heures, les aristocraties indestructibles ont déjà recommencé à se produire. Il se trouve, au bout de vingt-quatre heures, des laborieux qui ont dépassé les fainéants, des gens capables qui ont dépassé les inhabiles, des gens instruits qui ont dépassé les ignorants. Bien plus, il se trouve, en dépit de tout, des gens honnêtes qui n'ont pas renoncé à accomplir leurs devoirs. Il se trouve des gens pieux qui n'ont pas renié leur Père céleste. Il se trouve, chose plus étrange encore, des gens heureux, qui s'obstinent à puiser dans leurs espérances et dans leurs tendresses des motifs d'indestructible joie.

Pauvre égalité, qui a fait tant de ruines, et qui n'a pas même aboli l'égalité du bonheur ! Recommencera-t-on ? Tâchera-t-on de s'y mieux prendre une autre fois ? C'est possible ; cependant j'en doute, car la première expérience aura excité peu d'enthousiasme. Le monde consent volontiers à dire : « Mon bien premièrement, et puis le mal d'autrui ; » il consent de moins bonne grâce à acheter le mal d'autrui par son propre mal.

Toujours est-il que la méthode de l'égalité qui abaisse, pour peu qu'elle eût été appliquée, laisserait la société meurtrie, blessée, incapable de mouvement et de progrès. La fausse égalité aurait compromis, pour longtemps peut-être, les chances de la véritable.

III

La véritable égalité ! Il est temps de nous tourner vers elle. Celle-ci n'abaisse personne ; elle fait signe à tous de monter. Notre rendez-vous, frères, est sur les sommets.

Si vous avez gardé quelque souvenir de notre première conférence, vous voyez en ce moment se lever devant vous les guides fidèles qui s'offrent à nous conduire là-haut. Rappelez-vous l'égalité indestructible, l'égalité dans les grandes choses. Il n'y a rien de grand qui ne soit à la portée de tous, de tous ceux qui montent. Voici la vérité ; elle est pour tous. Voici les nobles causes ; elles sont pour tous. Voici Dieu ; il est pour tous. A tous la famille, les tendresses, le devoir, et de plus la joie, qui marche aussi en si belle compagnie.

Ces égalités sont indestructibles, messieurs, car aucun homme ne peut en interdire l'accès à un autre homme. Mais, remarquez ceci, chacun peut s'en interdire l'accès à soi-même. Il nous est donné de détruire pour ce qui nous concerne les égalités indestructibles. Il ne s'agit que de rester obstinément en bas, loin de Dieu, loin de la vérité, loin du devoir, loin des tendresses, loin des joies.

On a le droit d'en dire autant, vous le savez, des inégalités indestructibles. Elles sont dans la nature des choses et nul ne les supprimera ; mais chacun peut les supprimer en bonne partie pour ce qui le concerne

9

personnellement. Les ignorants peuvent travailler à s'instruire ; les corrompus peuvent lutter contre leurs vices ; les grossiers peuvent s'efforcer de parvenir au comme il faut. Les chemins qui montent sont toujours ouverts.

Ceci, c'est la vraie marche vers la vraie égalité. Notez que nul n'est contraint : l'égalité qui élève n'a pas la prétention de rendre forcément tous les hommes égaux; elle se contente d'offrir à tous le moyen de le devenir.

Ses aristocraties, car elle en a, sont des aristocraties ouvertes. On y arrive par la soif du vrai et du bon, par l'éducation personnelle, par le devoir, par l'instruction, par le travail, par l'épargne. Vous diriez autant de degrés d'un escalier splendide. Tous ne montent pas : les uns se détournent, les autres s'asseyent sur les degrés et refusent d'aller plus loin, quelques-uns redescendent. Mais l'escalier n'en est pas moins ouvert à quiconque veut le gravir, et il aboutit à l'égalité.

Si nous aimons réellement l'égalité, si nous avons compris qu'il n'est rien d'aussi beau sur la terre que de travailler à sa réalisation, nous presserons ceux qui hésitent, nous ramènerons ceux qui reculent, nous tendrons la main à ceux qui se lassent, nous ferons tout, absolument tout, pour rendre facile au plus grand nombre cette marche vers les hauteurs.

Les moyens d'action de l'égalité qui élève sont nombreux et ils sont puissants. Tantôt il y a de grandes oppressions à attaquer, des populations esclaves à affranchir ; tantôt il y a des priviléges à supprimer, des classes entières à appeler à la jouissance du droit commun. Hier il y avait à créer l'égalité dans les lois ; aujourd'hui il y a à la fonder dans les mœurs. Il y a à protéger les ouvriers des manufactures, surtout les femmes et les enfants, contre les périls exceptionnels de leur situation. Il y a à mettre l'instruction à la portée des plus pauvres. Il y a à répandre à pleines mains, au près et au loin, ces grandes vérités de la morale et de la foi qui seules font des égaux, parce que seules elles font des hommes libres, bons et forts, des hommes de famille, des hommes de devoir. Il y a à secourir les malheureux, il y a à les aimer et à manifester ici-bas la grande fraternité humaine.

Cette fraternité n'apparaîtra guère, tant que nous nous tiendrons les yeux fixés sur notre droit, au lieu de considérer notre devoir. Le point de vue du droit crée d'un côté les privilégiés orgueilleux, de l'autre les égalitaires violents et jaloux ; le point de vue du devoir crée les amis de l'égalité pacifique et féconde. S'occuper de son devoir, c'est s'occuper du droit d'autrui, et voilà le patronage des faibles qui s'organise de lui-même. Essayez, messieurs ; placez-vous successivement par la pensée à ces deux points de vue. Vous sentirez d'abord que votre âme est envahie par des irritations, par des hostilités, par des défiances : — pourquoi votre voisin a-t-il des avantages que vous ne possédez pas ? Qui sait si vos propres priviléges ne sont pas menacés par lui ? — Changez de point de vue, considérez votre devoir, et vous sentirez aussitôt que tout s'apaise en vous ; vous apercevrez, non les torts de votre voisin, mais les vôtres, non les priviléges de votre voisin, mais les vôtres ; vous vous demanderez quel usage vous avez fait de ce que Dieu vous confie, votre conscience sera remuée.

Ceci mène loin, en matière d'égalité. Pour peu qu'on

écartât l'envie, bien des problèmes sociaux trouveraient leur solution. L'envie est l'écueil sur lequel l'égalité n'a cessé de faire naufrage. Or, l'homme de devoir ne s'occupe pas à jalouser, son âme n'est pas envahie par les sentiments mesquins ; il ne souffre pas du succès ou du bonheur d'autrui ; il ne songe pas à rapetisser, à rabaisser. Le devoir se charge de nous mettre à notre place ; il nous apprend, chose rare, à aimer les supériorités ; il nous fait goûter les joies de l'admiration.

L'admiration, sentiment délicieux et bienfaisant entre tous ! Voici des hommes plus riches que moi ; voici des hommes plus puissants que moi, plus influents, mieux accueillis ; voici des hommes mieux doués, plus savants. Ils me sont supérieurs ; eh bien, tant mieux ! La vue du talent, du bonheur et du succès, loin de m'affliger, me ravit. Puis, j'ai ma place, moi aussi, mon humble place, et le devoir vaut le devoir.

Ne le sentez-vous pas, messieurs, à mesure que nous montons ainsi, nous échappons aux passions ignobles, nous respirons un air plus pur. C'est par cette route qu'on arrive au pays de l'égalité vraie, de la seule qui soit désirable, de celle qu'on ne saurait désirer et poursuivre avec trop d'ardeur. Regarder au-dessus de soi sans jalousie et au-dessous de soi sans orgueil, s'occuper, non de ce qu'on pourrait être, mais de ce qu'on doit être, voilà la règle. Quiconque ne l'a pas admise est indigne, et par-dessus le marché incapable, de servir la cause de l'égalité qui élève.

Je suis forcé d'insister sur ce triste sujet de l'envie, parce que le besoin d'égalité n'est pas autre chose chez bien des gens. Là se trouve la difficulté, ou pour mieux dire, le venin de notre débat.

L'envie se croit bien fière ; mais c'est précisément la fierté qui lui manque. Les fiers ne font pas aux avantages extérieurs l'honneur de s'échauffer ainsi à leur sujet. Ils savent qu'on peut faire du bien partout. Ils savent que la grande égalité est pour tous et que le chemin du devoir y mène. Leur ambition est d'aller vers elle, et en attendant ils ne consentent pas, soyez-en sûrs, à faire dépendre leur rang de leur position. D'autres réussissent ; d'autres ont la faveur ; d'autres obtiennent l'appui des coteries et des journaux ; d'autres font fortune ; eux, ils ont gagné la bataille de l'envie.

Chaque fois que j'en rencontre, de ces fiers, je m'incline avec respect. Ces hommes qui subissent l'injustice sans trop s'émouvoir et qui assistent aux triomphes de la médiocrité sans s'irriter, sont les vrais champions et les représentants de l'égalité d'en haut. Quelle que soit leur situation, ils sont de niveau avec ce qu'il y a de plus grand. Ce n'est pas eux qui iront s'imposer, s'introduire de force dans une société qui n'est pas la leur, consentant à être tolérés plutôt qu'admis ; non certes, ils restent chez eux, simplement, dignement, et attendent qu'on les vienne chercher. Leur fortune leur suffit, leur place ici-bas leur paraît bonne.

Mon verre n'est pas grand, mais je bois dans mon verre.

Décidément, l'égalité est en haut, d'en haut elle nous tend les bras. Je ne me lasserai pas de le répéter, les grands biens sont pour tous ; ces mots auxquels rien ne se compare dans la langue des hommes, Dieu, le ciel, le salut, la sainteté, nous parlent de choses dont aucune n'est le monopole d'une classe, pas plus que l'air que nous respirons ou la lumière de notre soleil. Ce qui touche à l'âme, à l'éternité, à la vérité, à la liberté, au devoir, au bonheur, à l'affection, à la famille, n'est inaccessible pour qui que ce soit.

En haut, non en bas, se trouvent les conciliations et les harmonies. J'espère, messieurs, que nous ne terminerons pas cette étude sans avoir vu cela de nos yeux; nous contemplerons la coïncidence du vrai, de l'utile et du juste, la réunion des vérités diverses dans la vérité une, la rencontre assignée à tous les hommes au sein de l'égalité selon Dieu.

Mais pour que cette rencontre ait lieu, il faut qu'ils montent au lieu de descendre, car le rendez-vous est sur les cimes. L'égalité qui élève est seule réelle, l'égalité qui abaisse nous sépare en nous nivelant. Si toutes les âmes libres sont égales, je vois des degrés infiniment divers parmi les âmes esclaves. Si tous les cœurs tournés vers le ciel se valent, aucune égalisation violente n'empêchera les diversités infinies des positions et des fortunes. Unis par les biens excellents, désunis par les biens médiocres, absolument séparés par les ambitions grossières, plus nous descendons, j'en demande pardon aux niveleurs, plus s'aggravent les inégalités sociales.

Admirable loi, messieurs, et qui porte le sceau de celui qui l'a faite! Voulez-vous être heureux? Montez. Voulez-vous être libres? Montez. Voulez-vous être égaux? Montez. Quoique l'égalité ne se transforme jamais en uniformité, elle acquiert une réalité croissante à mesure que nous nous élevons. Vis-à-vis du bien, vis-à-vis du vrai, cette égalité se manifeste; et permettez que je l'ajoute, elle ne se manifeste pas moins vis-à-vis du beau. Dès que le beau est là, toutes les âmes vibrent à l'unisson. Devant telle scène de Corneille ou de Shakspeare, devant telle statue inachevée de Michel-Ange, devant les Alpes, devant la mer, l'émotion commune, l'émotion humaine s'empare de nous. Inégaux par la science et par la critique, nous cessons de l'être sous l'action du grand art et de la grande poésie. Et il en va de même pour la grande éloquence ; afin de se mettre à la portée des masses, un véritable orateur n'abaissera pas, mais élèvera au contraire sa pensée et sa parole. S'il exprime dans un langage digne d'elles ces vérités maîtresses qui ont un écho au fond des cœurs, le frisson des sympathies instinctives traversera la foule suspendue à ses lèvres.

IV

Vous le voyez, messieurs, la question s'éclaircit à mesure que nous avançons, et nous pouvons dès à présent simplifier notre formule : la lutte de l'égalité qui élève et de l'égalité qui abaisse nous ramène tout simplement à la lutte du bien et du mal. Plus le bien fait de conquêtes, plus se prononce le mouvement ascendant qui fait des égaux. Plus le mal s'étend, plus se multiplient les inégalités. Et en se multipliant elles s'aggravent ; on voit naître des misères horribles et presque sans remède, à côté de dégradations inouïes.

La lutte du bien et du mal est un vieux sujet, aussi vieux que le monde ; mais il est rare qu'on le considère au point de vue de l'égalité. Sous ce rapport donc le vieux sujet est presque un sujet neuf, et il vaut la peine de l'examiner d'un peu près.

En le faisant, nous achèverons d'arrêter ce choix de

la méthode qui forme aujourd'hui l'objet de notre entretien. Si les causes essentielles d'inégalité se trouvent
dans les circonstances, alors il s'agit de s'en prendre
aux circonstances et de les modifier de gré ou de force.
Si au contraire les causes essentielles d'inégalité se trouvent dans le cœur, c'est au cœur qu'il faut s'adresser,
l'œuvre d'égalité devient une œuvre de réforme morale.

Je ne prétends pas, entendons-nous bien, que les
circonstances soient chose indifférente et sans valeur.
Quelquefois elles nous servent : l'aisance de notre famille, l'éducation qu'elle a pu nous donner, le nom de
notre père, les patronages qu'il nous a préparés constituent des priviléges considérables. D'autres fois les
circonstances nous nuisent ; la pauvreté, l'insuffisance
des études, la difficulté des débuts constituent des désa-
vantages énormes.

Cependant, tout considéré et les compensations opérées (car il y en a), je me sens le droit d'affirmer, non
point certes que tous les hommes soient individuelle-
ment placés dans des conditions égales; mais que l'inégalité des classes est beaucoup moins réelle qu'on ne le
dit. Depuis que j'observe les riches et les pauvres, il
ne m'est pas arrivé de découvrir entre les uns et les
autres une seule cause essentielle d'inégalité. J'ai vu de
mauvaises familles chez les riches et chez les pauvres.
J'ai vu des enfants mal élevés chez les riches et chez
les pauvres. J'ai vu des impies et des méchants chez les
riches et chez les pauvres. J'ai vu des mécontents chez
les riches et chez les pauvres. J'ai vu des jaloux chez les
riches et chez les pauvres. J'ai vu des pauvres chez les
riches et chez les pauvres.

Et aussi, chez les uns comme chez les autres, j'ai vu des riches. Quel spectacle que celui d'une médiocrité noblement portée, ou d'une fière indigence! L'égalité morale se fait jour au travers des inégalités matérielles. Dans les plus humbles logis brillent le bon ordre, la propreté, l'élégance. Oui, on est élégant par là, et distingué, et serein, et reconnaissant, et confiant. Il est des malheureux dont les chants d'actions de grâces et la joie font contraste avec la mauvaise humeur, les inquiétudes, les murmures, les amertumes de beaucoup d'heureux.

J'en conclus, messieurs, que l'égalité est au dedans, qu'elle dépend moins des situations que des âmes. Nous ne sommes pas, disons-le bien haut, de simples jouets des circonstances ; notre place ici-bas dépend de nous. Ce n'est pas notre fortune, c'est notre conduite qui nous classe. On peut être digne partout, honorable partout. Dans un sens très-réel, nous faisons notre destinée. Tel descend, en dépit des circonstances favorables ; tel monte, en dépit des circonstances contraires. Il importe de rappeler cela, aujourd'hui surtout, dans notre temps de fatalisme, de résignation aux événements, de langueur et de servilité. Nous ne sommes ni des esclaves ni des machines. Le Dieu qui nous appelle tous nous rend tous capables d'obéir à ses appels. Il a mis là-haut, près des sommets, les sources fraîches qui jaillissent pour tous, sources de moralité et de bonheur, sources d'indépendance et d'égalité.

L'égalité vient d'en haut, mais l'inégalité vient d'en bas. Que dis-je, l'inégalité ? Les inégalités, car il y en a plusieurs, arrivent à la file, sans qu'il en manque une seule. Quand l'inégalité morale s'est produite, l'inégalité

9.

intellectuelle ne manque guère de venir à son tour, et l'inégalité matérielle ferme la marche.

A vrai dire, l'inégalité morale contient les autres. En dépit des exceptions illustres qu'on peut citer, la règle générale est que l'esprit s'appauvrit dans la mesure où le cœur se dessèche. Et cette indigence intellectuelle va croissant de génération en génération. Plaignez les enfants des familles corrompues. Ils ne sont ni aimés ni élevés. Livrés en proie à la fainéantise et aux habitudes ignobles, tout se dégrade en eux, l'intelligence aussi bien que l'âme.

Et l'inégalité matérielle apparaît aussi à son heure. Le vice creuse des abîmes de misère que rien ne semble capable de combler ; il établit et élargit sans cesse entre les destinées humaines ces distances énormes qui troublent la conscience et font hésiter en nous le sentiment du droit. Sa puissance d'abaissement est irrésistible. Tournez les yeux vers les familles dont il s'est emparé : sans catastrophes exceptionnelles, en vertu d'un mouvement régulier, elles descendent, elles descendent. C'est une chute effrayante à voir.

Et comment ne tomberait-on pas ? Plus d'affection, plus d'éducation, plus de travail, plus d'économie, et souvent même plus d'honneur. De pauvre on devient mendiant, et les secours de la charité prennent le chemin du café ou du cabaret. Il y a des associations d'épargne ; mais le débauché n'en a que faire. Il y a des associations de secours mutuels ; mais le débauché ne perd pas ainsi son argent ; ce n'est pas lui qui ira prévoir les chances de l'avenir et se précautionner pour les jours difficiles, pour les jours de maladie, de chômage, de vieillesse. Or la vieillesse arrive, et la maladie, et le chômage. Alors, c'est la fin ; à la première tempête, on sombre.

On sombre, au reste, par le plus beau temps du monde. Pourquoi certains navires s'enfoncent-ils tout à coup ? La mer est calme, le ciel est serein, les flots caressants n'ont que de molles ondulations ; point de bas-fonds, point de roches cachées : tout simplement le vaisseau était pourri.

J'appuie et je souligne, messieurs, parce qu'en se méprenant, comme on le fait sans cesse, sur la cause des inégalités funestes, on se méprend sur le remède. La cause habituelle, la voilà. C'est le vice et le désordre.

On aime mieux s'en prendre aux circonstances ; on soutient que l'héritage explique tout : les uns sont nés riches et les autres pauvres, telle est la grande cause d'inégalité ; si tous étaient partis du même point, ils ne se seraient pas séparés ainsi sur la route !

Hé bien, prenons cent mineurs qui arrivent ensemble en Californie. Aucun d'eux ne possède le moindre héritage ; leur égalité initiale est parfaite. Les voici aux placers ; tous ont trouvé et amassé de l'or. Mais les uns viennent apporter le fruit de leur travail dans les maisons de jeu de San Francisco ; d'autres se livrent à la boisson et à la débauche ; d'autres sont ambitieux, et l'esprit d'entreprise les entraîne ; d'autres se lient avec des misérables sans foi ni loi qui les dépouillent. Il en est qui deviennent paresseux : ils vivent en oisifs sur leur poudre d'or, se disant que quand il n'y en aura plus ils recommenceront à travailler. Il n'y en a plus et ils ne recommencent pas ; ils ont perdu leur

ardeur laborieuse, leur courage et leur santé. Au bout
de deux ans, je n'en demande pas davantage, vous découvrirez parmi ces cent hommes tous les degrés de
l'échelle sociale, tels qu'ils existent au sein des plus
vieilles sociétés. Les antécédents et l'héritage n'ont
joué aucun rôle, et cependant ces égaux sont devenus
aussi inégaux que possible. Je vois là quelques petites
fortunes, qui sont bien décidément du travail accumulé,
accumulé à force de privations, d'énergie et de bonne
conduite.

Telle est la règle générale, il faut le dire clairement.
Elle a ses exceptions, je le sais ; nous serions bien peu
justes si nous ne tenions pas compte des catastrophes
et des cas de force majeure. La mort prématurée des parents, des maladies prolongées, d'autres accidents encore, peuvent créer des situations telles que toute l'é-
nergie du monde ne trouve pas moyen d'en sortir. J'ai
vu trop souvent des hommes honnêtes et laborieux s'user
en longs efforts sans parvenir à gagner leur vie, pour
me permettre de jeter la pierre à quiconque ne réussit
pas.

Il y a donc des misères profondément dignes de compassion et de respect, qui ne sont pas nées de l'inconduite. J'ajoute, afin de prévenir l'interprétation
inexacte de ma pensée, que l'inconduite porte ses fruits
de déchéance morale, intellectuelle et matérielle dans
tous les rangs de la société. Mes remarques ne s'appliquent pas plus à la classe ouvrière qu'à la classe opulente. Toujours, quel que soit le point de départ, le vice
produit l'abaissement ; toujours, armé de sa puissance
irrésistible, il prépare les chutes profondes, et par conséquent les grandes inégalités.

Quelquefois la chute se fait attendre; mais lorsque le vice est à l'œuvre, il vient à bout des obstacles qui ont pu la retarder. Il ne saurait en être autrement; la corruption élégante ne saurait avoir une meilleure fin que la corruption grossière. Suivez des yeux les fainéantises dorées. Que deviendront ces hommes qui étalent leur immoralité sur l'asphalte des boulevards de Paris? Les malheureux, ils subissent déjà un premier supplice, l'ennui. Ils ne font rien; ils n'aiment personne; ils ne s'intéressent à quoi que ce soit. Quand on en est là, on peut retarder les catastrophes, on peut se raccrocher aux branches, on peut trouver un ignoble abri dans quelque mariage d'argent, on peut conserver l'estime d'un certain monde; mais, à moins d'une régénération morale à laquelle riches et pauvres ne cessent pas d'être conviés, la déchéance est inévitable. Qu'elle aboutisse simplement à la dégradation ou qu'elle y ajoute le dénuement, il n'en demeure pas moins vrai que le vice opulent suit sa pente et se trouve enfin dans les bas-fonds, côte à côte avec le vice déguenillé. Ces deux ruines se valent, ces deux inégalités sont aussi navrantes l'une que l'autre. Il n'y a pas de privilége pour les dépravations des riches. Lorsqu'un riche a passé sa vie à oublier ses responsabilités et ses devoirs, il ne saurait demeurer l'égal de l'ouvrier qui obéit à sa conscience, qui nourrit et qui chérit sa femme et ses enfants.

V

Nous avons donc sur la terre un grand faiseur d'inégalités, le vice; mais nous avons aussi un grand faiseur d'égalités, le devoir. S'il n'y a pas de liberté sans mœurs, et l'histoire entière en témoigne, sans mœurs il n'y a pas non plus d'égalité. Dès que le travail cesse, que les passions ignobles sont écoutées, que la famille se disperse, que le foyer s'éteint, que les enfants sont à l'abandon, la misère vient, la misère qui n'est pas la pauvreté, la misère féroce, dégradante, la mauvaise conseillère, et elle prend ces hommes, ces femmes, ces enfants, et, quelle qu'ait été leur situation première, elle les met au même niveau. Ainsi se créent les différences affreuses qui consternent et déshonorent les sociétés humaines.

Otez le vice, ces différences disparaîtront. Il restera quelques inégalités nécessaires : celles-là n'ont rien de révoltant. Elles subsisteront, et auprès d'elles nous verrons paraître la grande égalité.

Elle est à l'œuvre au sein des familles, des vraies familles. Voici des maisons où l'on se trouve bien, où chacun s'empresse de rentrer, où il y a des caresses et des éclats de rire, où il y a du sérieux aussi, des prières communes, des éducations, des avertissements, la vérité et le devoir sous toutes leurs formes.

Comment voulez-vous que de pareilles familles ne montent pas ? On n'y connaît pas le chemin du club, du café ou du cabaret ; on y travaille, on y est économe, l'action bénie de la femme, de la mère, s'y fait sentir partout. Les enfants, propres, sages, respectueux, y reçoivent une instruction qui dépasse peut-être celle de leurs parents. L'enseignement de l'école se complète pour eux par l'enseignement du logis, par l'habitude de vivre en contact avec des idées. On leur apprend l'amour de la vérité et le respect des nobles causes ; les générosités de l'âme enfantent et protégent celles de l'esprit. Tout grandit en même temps.

Ainsi, d'une génération à l'autre, sans mauvaise ambition, on s'élève naturellement. Ainsi se font, je ne crains pas d'employer ce mot, des gentilshommes. Ainsi se crée une noblesse qui prend son rang, l'aristocratie partout égale des gens qui se respectent, qui sont contents de leur position si humble soit-elle, et qui, sentant la dignité d'une vie bien employée, ne demandent rien à personne.

Au progrès moral et intellectuel vient se joindre en général le progrès des situations matérielles ; l'égalité qui élève accomplit son œuvre tout entière. Ceci a à peine besoin d'être démontré ; lorsque le travail, l'épargne et la bonne conduite se rencontrent quelque part, il est rare qu'elles n'y amènent pas la prospérité.

Je sais qu'à certains moments et avec certains taux de salaires épargner semble impossible. Mais quand cela était possible tous l'ont-ils fait ? Aux époques où l'on gagnait beaucoup, n'a-t-on pas vu les uns se précautionner contre l'avenir, tandis que les autres gaspillaient le présent ? Et quant au taux des salaires, ne voit-on pas chaque jour les ouvriers piémontais envoyer de l'argent à leurs familles, avec des journées que nos ouvriers français et suisses trouvent à peine suffisantes ? Les ouvriers de campagne ne font-ils pas souvent des économies, quoique leurs gages soient extrêmement faibles ?

On nous oppose le budget de l'ouvrier marié, dont la femme ne gagne rien, parce que le soin de sa jeune famille l'absorbe et dont les enfants sont trop petits pour commencer à se suffire. — Là se trouve en effet le défilé difficile à traverser. Plaignons les travailleurs qui ne l'ont pas prévu et qui n'ont pas préparé quelques ressources en vue des premières années de mariage. Il en est un bon nombre, grâce à Dieu, qui agissent avec plus de prudence, et somme toute, le défilé se traverse. Les cas de vraie détresse, presque inconnus au village, ne forment dans les villes même qu'une assez rare exception.

Elle devrait être plus rare aujourd'hui que jamais, car nous voyons se multiplier autour des travailleurs les institutions destinées à aider ceux qui s'aident eux-mêmes, caisses d'épargne, sociétés de consommation, sociétés de secours. mutuels, sans parler des écoles, des cours et des bibliothèques populaires.

Ainsi s'élève le niveau social. Et ceci, messieurs, n'est pas de la théorie, c'est un fait aisé à constater. Entrez dans les maisons de votre ville ; visitez étage par étage les familles qui jouissent d'une modeste aisance. Allez ensuite au village, entrez chez les petits propriétaires et chez les paysans qui ont du blé dans leur grenier, du vin dans leur cave, et qui ne s'inquiètent pas du lendemain. Vous trouverez que partout à l'origine de cet état heureux se rencontrent les agents fidèles de l'égalité qui élève, la bonne conduite, l'épargne et le travail.

Je parle de l'aisance, non de la richesse. Je n'ai garde de canoniser la richesse. Il ne nous· manquerait que cela ! — Les pauvres sont les pervers et les riches sont les saints ; voilà la distinction des mauvais et des bons bientôt faite. Par malheur, ce jugement ne ressemble guère à celui qu'annonce l'Évangile.

Non, il n'est pas vrai que les vies laborieuses et rangées aboutissent à la richesse. La richesse est une exception qui ne compte pas. La richesse n'est pas d'ordinaire une bénédiction. Ces paysans, ces ouvriers, ces marchands, ces petits rentiers, qui ont travaillé et dont les enfants travailleront à leur tour, mais qui sont à l'abri du besoin, ils n'ont pas cessé d'être « les pauvres » de l'Évangile ; dans le classement général de l'humanité en pauvres et en riches, ils appartiennent à la première catégorie. Au reste, la pauvreté n'est pas la misère, et c'est la misère qu'enfante l'inconduite.

Encore un mot pour prévenir un dernier malentendu. Le vice, ai-je dit, enfante l'inégalité parce qu'il abaisse ceux dont il s'empare. Mais certains vices, et ce ne sont pas les moins odieux, paraissent produire un effet contraire : un avare, un spéculateur sans conscience, un homme chez qui l'épargne, l'accumulation, devrais-je dire, est devenue une honteuse passion, amassera des trésors et conquerra une position enviée. Le vice l'aura fait monter.

Je proteste. — Même dans notre siècle d'argent, ces fortunes d'origine suspecte n'obtiennent que des respects apparents. On s'est enrichi, on ne s'est pas élevé, tant s'en faut. Et ce qui est plus grave encore, il y a comme une contagion qui s'attache à l'argent ainsi amassé ; la maison des hommes d'argent en est infectée. Tout le monde y contracte et y transmet la maladie ; les fils en souffrent après les pères. Leur mal, mal affreux, consiste à penser à l'argent, à croire à l'argent, à vivre d'une vie que les préoccupations d'argent remplissent. Qu'ils s'occupent à leur tour de l'entasser, qu'ils se consacrent à le dépenser, il n'en est pas moins leur centre, le mobile et l'instrument de leurs joies. Le vice, répétons-le bien haut, n'élève personne ; les déchéances qu'il amène lorsqu'il enrichit ne sont ni moins douloureuses ni moins durables que celles qu'il produit lorsqu'il ruine.

VI

Je veux vous prouver, messieurs, que j'ai à cœur de tenir la promesse que je vous ai faite en commençant. Je me suis engagé à n'esquiver aucune des difficultés d'un très-difficile sujet, à vous présenter les inégalités humaines telles qu'elles sont, sans rien atténuer ni rien voiler. Eh bien, je ne reculerai pas devant ce que je ne crains pas d'appeler le mystère des inégalités terribles ; un mystère en effet, un de ces abîmes au bord desquels on s'arrête en frissonnant et au fond desquels on hésite à regarder, car cela donne le vertige. N'importe, au risque du vertige, nous regarderons.

Les inégalités terribles, ce sont celles qui semblent placées en dehors de l'action libre de chacun de nous et de notre responsabilité personnelle. Que mes vices me fassent descendre, que les différences morales engendrent des différences sociales, nous n'en sommes pas surpris. Que certains biens soient répartis inégalement, la beauté, la santé, l'intelligence, nous en prenons notre parti, car nous voyons que ces inégalités ne portent point atteinte à l'égalité fondamentale qui nous appelle de là-haut. Qu'il y ait des contrastes violents entre l'extrême opulence et l'extrême misère, nous le déplorons sans nous en effrayer outre mesure, car les grandes questions d'égalité ne sont pas là. Que l'injustice se donne carrière, nous savons à quelle limite s'arrête l'action des iniquités humaines : elle n'entrent pas dans l'asile inviolé de notre dignité et de notre indépendance, elles ne sauraient nous faire descendre.

Mais que penser des inégalités qui portent, dirait-on, l'empreinte du sceau divin! Je suis misérable, parce mon père ou mon grand-père ont mal vécu. Je suis corrompu, parce que ma famille est mauvaise, parce que je n'ai reçu d'elle que de mauvais exemples et de mauvaises leçons. C'est bien ici qu'en face de l'égalité qui abaisse, l'inégalité qui abaisse devrait être peinte en traits de feu. L'égalité qui abaisse est une méthode, mais l'inégalité qui abaisse est un fait ; fait et méthode se confondent sous la même étiquette, le mal.

Et quel mal que celui-ci! dites-nous combien il y a d'enfants de voleurs parmi les voleurs que vous condamnez. Dites-nous quelle est la part de l'hérédité dans l'abaissement prodigieux de ces récidivistes qui déjà forment près de la moitié de la liste des accusés devant vos cours d'assises, qui demain constitueront une vraie classe vouée au crime, et cela de père en fils.

Ici, messieurs, il y a sans doute de fortes réserves à faire. Le mal héréditaire ne se transforme pas en mal personnel sans notre consentement. Nous ne sommes pas esclaves de nos traditions de famille; et la preuve c'est que plusieurs les secouent. Il en est qui, nés dans un déplorable milieu, se mettent à aimer, à pratiquer le bien. Il en est qui, enveloppés des plus salutaires influences, se mettent à faire le mal. Pourtant, au fond de cette plainte que nous venons de redire et qui ressemble à une accusation contre Dieu, je ne puis m'empêcher de voir quelque chose de vrai. Là est le mystère. Qui n'en a connu de ces hérédités mauvaises puisées dans l'éducation et qui pis est circulant en quelque sorte dans le sang ? Elles ne supprimaient pas la liberté du bien, mais elles constituaient un obstacle énorme à surmonter.

Voilà une inégalité qui fait frémir. — Deux enfants naissent, à la même heure, dans la même ville, peut-être à quelques rues de distance. La naissance de l'un est le sujet d'une immense joie ; on le caresse, on l'aime ; on l'élèvera dans la crainte du Seigneur ; ses petites mains apprendront à se joindre pour la prière, sa voix candide nommera le Père qui est aux cieux; sa foi d'enfant verra Dieu et s'entretiendra avec les anges. Un avenir de bonheur, de droiture, de pureté, de bons exemples, de forte instruction, de joies élevées, est comme préparé devant lui.—L'autre (je réunis toutes les inégalités, mais en fait ne se trouvent-elles pas parfois réunies?), l'autre ouvre les yeux à la lumière au milieu des privations et, qui sait? des malédictions ; sa naissance est un sujet de douleur et de terreur; car elle ajoute aux charges d'un ménage déjà obéré; on l'aime peu ; on ne l'élèvera pas, car la famille est dissoute par les vices et par la misère ; il n'apprendra pas à prier, il apprendra à répéter des propos grossiers et impies ; vagabond-né, jeté à la rue, entouré de camarades qui ne peuvent lui enseigner que le mal, il est entraîné, le pauvre enfant, sur une pente qui mène si loin et si bas, que j'ose à peine y songer.

Au reste, n'allons pas supposer un seul instant que ces hérédités mauvaises qui constituent ici-bas la plus mystérieuse des inégalités, soient attachées à la pauvreté. Il n'en est rien, grâce au ciel; les pauvres en cette matière ne sont pas plus exposés que les riches. Si la classe moyenne conserve ici comme partout ses privilèges et présente sans aucun doute les conditions les meilleures pour la conservation des mœurs simples et de la vie de famille, au-dessus comme au-dessous les périls abondent.

Ceux des riches sont immenses. Nous parlions d'enfants tout à l'heure ; je sollicite toute votre compassion pour tel enfant riche dont on a célébré la naissance avec fracas et dont le berceau est doublé de soie. Le voilà déjà livré aux mains d'une nourrice, bien que sa mère soit en état de l'allaiter. Mais il n'a pas, il n'aura pas de mère. Il n'aura pas de famille. Dans cette maison splendide chacun est absorbé par les affaires, par les visites, par les soi-disant plaisirs. On ne se rencontre que le moins possible. Jamais une tendresse, jamais une pensée sérieuse ne pénètre là. L'enfant qui vient de naître a d'avance son avenir tout tracé : au sortir du collége, les jeunes gens de son monde se chargeront de lui enseigner la triste vie à laquelle il semble être destiné, ou pour mieux dire condamné.

Quelle différence entre cet enfant riche et celui qu'une brave paysanne allaite avec tant d'amour dans une chaumière de village ! celui-ci a des parents ; celui-ci est embrassé ; on trouve le temps de s'occuper de celui-ci. Tout petit, il est déjà initié à la vie saine et fortifiante des champs. On le traîne dans une brouette à l'endroit où son père arrache des pommes de terre ; on le jette sur un beau tas de foin quand on fauche. Il connaît les rires, le grand soleil, les vrais plaisirs, les bons camarades. Supposez de plus (cela arrive, Dieu merci) que la chaumière renferme une Bible, qu'on l'ouvre ensemble et qu'on prie, vous avouerez que ce fils de paysan est un des privilégiés d'ici-bas.

Oui, mais voilà bien la difficulté qui reparaît toujours la même ; qu'il s'agisse de riches et de pauvres, il y a des

privilégiés. Comment concilier avec la justice ces inégalités-là, celles qui nous prennent au berceau, celles qui
semblent fixer en dépit de nous notre destinée morale ?
Que penser en face de différences pareilles, auprès desquelles s'effacent et disparaissent celles qui ne tiennent
qu'à l'éclat du nom ou au nombre des écus ?

Ah ! la seule chose qui me rassure, messieurs, lorsque
je songe à ces êtres sans père, c'est qu'ils ont un Père,
Celui qui ne veut pas « qu'aucun périsse. » — Otez-moi
le Père qui est aux cieux, donnez-nous les lois de la
nature au lieu du Dieu vivant, et le fait terrible deviendra un fait fatal, et les inégalités mystérieuses deviendront des inégalités impitoyables et féroces. Alors,
impuissant à retrouver une lueur de justice et d'espérance, je maudirai à mon tour la loi du monde moral,
et je refuserai de prononcer une parole, une seule, sur
le problème de l'égalité. Parler de l'égalité s'il n'y a pas
Quelqu'un là-haut, c'est une dérision.

Mais il y a Quelqu'un là-haut ; mais le gardien de la
justice est là-haut ; mais le garant de la sainte égalité
est là-haut. J'entrevois des miséricordes qui vont à tous,
une toute-puissance que nul obstacle n'arrête, un amour
que rien ne décourage. Je vois cela, et la paix rentre
dans mon cœur ; je comprends qu'à l'encontre même
des inégalités terribles, l'espérance demeure, l'espérance
avec le devoir.

Avec le devoir, ai-je dit ; et, en effet, qui ne se sentirait un devoir envers les déshérités de notre race ? Si
Dieu nous les montre, n'est-ce pas pour que nous en
prenions soin ? S'ils sont bien bas, n'est-ce pas pour que
nous les aidions à monter ?

Voilà sous quel aspect Dieu nous présente ces pauvres

rejetons des familles opulentes et mondaines, ces pauvres enfants des familles indigentes et corrompues. Dieu nous dit quelque chose, quand il nous met en face de ces jeunes filles qui n'ont pas de mère, de ces jeunes gens que va emporter le courant des dépravations élégantes, de ceux qui, abandonnés, s'en vont à l'aventure par les grandes villes, couchant sous les ponts, livrés aux contacts les plus infâmes, condamnés, semble-t-il, à la souffrance et au vice. Dieu recommande les pauvres aux riches, les malades aux bien portants, les vicieux à ceux qui, préservés sans mérite aucun de certaines souillures, ont autre chose à faire qu'à condamner du haut de leur pureté immaculée des fautes qu'ils n'ont pas trouvées sur leur chemin.

Ici éclate, messieurs, une des belles harmonies sociales : s'il y a des privilégiés, c'est pour qu'ils aident les disgraciés. Au lieu d'abaisser ceux qui sont en haut, il s'agit d'élever ceux qui sont en bas. Privilégiés riches ou privilégiés pauvres, peu importe, prenez soin des disgraciés de la misère et de ceux de l'opulence. Il nous faut, non-seulement la charité des riches envers les pauvres, mais la charité des forts envers les faibles, des savants envers les ignorants, des honnêtes envers les corrompus, des pieux envers les impies, de ceux qui ont une famille envers ceux qui n'en ont point. Les secours matériels ne contiennent, sachons-le bien, que la plus faible partie de la charité ; notre devoir strict est d'être charitables envers les âmes, d'aimer, de compatir, de soutenir. C'est ainsi qu'en face même des inégalités terribles, l'égalité qui élève poursuivra sa tâche.

Il est vrai que nous ne sommes pas au bout ; parmi

les inégalités terribles, je n'ai pas nommé encore la plus terrible. Après avoir contemplé en frémissant les différences individuelles, essayez de jeter les yeux sur les différences nationales. Ici, convenons-en, la situation semble être tout, la détermination personnelle presque rien. Peu s'en faut que l'égalité constitutionnnelle du genre humain ne disparaisse entièrement.

Un homme naît en Écosse, au sein d'une heureuse contrée où la foi chrétienne exerce une action étendue. Il est pour ainsi dire impossible que, tôt ou tard, d'une façon ou d'une autre, il ne soit pas placé en face de l'amour de Christ. Même avant de connaître toute la vérité, il profite déjà de l'œuvre immense qu'elle a accomplie, de la morale qu'elle a fait circuler ici-bas, de la civilisation qu'elle a créée. Il respire l'air salubre de l'Évangile, avant de recevoir l'Évangile.

Dirigez maintenant vos regards vers le pays des sources du Nil que Grant et Speke viennent de nous décrire, ou vers la capitale ensanglantée du roi de Dahomey. Là aussi il naît des hommes et des femmes. Là aussi sont des âmes qui ont les mêmes besoins et les mêmes droits que les nôtres. Que va-t-il se passer cependant ? Ces hommes et ces femmes n'entendront parler ni du vrai Dieu ni du Sauveur; ces hommes et ces femmes vivront au milieu d'une corruption dégoûtante ; ces hommes et ces femmes adoreront des fétiches, seront la proie des chasseurs d'esclaves, fourniront des victimes aux fêtes d'un hideux tyran.

En présence d'un tel contraste, que devient l'égalité ?

Il faudrait, pour pouvoir répondre, connaître ce que nous ne faisons qu'entrevoir, l'œuvre miséricordieuse de Dieu parmi les nations qui n'ont pas reçu l'Évangile. Où sont-ils ceux qui oseraient dire : « Ce sont des nations de damnés. Des milliards et des milliards de damnés, y compris les petits enfants morts à la mamelle, sont exclus de la grande égalité du ciel, parce qu'ils n'ont pas fait partie, soit du peuple d'Israël avant Jésus-Christ, soit des nations chrétiennes depuis Jésus-Christ ! »

Nous ignorons les voies de Dieu, mais il nous en a laissé voir quelque chose. Nous en avons vu assez, pour savoir d'abord que les responsabilités se proportionnent aux lumières, ensuite que Christ est mort en faveur de tous, que l'Esprit souffle où il veut, que partout des âmes peuvent céder à ses sollicitations universelles et pousser un soupir vers la délivrance.

D'ailleurs les inégalités nationales appellent à leur tour, comme les inégalités individuelles, l'emploi de la méthode qui relève. Les nations qui ont de grands priviléges sont des nations qui ont de grands devoirs. Les pays chrétiens ont charge d'âmes. Par eux le christianisme et la civilisation chrétienne doivent aller retirer de leur abaissement les contrées plongées encore dans les ténèbres.

L'avenir des peuples déshérités est remis aux peuples privilégiés. Et ici je pense très-particulièrement à Genève. Quand je jette les yeux sur vos églises, sur vos écoles, sur vos bibliothèques, sur vos cours publics, sur ce mouvement d'idées par lequel vous égalez les grandes capitales, je me dis qu'en vous donnant tout cela Dieu vous a conféré une mission. Dieu attend beaucoup de vous. Souvenez-vous, puisque nous parlons d'égalité, que vous êtes au nombre des favorisés d'ici-bas. En fait d'aristocraties, la vôtre n'est certes pas la moindre. Souvenez-vous des pauvres nations qui ne connaissent

ni la famille, ni les principes les plus élémentaires de
la morale. Aristocrates de Genève, souvenez-vous !

VII

Il me semble, messieurs, qu'à mesure que nous avançons, nous comprenons mieux où sont les vraies égalités et les vraies inégalités. Au commencement peut-être
beaucoup d'entre nous en étaient-ils encore au classement banal, à celui qui court les rues, les riches et les
pauvres, les puissants et les faibles. Maintenant la hiérarchie humaine se laisse deviner telle qu'elle est. En
présence de l'égalité qui abaisse, du nivellement haineux
et stupide, il fait bon voir se dresser cette invincible
hiérarchie des âmes qui défie les niveleurs. Elle existe
dès à présent et n'attend pas le Jugement universel. Il y
a des petits dans toutes les classes ; il y a des grands
dans toutes les classes. Décidément, nous ne pouvons con-
sentir à classer les hommes d'après leur rang extérieur.

Autant vaudrait classer les pays d'après l'étendue de
leur territoire. Tel pays passe devant parce qu'il a plus
de provinces, parce qu'il lève plus de régiments! Il faut
protester et réagir contre cette préoccupation du grand,
je dirai presque, du gros. La Russie serait-elle, par hasard,
le premier pays de l'Europe ? La Chine serait-elle le premier pays du monde ? Quiconque a lu un peu l'histoire
sait où nous en serions sans les petits pays, sans la
petite Grèce, sans la petite Suisse, sans la petite Hollande,
sans la petite Judée.

Jugeons moins superficiellement, plus fièrement aussi,

les questions d'égalité et les questions de hiérarchie. Le classement vulgaire oublie l'essentiel. Il se prosterne devant la richesse et devant le succès.

La richesse ! Homère mendiait son pain. Colomb demandait à mains jointes les trois barques qui ont découvert l'Amérique. Les apôtres gagnaient leur vie en travaillant. Je ne dis rien de Celui qui se nommait le Fils de l'homme, et qui n'avait pas un lieu où reposer sa tête.

Le succès ! Il me semble que ceux qui succombent valent souvent ceux qui réussissent. Que de vaincus qui ont dépassé leurs vainqueurs ! D'ailleurs ces vainqueurs sont-ils bien des vainqueurs ? Qui a vaincu, de Néron ou de Paul ? Qui a vaincu, de Charles-Quint ou de Luther ? De Louis XIV ou des martyrs de la dragonnade, qui a vaincu ?

Si l'égalité qui abaisse n'est pas la nôtre, si nous cherchons l'égalité où elle est, en haut et non point en bas, alors se dresse devant nous l'échelle des grandeurs : chacun a pris sa place ; c'est une interversion de rangs prodigieuse, mais c'est en même temps une prodigieuse joie pour la conscience humaine. En vous parlant, messieurs, cette idée me saisit. J'ai sous les yeux une vaste assemblée : hé bien, quels sont les grands parmi nous ? Égalitaires médiocres, nous arrêterons-nous au classement par la fortune, ou par le succès, ou par la renommée ? Ah ! l'échelle des grandeurs réelles est tout autre. Parmi nous, dans les rangs obscurs peut-être, se trouvent les grands, d'autant plus grands qu'ils s'ignorent et que mes paroles ne risquent pas d'éveiller en eux un sentiment de vanité. Il y a ici des inégalités immenses, car il y a des humbles, car il y a des hommes qui se sentent très-petits, car il y a des débonnaires,

des vaillants, des chercheurs de vérité, des héros de
la lutte intérieure.

L'inégalité, n'est-il pas remarquable que notre étude
de l'égalité nous amène là ? Nous cherchons le moyen
de rendre les hommes égaux, et nous aboutissons à
l'échelle des grandeurs. Et il est impossible d'aboutir à
une conclusion différente. Nous ne parvenons pas à nous
concevoir autrement qu'inégaux, nous ne pouvons pas
fonder d'autre égalité que celle d'en haut, qui constitue
une hiérarchie.

Puisqu'il en est ainsi, l'égalité qui abaisse est jugée.
N'acceptant aucune inégalité, elle est condamnée à ne
supporter aucune supériorité. Qui ne veut pas d'inégalités sociales ne doit pas vouloir de supériorités morales,
car les premières sortent des secondes, aussi inévitable-
ment que la plante sort de la semence ; si les moissons
d'inégalités vous font peur, fauchez en herbe, et bien
vite, toutes les supériorités du cœur et de l'esprit qui
se montrent dans votre champ.

L'égalité qui élève a de meilleures maximes ; elle aime
les supériorités. Son œuvre, c'est d'en créer beaucoup,
c'est d'ouvrir largement les chemins qui mènent en haut.
On ne fera jamais assez pour les faibles, pour les ignorants,
pour les retardataires, pour les tombés, pour tous ceux
qu'a lassés ou blessés la rude bataille de la vie. Il s'agit
de monter ; il faut que tout le monde monte.

L'égalité réelle maintient les inégalités réelles ; elle
respecte la réalité, elle ne violente pas la nature humaine.
Tandis que le nivellement, qu'il le veuille ou non, en
vient forcément à nous faire égaux en diminuant la vie,
en suspectant l'intelligence, en dépréciant le devoir, en

rognant les ailes de l'âme, en réduisant le bonheur à n'être qu'une gamelle, l'égalité nous convie à devenir meilleurs, à rendre les hommes meilleurs. Elle nous ordonne d'avoir plus de lumières, plus de devoirs, plus de tendresses et plus de joies.

Je ne connais pas de moyen terme, messieurs; si nous voulons égaliser, il faut que ce soit par le haut ou par le bas ; il faut diminuer l'homme ou le grandir ; il faut idéaliser la vie ou la dépouiller.

Entre ces deux méthodes mon choix est fait. Et le vôtre aussi, j'espère.

QUATRIÈME DISCOURS

L'ÉGALITÉ PAR LE COMMUNISME

I

L'égalité par le communisme! J'aborde cette grosse question sans embarras, parce que je l'aborde sans arrière-pensée, sans haine contre qui que ce soit. Je comprends à merveille, messieurs, qu'en présence d'un problème compliqué de tant d'intérêts, de passions et de préventions, beaucoup d'esprits s'égarent de bonne foi. Il y a assurément des socialistes très-convaincus et très-honorables ; respectons les personnes, et ne combattons que les idées.

Les personnes sont donc en dehors du débat, et la politique aussi est en dehors. Je n'ai devant moi ni un parti, ni un nom propre ; je me place et je vous invite à vous placer comme moi sur le terrain de la science pure. Je tiens à le dire tout de suite, parce que notre entretien d'aujourd'hui perdrait son caractère si vous pouviez supposer un seul instant que je procède par allusions. Les guerres d'allusion ne sont pas à mon usage, je les trouve lâches et peu loyales. Il faut nommer les

-gens qu'on attaque et les partis qu'on veut détruire. Ici nous ne nous occuperons que des principes.

Parmi les inégalités indestructibles dont nous nous sommes occupés en commençant, j'ai volontairement omis celle des pauvres et des riches ; je viens combler cette lacune. Le moment est venu de prouver, avec les développements que réclame un tel sujet, que l'égalité des fortunes, c'est-à-dire le communisme, est un rêve aussi funeste qu'insensé.

C'est là que plusieurs m'attendent. Dès le début de ces conférences, ils se sont dit : Comment se tirera-t-il de la question sociale ? — Je m'en tirerai, messieurs, je l'espère du moins, et cela par un procédé qui m'a toujours réussi, par l'absolue sincérité.

J'en parle, dit-on, bien à mon aise : il est commode de conseiller la résignation à ceux qui ont faim ! — J'en parle si peu à mon aise, Dieu m'en est témoin, que la pensée de cette inégalité qu'on nomme la misère n'a cessé de peser sur mon cœur. Les inégalités de fortune, quand elles ne dépassent pas certaines limites, ne me troublent aucunement ; je pense que les familles qui ne sont ni opulentes ni misérables et dont la pauvreté consiste à travailler pour gagner leur vie ne doivent pas exciter la compassion. Mais la misère, qui n'est pas la pauvreté, est un fait dont je ne prends pas mon parti. Gardons-nous de la légèreté cruelle qui se résigne à cela, qui déclare que cela est inévitable, et qui s'en lave les mains. Tout en cherchant en haut la grande égalité, n'oublions pas de regarder en bas, du côté des abîmes. La misère est un mal horrible ; il appelle des remèdes qui puissent l'atténuer, sinon le guérir, et qui soient proportionnés à sa gravité. S'il est un socialisme que toutes les énergies de notre cœur et de notre raison repoussent (vous verrez pourquoi), il est un autre socialisme qui attire à lui avec une force irrésistible notre cœur et notre raison. Tourner le dos aux questions sociales, c'est odieux et c'est insensé. Il ne faut pas les éviter, il faut les résoudre.

On insiste ; il y a, quoi que j'en dise, le point de vue de celui qui a et le point de vue de celui qui n'a pas ; ces deux points de vue ne sauraient être identiques ; un objet, regardé de droite et de gauche, d'en haut et d'en bas, de près et de loin, ne saurait présenter le même aspect. — Cela est vrai. Cependant, messieurs, permettez-moi de l'affirmer, le point de vue de celui qui a n'est pas toujours ce qu'on suppose. Allons droit au fait : la propriété, qui peut exciter chez l'indigent des sentiments d'irritation et d'envie, peut aussi être examinée par le propriétaire avec une impartialité sévère dont la rigueur vous surprendrait. La question d'envie n'existe pas pour lui sans doute, mais la question de justice se dresse de toute sa hauteur. Je plaindrais les riches à qui il ne serait jamais arrivé, lorsqu'ils se heurtaient à certaines détresses, de poser cette question-là dans un sentiment d'angoisse. — Pourquoi ceux-ci et non pas moi ? Pourquoi, mon Dieu, pourquoi ces inégalités extrêmes et navrantes, à côté des inégalités nécessaires ? — Alors, vous pouvez m'en croire, on n'est pas loin de se reprocher la part trop large qu'on a reçue ici-bas. Alors, le mot de Figaro revient en mémoire : « Vous vous êtes donné la peine de naître. »

Et j'ajoute ceci en pesant mes paroles, en évitant d'aller au delà de ce que je sais être vrai : si la suppres-

sion de la propriété devait ôter quelque chose aux souffrances du genre humaine, le problème social se pose-
rait en des termes nouveaux, aux yeux de beaucoup de
propriétaires.

Mais, je n'aurai pas de peine à le montrer aujourd'hui,
les atteintes à la propriété sont des atteintes, à la justice
d'abord, à l'intérêt de tous ensuite. Loin de diminuer le
nombre des indigents, le communisme, quelles que fussent ses formes, l'augmenterait à l'infini. Il créerait la
misère sans espoir et sans remède. Ce serait la fin du
monde, la ruine universelle, la ruine des familles et des
mœurs, la ruine des bonheurs, la ruine des riches, et par-
dessus tout, la ruine des pauvres.

Vaudrait-il mieux qu'il n'y eût ni riches ni pauvres?
Je ne demanderais certes pas mieux, et je suis loin de
croire, comme certains économistes, que la disparition
des grands capitaux ne puisse pas être avantageusement
compensée par la coalition des petits. Mais à quoi bon
débattre cela? L'homme étant donné, la chute étant
donnée (tout nous y ramène incessamment, vous le
voyez), en vertu de quel procédé parviendrait-on à maintenir deux jours l'égalité de l'homme paresseux et de
l'homme actif, de l'homme de débauche et de l'homme
d'ordre?

Messieurs, ne m'en croyez pas sur parole; je vais
donner mes motifs. Je tenais seulement à écarter d'un
débat difficile ces préventions du parti pris qui s'inter-
posent d'avance entre les paroles de l'orateur et l'esprit
de ceux auxquels il s'adresse. Le problème social a ses
angoisses pour chacun, et aucune âme loyale ne l'envi-
sage sans trouble; c'est en hommes émus que nous

allons l'étudier. Raison de plus pour que nous gardions notre sang-froid et pour que nous allions ensemble aux choses sans mettre en cause les personnes.

Les choses auront de quoi nous occuper. Nous serons forcés de faire un peu d'économie politique. Hé bien, pourquoi pas ? Ne reculer devant aucune question, c'est la condition de vie des hommes libres. Les questions économiques ne sauraient nous demeurer inconnues, car nous aurons à les résoudre. Quiconque ouvre les yeux voit la crise qui s'avance à travers l'Europe. Les charlatans commencent déjà à offrir leurs spécifiques ; mettons-nous en mesure d'examiner et de juger.

Oui, messieurs, il est inutile de nous bercer d'illusions ; le socialisme est en marche. Son cri de guerre a retenti : Plus de réformes politiques ! Que nous importe la liberté ! Changer un gouvernement, ce n'est rien ; changer la société, à la bonne heure !

II

Changer la société, tel est en effet le programme du socialisme, ou du communisme, si vous aimez mieux, car c'est tout un ; le communisme n'est que la forme la plus franche et la plus logique de nos tendances socialistes actuelles.

Je n'en veux d'autre preuve que Rousseau lui-même, auquel remonte parmi nous l'action vive de ces tendances. Rousseau fait ce qu'il peut pour n'être pas communiste ; il défend avec une éloquence émue la propriété et la famille; toutefois, comme il s'en prend à la société, comme le mal à ses yeux n'est pas dans l'homme mais dans l'organisation sociale, il en résulte qu'il est entraîné où il ne voulait pas aller. Ses anathèmes ont eu plus de retentissement que ses principes. La violence du révolutionnaire a compromis ce que la sagesse du philosophe voulait préserver.

En effet, messieurs, si la propriété et la famille sont inséparables (nous verrons cela), la société et la propriété ne le sont pas moins. Il faut, ou en revenir à cet état de nature que Rousseau a souvent prôné et qui est l'état contre nature, ou bien, en reconnaissant que la sociabilité est un trait ineffaçable de notre espèce, reconnaître que la propriété est un autre trait aussi ineffaçable que le premier.

Rousseau, je le répète, a essayé de s'arrêter au socialisme, sans aller jusqu'au communisme, c'est-à-dire de poser le principe sans tirer la conséquence. Le socialisme, c'est la prétention de refaire la société que Dieu a faite; le communisme, c'est cette prétention traduite en actes, c'est l'attaque ouvertement dirigée contre les deux bases de la société que Dieu a faite, la famille et la propriété. Rousseau se renferme dans l'idée générale, et refuse de se rendre compte de l'application brutale qu'elle doit recevoir.

Sa théorie socialiste vaut d'ailleurs la peine d'être examinée avec soin, d'abord parce qu'elle porte l'empreinte que les grands esprits mettent à leurs œuvres, ensuite parce que le socialisme vit encore de cette théorie. A vrai dire, il ne saurait en avoir d'autre; pour prêcher le remaniement de la société que Dieu a fondée, il est indispensable de résoudre comme Rousseau le problème du mal.

L'homme est bon et la société est mauvaise, voilà en deux mots toute la philosophie du socialisme. La philosophie du christianisme dit exactement le contraire.

Nier le mal est chose malaisée, car la souffrance et l'injustice sont partout. Aussi ne reste-t-il qu'une ressource à ceux qui ne veulent pas de la doctrine proclamée par l'Évangile : c'est de mettre le mal, non au compte de l'homme, mais au compte de la société. — L'homme était bon; la société est venue et a tout gâté, à commencer par l'homme lui-même.

L'assertion de Rousseau provoque des objections telles, que la passion seule parvient à en faire bon marché. Comment comprendre en premier lieu que la réunion des hommes bons constitue une société mauvaise? Comment comprendre en second lieu que les hommes bons se soient mis en société, si la société n'est pas bonne, c'est-à-dire conforme à leur nature?

Remarquons d'ailleurs que le socialisme, qui nous promet d'ôter la souffrance collective (nous verrons ce que vaut sa promesse) n'a garde de nous annoncer la suppression de la souffrance individuelle; il se résigne à la douleur et à la mort. Ainsi, avec l'homme bon et la société devenue bonne, le mal poursuivra son œuvre! C'est étrange, vous en conviendrez.

Mais ce n'est pas plus étrange que d'imputer à la société actuelle, à la société non régénérée, le mal dont chacun de nous s'avoue responsable. Si la société est le coupable, d'où vient que j'ai des remords? Ah! le témoignage de la conscience s'élèvera toujours contre ces monstrueuses théories. Vous m'amnistiez, et je me

condamne; vous mettez mes vices au compte de là
société, et je sens que mes vices sont bien à moi.

Notez, messieurs, que ces théories ne sont pas une
fantaisie de l'esprit; elles sont, je l'ai déjà dit, la thèse
obligée du socialisme. De quel droit viendriez-vous transformer dans ses éléments essentiels l'organisation
sociale, si le mal ici-bas provenait de nos fautes personnelles? Aux fautes personnelles correspondent des
devoirs personnels, une réforme personnelle. La transformation qu'il s'agit d'opérer alors, c'est celle de notre
cœur et de notre vie.

Dans le cas contraire et si l'homme bon n'est qu'une
victime de la société mauvaise, voici les conclusions qui
sortent de là :

Il n'est plus question de vaincre nos vices, qui ne sont
pas la cause de nos misères. La société étant le seul
criminel, seule elle est appelée à se corriger. A vrai
dire, le mal moral est nié. Nos responsabilités disparaissent ; et comme l'État, qui est le grand coupable, est
aussi le grand libérateur, nous nous plaçons naturellement sous sa tutelle. L'État a fait tout le mal, l'État fera
tout le bien. Le mal sera-t-il supprimé? Je n'en crois
rien et je vous dirai pourquoi; en attendant, il est excusé.
Nul de nous n'a à s'humilier de ses fautes, qui sont un
produit fatal de la civilisation. Ni l'assassin, ni le débauché, ni l'hypocrite, ni l'égoïste n'ont un seul reproche
à s'adresser. Innocents dans le passé, ils deviendront
sans efforts d'aucun genre excellents dans l'avenir, en
vertu de la perfectibilité collective et de la réparation
sociale.

Il est des choses, messieurs, qu'il suffit d'exposer

pour les réfuter; le retranchement de la morale est une de ces choses-là. Je ne vous ferai pas l'injure de démontrer que la conscience existe, que le mal est ici, dans le cœur, que c'est nous qui avons à nous régénérer. La société c'est nous, ce sont nos vices qui sont les siens; ôtez l'orgueil des uns, la jalousie des autres, la corruption et l'égoïsme de tous, à l'instant les relations sociales deviendront tout autres, les bases sans lesquelles la société n'existe pas ne seront plus attaquées, et les problèmes angoissants, à commencer par celui de l'égalité, recevront leur solution.

Ceci est grave, messieurs; on ne supprime pas la morale sans supprimer l'individu, et on ne supprime pas l'individu sans introniser l'État. Si le bien et le mal sont dans les mains du législateur, c'est affaire de codes; s'il dépend d'une organisation de mettre la vertu sur la terre, je me dispenserai de regarder en moi-même et j'entreprendrai une réforme moins gênante que celle de mon cœur, la réforme des institutions. Dès lors l'effort se déplace et l'individu s'efface devant l'État.

Les conséquences d'un tel changement ne sont pas médiocres. — Il faut que l'État dispose de tout, puisqu'il doit répondre de tout et remédier à tout. Qu'on ne nous parle plus de liberté ! — Vous voyez que l'égalité socialiste se paye un peu cher. Et qui plus est, après l'avoir achetée de la sorte au prix de tout ce qui fait le charme, l'indépendance, la dignité de la vie, nous nous trouvons moins égaux que jamais. Mais n'anticipons pas.

Voici donc l'État tuteur, gardien, providence, l'État chargé de préserver l'égalité et le reste, l'État mettant par conséquent sa lourde main sur la religion, sur l'éducation, sur la science. Le réformateur suprême devient de plein droit le directeur suprême.

Et tout cela pourquoi? Pour réaliser cette égalité faussé qui est la négation même de l'homme et de la société. On trouve mauvais que les uns possèdent et que les autres ne possèdent pas ; la propriété est le grand vice social. Mais comment y remédier ? S'il se trouvait par hasard que la propriété fût indissolublement liée à la famille, si la propriété et la famille étaient des traits ineffaçables de notre nature telle que Dieu l'a faite, s'il en était ainsi, à quelles violences, à quelles tyrannies ne faudrait-il pas recourir afin de réduire l'homme à n'être pas l'homme ? Et combien de temps cela pourrait-il durer?

Rousseau reculait; ses disciples n'ont pas tous reculé. Pour atteindre un but mauvais les mauvais moyens sont indispensables ; ces disciples-là s'y résignent. Il s'agira de courber une à une sous un joug de fer toutes les supériorités sociales ; il s'agira de tuer l'homme et de l'empêcher de renaître; il s'agira de tuer le cœur, l'intelligence, la conscience ; il s'agira de décréter et de maintenir l'égalité des fainéants et des laborieux, des incapables et des habiles; il s'agira d'extirper les tendresses de famille qui entraînent toujours la reconstitution de l'héritage. Telle est la tâche ; eh bien, à la bonne heure, nous l'accomplirons! Ne pouvant avoir l'égalité des hommes libres, nous aurons celle des esclaves ; ne pouvant avoir l'égalité des vivants, nous aurons celle des morts!

Avec une société reconstruite sur un nouveau plan, avec un législateur maître de tout, on va loin, messieurs.

Voulez-vous un peuple religieux ? Confectionnez-lui une religion constitutionnelle. Voulez-vous un peuple agricole ? Fabriquez-lui des lois qui le confinent aux champs. Voulez-vous un peuple bien nivelé ? Décrétez l'abolition de la famille, ce nid d'aristocratie incorrigible, qui vous refera toujours des propriétaires et des héritiers.

Reste à savoir s'il n'y aurait pas des lois supérieures à vos lois, des lois fondamentales, nécessaires et divines. Pour peu que la société, au lieu d'être une invention des hommes, constituât un fait primordial et créateur, les essais de reconstruction se briseraient contre ce rocher-là, non sans entraîner dans leur naufrage le repos, le bonheur et la dignité d'une génération, de plusieurs peut-être.

Rien de plus aisé que de bâtir dans un cabinet des plans de réorganisation sociale ; rien de plus impossible que de modifier les plans de Dieu. Dieu a voulu l'individu, la famille, la responsabilité morale ; vous prétendez remplacer tout cela par un nivellement superbe et par la tutelle universelle de l'État. Prenez garde ; ni l'individu, ni la famille, ni la responsabilité morale ne disparaîtront à votre ordre, mais nous payerons tous, les pauvres comme les riches, les frais de votre tentative insensée.

Il est permis, nous le faisons tous, de critiquer la société que l'homme a organisée ; mais ne nous attaquons pas à la société que Dieu a faite. Les institutions changent, le fait social ne change pas.

En voulez-vous la preuve, messieurs ? Consultez l'histoire. — L'homme a gâté la famille, il n'a pu l'abolir : en dépit des harems, des divorces et des séparations, la conscience des liens de famille n'a disparu nulle part. — L'homme a gâté la propriété, il n'a pu l'abolir: en dépit des confiscations et des usurpations, même en Orient où l'État avec ses domaines immenses est parvenu à stériliser les plus belles contrées de l'univers, même au moyen âge où la mainmorte enfantait l'indigence universelle, la conscience du droit de propriété n'a disparu nulle part. — Au travers des folies extrêmes, au travers des despotismes extrêmes, au travers des corruptions extrêmes, le fait social a subsisté dans ses éléments fondamentaux; il y a toujours eu des maris et des femmes, des parents et des enfants; il y a toujours eu des propriétaires.

Le fait social est donc, de toute évidence, un fait divin. Et qu'on ne m'objecte pas qu'un fait divin n'aurait dû laisser aucune place à la souffrance. Il laisse place à la souffrance, s'il laisse place au libre arbitre et à sa conséquence possible, le péché. La société, fait divin, se comporte comme le salut par Christ, autre fait divin : elle ne supprime pas la douleur, que la chute a introduite ici-bas.

La société bonne et l'homme mauvais, telle est donc la conclusion à laquelle nous sommes amenés. C'est précisément l'inverse de la thèse que le socialisme emprunte à Rousseau : l'homme bon et la société mauvaise.

Le fait divin de la société et le fait humain de la chute sont également incontestables. Corrigerons-nous le fait humain en essayant de nier le fait divin? Remédierons-nous à la chute en dispensant l'homme de se repentir et de se réformer ? Comment s'y prendra l'État pour s'acquitter de notre besogne personnelle? Quand il aura proclamé à son de trompe la suppression officielle du mal et de la souffrance, il découvrira que l'homme s'obstine à souffrir. Il ne lui restera d'autre ressource alors que de faire violence à l'homme, de le museler, de le mutiler, de le courber tellement vers la terre qu'il ne puisse plus voir le ciel, de tellement écraser son indépendance qu'il oublie d'être lui, qu'il consente à ne plus avoir rien à lui, ni sa famille, ni le fruit de son travail et de son épargne, ni son libre arbitre, ni son âme.

Encore se redressera-t-il, je vous en préviens. Il aimera mieux les inconvénients de la liberté que les avantages de votre égalité. Il aimera mieux vivre en souffrant, que mourir en souffrant beaucoup plus.

III

Vous le voyez, messieurs, la propriété, à mesure qu'on la considère de plus près, revêt un caractère auguste que l'on ne soupçonne guère quand on demeure à la superficie des discussions sociales. Il ne s'agit plus de l'intérêt de celui-ci ou de celui-là, il s'agit de tous. Bien mieux, il s'agit de l'intérêt de la justice. C'est ce que je vais essayer de vous montrer clairement.

Cette démonstration n'est point inutile. Quoique nous sachions maintenant que la société est un fait divin et qu'il n'est pas permis de la refaire, ce qui est la prétention essentielle du socialisme, la question de justice peut demeurer obscure pour bien des esprits. Parmi les bases de la société, il en est une surtout qui a besoin d'être défendue et en quelque sorte réhabilitée sous ce rapport.

La propriété a été le but de tant de calomnies, que,

selon l'expression de Beaumarchais, « il en reste quelque chose. »

Il importe qu'il n'en reste rien et que la dernière trace des calomnies disparaisse. C'est ici d'ailleurs, chacun le sait, le centre même de la querelle égalitaire. Certaine école ne parle d'égalité que pour attaquer, directement ou non, la propriété.

Et cela est tout simple. Par delà l'égalité vraie, il ne reste que la fausse ; par delà l'organisation naturelle qui maintient les inégalités nécessaires, il ne reste que l'organisation artificielle qui les supprime, à commencer par la plus odieuse de toutes, la propriété.

« La propriété c'est le vol. » Ce mot célèbre de Proudhon a exactement la même valeur que ses autres mots célèbres. Proudhon est la négation incarnée. On a dit avec raison qu'il est *contre tout,* contre quiconque a pensé ou cru quoi que ce soit. Il lui déplaît tellement de laisser quelque chose debout, qu'il se prend lui-même à partie et démolit de ses propres mains ce qu'il a construit ; il nie ses négations. Ainsi, cet ennemi de Dieu (je n'ose répéter son blasphème, destiné à faire pendant au paradoxe de tout à l'heure) a pris soin de foudroyer les athées. Cet ennemi de la propriété a écrasé le communisme sous une avalanche d'anathèmes auprès desquels mes protestations paraîtraient bien incolores. On ne réfute pas Proudhon, on tourne la page.

Mais avant Proudhon, Rousseau avait parlé. — « Le premier qui, ayant enclos un terrain, s'avisa de dire : Ceci est à moi, et trouva des gens assez simples pour le croire...... » Vous savez le reste. Tout le monde ici connaît *le Discours sur l'origine de l'inégalité.* Voilà les haines, les guerres, les crimes qui se déchaînent sur la terre, à la suite de la propriété !

J'aurais bien envie d'opposer Rousseau à Rousseau comme Proudhon à Proudhon, et de montrer ainsi comment se vengent, dans la pensée même des hommes supérieurs, ces lois nécessaires de notre nature auxquelles on essaye de porter atteinte. C'est encore Rousseau qui a écrit ceci : « Quoi donc ! faut-il détruire la société, anéantir le tien et le mien, et retourner vivre dans les forêts avec les ours? » Vous pouvez vous en rapporter à l'éloquent logicien pour déduire une à une les conséquences de l'abolition du tien et du mien.

Qu'est-ce à dire, messieurs? Serions-nous en présence d'une simple question d'utilité? S'agirait-il de choisir entre deux maux? La propriété ne serait-elle qu'une création sociale? Créée par la loi, pourrait-elle être abolie par la loi? Il n'en est point ainsi. Semblable à la famille, cette seconde base divine de la société, elle existe par elle-même, indispensable, irremplaçable, indestructible.

Elle est avant la loi ; elle serait après la loi. Aucun législateur ne l'a fondée ; aucun ne serait en état de l'anéantir. Vous ne parvenez pas à concevoir l'homme sans la famille et sans la propriété, ou si vous le concevez (les philosophes au coin de leur feu conçoivent tout), votre homme n'a qu'un malheur, il n'est plus homme.

L'homme ne vit pas dans le vide, ne tenant à rien et à personne. Avant que vous lui ayez persuadé que sa femme et ses enfants lui sont étrangers, que le fruit de son travail n'est point à lui, vous réussirez à faire tenir sur leur pointe les pyramides d'Égypte.

11.

C'est qu'il ne s'agit pas ici de l'utile, il s'agit du juste ;
la propriété a un autre nom, la justice. Quand j'ai travaillé au lieu de me reposer ; quand j'ai épargné au lieu
de consommer ; quand je me suis privé de certaines
jouissances pour assurer le bien-être des miens, ce que
j'ai amassé de la sorte est à moi, en vertu de l'absolue
justice. Si vous déclarez que ce paresseux qui n'a rien
fait et ce débauché qui a tout dissipé ont le même droit
que moi-même sur les fruits de mon labeur, vous ne
troublez pas seulement l'ordre social, vous ne compro-
mettez pas seulement la production et la prospérité,
vous blessez directement la conscience.

Vous vous indignez de ce que je suis propriétaire,
tandis que d'autres ne le sont pas; l'idée de propriété
vous irrite ! Irritez-vous donc contre le travail accumulé,
car ce n'est pas autre chose. Ai-je le droit, oui ou non,
de dissiper le soir le gain de ma journée? Ai-je le
droit, oui ou non, de le garder dans ma poche, si je ne
le dissipe pas ? Prétendriez-vous établir une prime au
profit des dissipateurs ? Suivez du regard cet ouvrier qui,
sou par sou, mettant à la caisse d'épargne, se refusant
les plaisirs coûteux, a fondé son petit patrimoine. En quoi
son droit de posséder est-il inférieur au droit que d'autres ont de dépenser ?

Et qu'on ne vienne pas établir des distinctions aussi
vaines que dangereuses : la propriété de la terre est,
elle aussi, du travail accumulé, en dépit des facultés productives du sol. Si j'ai acheté un morceau de terrain au
lieu d'acheter d'autres valeurs, les facultés productives
du sol sont entrées assurément dans le marché; car celui-ci a subi la loi souveraine de l'offre et de la demande,
et j'ai payé un prix avec lequel je me serais procuré

exactement la même somme de revenu, de jouissances, de sécurité, sous la forme d'une hypothèque ou d'une rente sur l'État. En achetant la terre, j'ai acheté tout ce qui y est in corporé, les défrichements, les amendements, les constructions, et aussi, bien entendu, les facultés productives du sol. Qu'en faut-il conclure? Que ma propriété est illégitime? Qu'elle n'est plus mon travail accumulé? C'est justement avec mon travail accumulé que je l'ai acquise, et elle ne représente pas autre chose. Elle en est l'équivalent précis, et la fertilité naturelle du sol fait partie de cet équivalent avec les capitaux enfouis dans le sol par les propriétaires antérieurs [1].

Nous voilà amenés, messieurs, à une conclusion qui ne ressemble guère à celle de Proudhon. A sa formule : « La propriété c'est le vol » nous sommes en mesure d'opposer la nôtre : « La propriété c'est le droit. »

Si l'homme était isolé, nous pourrions en rester là : la propriété apparaîtrait seule, il ne serait pas question de l'héritage. Je posséderais mon bien ; je pourrais le dévorer, je pourrais l'accroître. Mais je ne suis pas seul, et pourquoi ne pourrais-je pas le donner? pouvant le donner, pourquoi ne pourrais-je pas le transmettre? Tou° cela se tient, et le testament est inséparable de la propriété. Si je suis le maître de dépenser de mon vivant et jusqu'au dernier sou ce que je possède, il est clair que

---

[1]. La fertilité naturelle n'a profité qu'aux premiers occupants, qui depuis longtemps ne sont plus en cause. Ces vérités, établies par Bastiat, viennent d'être mises de nouveau en lumière par M. Léonce de Lavergne, qui a analysé, avec sa précision et sa clarté habituelles, les éléments qui entrent dans la valeur vénale des terres.

je suis le maître d'en disposer après moi. La défense d'agir ainsi n'aboutirait qu'au don entre-vifs, cette autre façon de tester.

L'homme a des enfants, une famille, et 'ici apparaît l'héritage. L'héritage naît de la rencontre de ces deux faits divins, la propriété et la famille. Le testament n'est que la manifestation d'un droit, l'héritage est la conséquence d'un devoir. Si un père prétendait user du droit au détriment du devoir et tentait de supprimer l'héritage par le testament, il porterait atteinte à une institution qui n'est pas d'origine humaine. La famille serait compromise; aussi la loi ne fait-elle que remplir sa mission, lorsqu'elle résiste à ces attentats, lorsqu'elle fixe les limites que le père ne saurait franchir, lorsque enfin elle constitue l'héritage et le rend indépendant des fantaisies de la volonté individuelle. En l'absence du testament et malgré les stipulations abusives du testament, la famille hérite.

Je me suis maintenu, messieurs, sur le terrain de la justice, je vous ai parlé de devoirs. Si j'avais voulu descendre sur un terrain plus bas, celui de l'utilité, il m'aurait été trop facile de montrer qu'en abolissant la propriété et l'héritage on abolirait le travail. A moins de rétablir l'esclavage et de restaurer l'usage du fouet, je ne pense pas qu'on pût faire travailler des gens qui sauraient que le fruit de leur labeur ne sera pas à eux et qu'ils ne pourraient ni en jouir ni le transmettre.

Le droit est donc prouvé. Ajoutons, ceci est essentiel, qu'il est indépendant de l'usage. Qu'il y ait des avares abominables et d'abominables prodigues, qu'il y ait des oisifs, des gloutons, des débauchés, des hommes dont la richesse n'est consacrée à aucun usage élevé; que Jules César (je cite un grand homme) jette des millions pour un dîner; qu'une Cléopâtre, voulant plaire à un Antoine et recourant aux exploits que pouvait apprécier un homme de tant de goût, fasse fondre une perle magnifique, afin d'avaler d'une seule gorgée une fortune de reine, nul ne s'en indigne plus que moi. Cela est déplorable et dégoûtant. Mais qu'y faire? La propriété est le droit d'user et d'abuser.

Vous voudriez retrancher l'abus tout en respectant l'usage! La chose est malaisée. Les lois somptuaires elles-mêmes seraient très-loin d'y suffire; il est mille abus de la richesse qu'elles ne sauraient atteindre. Reste la ressource de faire de l'État un surveillant de la conduite de chacun. L'État entre chez moi, il examine mes comptes; il m'interroge sur mes faits et gestes; il me met en interdit ou me dépouille s'il n'est pas content. Accepterons-nous cette tutelle? Abdiquerons-nous à ce point notre liberté? Est-ce dans ce sens que nous sommes disposés à marcher?

Je n'insiste pas; un mot seulement sur le point de fait. On vous donne du luxe actuel des descriptions fort exagérées. Nous n'en sommes plus, Dieu merci, ni à César, ni à Cléopâtre, ni à Lucullus. Un romancier peut bien s'amuser à nous peindre la fastueuse demeure de mademoiselle de Cardoville; nous ne connaissons pas, nous, cette maison-là. Nous en connaissons d'autres, hélas! où l'argent se dépense fort mal; mais nous en savons aussi où, quoique riche, on travaille, où on lutte contre ses fantaisies, où l'on s'efforce de faire large la part de la charité et du devoir.

Je ne traite pas la question du luxe. Serait-il bon qu'il disparût entièrement? Si la place du superflu était retranchée, celle de l'élégance, de l'art, de l'industrie même se retrouverait-elle encore? Je n'oserais en répondre. J'avoue d'ailleurs sans ambages qu'à côté du luxe qui peut être légitime et utile parce que la conscience s'en mêle, il y a le luxe coupable et le luxe bête, en l'honneur desquels je n'aurai garde d'articuler la moindre parole d'excuse. L'abus existe, d'accord; mais l'abus n'ôte rien au droit.

Si le droit est indépendant de la façon dont on en use, il n'est pas moins indépendant de la façon dont on l'a acquis. La propriété, confessons-le tout de suite, n'est pas toujours du travail accumulé. Certaines fortunes ont leur origine dans les confiscations et les concussions. Des favorites ont fait des fortunes; des généraux ont rapporté des fortunes dans les fourgons de leurs armées; des proconsuls ont amassé des fortunes dans leurs gouvernements. On peut citer des fournisseurs qui ont gagné des fortunes en volant sur la nourriture du soldat, sur les médicaments du malade et du blessé. Autant de richesses dont on peut dire avec l'Écriture qu'elles « rongent comme la rouille. »

D'autres fortunes (je rapproche, je ne compare pas) se fabriquent à la Bourse en quelques coups de crayon. Celles-là, il est vrai, ont coutume de s'en aller aussi vite qu'elles sont venues; néanmoins il en reste quelques-unes et elles font tant de fracas, que souvent on ne voit qu'elles. Ces fortunes rapides et bruyantes semblent avoir pour mission de discréditer la fortune. La propriété respectable, le vrai patrimoine, fruit de l'économie et

du travail, semblent disparaître alors, et la règle s'efface
devant l'insignifiante exception.

La Bourse, avouons-le, est un rude socialiste. Je l'ai
toujours pensé ; mais qu'en faut-il conclure ? Le droit
de tous sera-t-il compromis par les torts de quelques-
uns ? Il y a des grades mal acquis dans l'armée ; aboli-
rons-nous tous les grades ? Il y a des fonctions conférées
par la faveur ; refuserons-nous l'obéissance à l'autorité ?
Il y a des élections emportées par la brigue ; conteste-
rons-nous les pouvoirs de la législature ?

Notez qu'il s'agit ici d'un droit antérieur et supérieur ;
moins que tout autre il peut être ébranlé. Il en va de la
propriété commune de la famille : de même qu'un mauvais père est un père et qu'un mauvais mari est un
mari, de même une propriété dont l'origine est mauvaise
est une propriété.

Disons-le d'ailleurs et répétons-le, le nombre des
fortunes mal acquises est si petit comparé à celui des
fortunes bien acquises, qu'on ne saurait en tenir compte.
Le fait constant, celui qu'on trouve partout dans les
quartiers marchands de nos villes, dans nos villages,
sur la surface immense d'un sol divisé à l'infini, c'est
la propriété qui est, à la lettre, du travail accumulé.
Travail de la génération actuelle, ou des grands-pères, ou
des aïeux, il n'importe, j'aperçois toujours le travail. Si
quelques hôtels de quelques capitales présentent un
spectacle différent, qu'est-ce que cela auprès de ces
millions d'existences aisées ou gênées dont l'épargne et
la bonne conduite ont créé les modestes ressources ?
Qu'est-ce qu'une goutte d'eau dans la mer ?

Je cite les petites fortunes, parce qu'elles abondent
heureusement ; les grandes fortunes, au reste, n'ont pas

une origine moins pure, et vis-à-vis des uns aussi bien
que des autres l'exception demeure l'exception. Mais,
du moment où le principe d'une révision des origines
serait mise en jeu, l'épée serait suspendue sur toutes
les têtes. Les soupçons et les dénonciations se donne-
raient carrière. — N'avez-vous pas un favori parmi vos
ancêtres? Quelqu'un des vôtres n'a-t-il pas spéculé? Tel
marchand n'a-t-il jamais vendu des marchandises ava-
riées? Tel paysan finaud n'a-t-il pas obtenu un coin de
terre au-dessous de sa valeur? Tel héritage n'est-il pas
peut-être le résultat d'une captation?

A la moindre menace d'une pareille enquête la sécurité cesserait, l'argent émigrerait, on le cacherait comme
en Turquie; la société serait troublée jusque dans ses
fondements. Encore ne serait-ce là que la moindre portion du mal; avez-vous mesuré la portée de cette institution nouvelle: l'enquête sur les fortunes?

Sans doute il est quelques propriétés, je l'ai reconnu,
qui, au lieu d'être du travail accumulé, sont des coqui-
neries accumulées; sans doute il est désirable que ces co-
quineries soient châtiées à mesure qu'elle se produisent,
et nos lois sont peut-être insuffisantes à cet égard, les
crimes commis par certains fournisseurs et par certains
généraux pillards, les tromperies du commerce, les
escroqueries en grand de la spéculation appellent peut-
être une répression plus sévère. Mais la révision des
origines en fait de propriété, la recherche de la paternité
appliquée aux fortunes, constitueraient une des énormités les plus monstrueuses que l'esprit humain soit
capable d'inventer dans ses jours d'égarement.

Si un pareil système était appliqué, peu ou beaucoup,
il conviendrait assurément de ne plus parler de liberté.

Le Saint-Office serait rétabli de fait en plein dix-
neuvième siècle, et l'État, grand inquisiteur, se trouverait armé de pouvoirs tels, que le socialisme extrême n'a jamais rien rêvé de plus parfait. L'inquisiteur tiendrait dans ses mains, non-seulement nos biens,
mais notre honneur et celui de nos familles. Il nous
soumettrait à son gré aux interrogatoires, aux com-
pulsations de papiers; il ameuterait les ennemis et les
envieux.

Essayez de vous représenter ce que deviendrait un
pareil régime en temps de crise politique ou religieuse !
En vain on aurait posé au commencement (on commence
toujours ainsi) de belles règles de prudence, de réserve
et de modération; les passions déchaînées ont leurs
règles à elles, et elles sauraient se servir de l'arme terrible
qu'on aurait placée entre leurs mains. Alors, tout riche
serait vite un suspect, et tout suspect serait vite un criminel. Que dis-je, tout riche ? Tout homme possédant
quelque chose. Quant aux hommes dont les idées ne
s'accorderaient pas avec l'opinion régnante, on serait par trop tenté vraiment de les mettre au pas en
les menaçant d'une visite domiciliaire, d'une enquête
sur leur gestion, sur celle de leurs pères et de leurs
aïeux.

Vous le voyez, messieurs, on tombe dans les abîmes,
pour peu que, sous prétexte de punir le mauvais usage
ou les mauvaises origines, on s'écarte du respect absolu
dû à la propriété et à l'héritage. En dépit du mal qui se
mêle toujours à toutes choses, la propriété, je l'ai
montré, est digne de ce respect. On blesse la conscience
humaine, on frappe à mort la liberté, on bouleverse
l'ordre social, quand on méconnaît la vérité de cette

formule que je ne me lasse pas de reproduire : La propriété c'est le droit.

IV

Le sujet est trop grave pour qu'il ne soit pas de notre
devoir de l'examiner sous toutes ses faces. S'il est vrai
que la propriété soit une des conditions nécessaires de
l'existence des sociétés, s'il est vrai qu'elle soit indissolublement liée à la famille, nous en trouverons la preuve
dans les grandes théories socialistes qui se sont produites
au travers des siècles. Interrogeons les hommes qui ici-
bas ont représenté avec éclat le socialisme ; voyons ce
que les refaiseurs de société ont fait de la liberté, de la
conscience et de la famille. L'examen auquel nous allons
nous livrer sera d'autant plus intéressant, que nous ren-
contrerons devant nous deux classes de systèmes, ceux
qui ont été appliqués et ceux qui ont conservé le caractère
de la théorie pure. Aux premiers se rattachent Lycurgue,
les moines, les anabaptistes, les révolutionnaires ; aux
seconds se rattachent Platon, Thomas Morus, Campanella
et plusieurs écrivains plus modernes [1].

Le premier dans l'histoire, Lycurgue a essayé de
fonder une sorte de communisme. En organisant cette
dure caserne, ce couvent de moines-soldats qui s'appelait Sparte, il ne se borna point à distribuer en 9000
parts égales les terres de la Laconie, il eut soin de placer

1. Voir Alfred Sudre, *Histoire du communisme.*

au-dessous des égaux deux couches superposées d'esclaves. Puis il proscrivit le commerce, l'industrie, les arts, la poésie. Puis, comprenant que ce n'était pas assez et qu'un vrai niveleur doit niveler aussi la famille, il fit contre elle tout ce qu'on peut faire lorsqu'on n'ose pas l'abolir expressément. Il institua les repas publics et l'éducation commune ; c'est-à-dire qu'il retrancha de la vie humaine ses deux sanctuaires, le soin des enfants et le foyer. S'étant débarrassé ainsi des tendresses gênantes, il ordonna de tuer les enfants d'une constitution débile, ceux qu'en général les mères aiment le plus. Enfin, portant une main brutale sur le mariage lui-même, il réglementa des conventions ignobles que je n'ose pas raconter.

Le système complet ne dura pas autant qu'on le dit, autant que l'ont cru nos admirations de collége ; il y eut bientôt à Lacédémone des riches et des mendiants. Toutefois l'égalité contre nature parvint à s'y maintenir jusqu'à un certain point. Pourquoi, messieurs ? Parce qu'elle rencontrait, chance unique et qui ne s'est jamais retrouvée, une situation contre nature. L'égalité spartiate, c'était une égalité d'aristocrates ; elle avait pour base l'écrasement d'une population sujette. C'était une égalité de maîtres ; elle posait le pied sur les Ilotes et sur les esclaves. C'était une égalité de conquérants ; elle avait eu des terres à répartir, et n'avait eu que des terres, ce qui n'était pas moins nécessaire au succès.

Cherchez maintenant dans le monde moderne les conditions de l'égalité spartiate ! Où sont les territoires conquis dont nous opérerons la distribution ? Où sont les serviteurs de nos égaux ? Où sont leurs esclaves ? L'égalité spartiate a vécu d'inégalités ; c'était une égalité aristo-

cratique, et aristocratique au premier chef. Quelques nobles se partageant une contrée, formant une confrérie
fermée et dominante, des hommes de proie s'entendant
pour exploiter entre eux tout un peuple, cela peut durer,
à la honte du genre humain. Mais je ne conseille pas
aux Lycurgues du dix-neuvième siècle d'essayer cela
au sein de nos sociétés démocratiques et industrielles.

Lycurgue, dira-t-on, n'était qu'un législateur grossier;
les penseurs, les philosophes n'auraient pas admis des
énormités pareilles ! — Or, voici justement un philosophe
et des plus illustres, Platon. Dans sa république idéale
il s'est proposé de fonder lui aussi l'égalité, l'égalité compensée, bien entendu, et rachetée par l'esclavage.

Au-dessus des esclaves, Platon installe son aristocratie
de guerriers et de sages. Très-bien ! Mais comment s'y
prendre pour maintenir l'égalité de ces aristocrates ?
Platon n'hésite pas : il organise (c'est la méthode de tout
socialisme) l'omnipotence de l'État. — L'État seul est propriétaire. Très-bien encore ! Mais cela suffira-t-il ? Hélas !
non. La famille est une inégalité ; l'éducation des enfants
est une inégalité ; le mariage est une inégalité. L'État ne
peut disposer de tout s'il n'absorbe tout. Et voilà Platon,
le grand philosophe, le grand moraliste, voilà « le divin Platon » conduit à formuler des lois en vertu desquelles les mariages ne dureront qu'un an !

Je m'arrête, messieurs. Les produits de ces haras humains, ces enfants sans pères ni mères, ne connaîtront
que l'État, les écoles de l'État, l'éducation de l'État, les
tendresses et les caresses de l'Etat. Voilà ce que rêve
Platon, lorsque, pour réformer la société, il se met en
quête d'idéal.

Une autre fois, renonçant à faire aussi bien et rapetis-
sant son système aux proportions de la pratique, il s'est
résigné à adoucir dans les *Lois* le communisme de la *République.* C'est moins complet, mais c'est assez hideux
encore pour nous apprendre qu'on ne saurait attenter à
la propriété, sans sacrifier la liberté, la morale et la
famille.

Franchissons un long intervalle. Au seuil des temps
modernes, Thomas Morus, dont le nom ne fait pas trop
mauvaise figure auprès de celui de Platon, s'évertue à
décrire à son tour une société idéale.

Si vous considérez avec soin son île d'Utopie, vous
découvrirez qu'il a rencontré sur le chemin de son rêve
des obstacles que Lycurgue et Platon n'avaient pas connus ; l'Évangile a introduit certaines notions morales
dans le monde. Morus en outre est évidemment retenu
par l'expérience de l'homme d'État qui a mis la main
aux affaires réelles et ne s'est pas contenté de dis-
serter.

Rien de plus frappant sous ce rapport que de le voir
reculer devant l'abolition de la famille ; il l'affaiblit, il
n'ose la détruire. Après avoir institué les repas communs,
après avoir établi une répartition des enfants en vertu
de laquelle les familles qui n'en ont pas prennent ceux
des familles qui en ont trop, il s'arrête brusquement.

La communauté des biens reste ainsi en l'air, et Morus
en a si bien la conscience, que faisant lui-même la critique de son Utopie, il avoue que la communauté tuera
le travail, arrêtera la production et enfantera la misère.

La circonspection de Morus l'homme d'État fait ressortir l'audace effrayante mais logique de Campanella le moine.

Oui, c'est bien une œuvre de moine, cette « Cité du soleil » dans laquelle tout est réglé comme dans un couvent. Point de propriété, point de famille non plus. Les villes des Solariens sont de vastes monastères où chaque magistrat est revêtu du caractère sacerdotal et où la confession est transformée en moyen régulier de gouvernement. On mange au réfectoire ; on accomplit chaque jour un travail fixé par les supérieurs ; on change souvent de logement, de peur de s'attacher à quelque chose. Enfin et pour éviter des attachements beaucoup plus graves dont l'égalité niveleuse ne s'arrange pas, le mariage est remplacé par une promiscuité réglementée.

Cela se formule sans vergogne et sans circonlocutions.

C'est horrible, n'est-ce pas ? A Dieu ne plaise que je veuille faire peser sur le système monacal l'entière responsabilité de ces imaginations malsaines. Il y a certes autre chose que le communisme chez les moines, mais il y a le communisme, et il importe de le dire.

Les murs des cloîtres ont été expressément construits pour ne laisser entrer ni la propriété ni la famille. Vous connaissez cette doctrine : la propriété et la famille sont bonnes pour les âmes vulgaires, les saints vivent dans une région moins grossière ; ne rien posséder, ne rien aimer, se détacher des siens ; sortir de la vie ordinaire, de ses affections et de ses devoirs, voilà l'idéal du moine, sa République, son Utopie, sa Cité du soleil. Et l'individu périt là comme la famille ; la liberté périt là comme la propriété. Soumis à une autorité absolue, le moine, par une dernière immolation, renonce à gouverner sa conscience et sa vie.

Je n'ai pas à apprécier, messieurs, les institutions monastiques ; ce serait tout un travail où devraient figurer beaucoup d'autres considérations. Me renfermant dans l'objet direct de notre étude, je me contente de signaler cette application spéciale du communisme, la plus rigoureuse et la mieux réussie qui ait eu lieu sur la terre depuis Lycurgue.

Et pourquoi a-t-elle réussi ? Précisément parce qu'elle est spéciale. L'égalité religieuse des couvents a pu durer comme a duré l'égalité aristocratique de Sparte, en vertu de ce fait que l'une et l'autre échappaient aux conditions ordinaires de la société. Avec un célibat qui résout ou supprime le problème de la famille, avec une propriété collective et viagère qui supprime le problème de la propriété et ne permet même pas de poser celui de l'héritage, avec une abdication aux mains des supérieurs qui supprime le problème de la liberté, il est possible de pratiquer le communisme sous l'impulsion de sentiments qui sont souvent très-dignes de respect. Mais essayez donc d'appliquer ce régime à un état de choses où se trouvent des époux, des enfants, et qui n'a pas renoncé à la liberté !

Le communisme monacal de l'Église romaine nous a montré une fois de plus que la famille ne survit pas à la propriété ; la même preuve nous sera fournie par le communisme anabaptiste qui a troublé et déshonoré un moment dans un coin de l'Allemagne les débuts de la Réforme. Là nous pouvons voir jusqu'où va la folie humaine, lorsqu'elle poursuit, par la voie des inspirations prétendues et en dehors de l'Écriture, la réalisation de la fausse égalité.

Le règne de Jean de Leyde a laissé dans l'histoire une impression d'horreur disproportionnée à sa durée et à son étendue, mais non pas à l'importance des principes engagés. Comme toujours, il se voit entraîné à abolir la famille après avoir aboli la propriété ; après la communauté des biens la polygamie apparaît, et le despotisme, et l'État maître de tout au temporel et au spirituel. Ces quelques années de délire impur et sanglant dans une petite ville de Westphalie ont mis en pleine et vive lumière les liens étroits qui rattachent la propriété à toutes les bases du monde moral.

V

Aux approches de la Révolution française, les tendances socialistes qui procèdent de Rousseau commencent à occuper une large place dans les préoccupations publiques.

Morelly et Mably développent alors leurs théories. L'un et l'autre ils s'efforcent de respecter la famille en anéantissant la propriété. Le papier se laisse faire, messieurs, et les systèmes n'ont pas besoin d'être logiques pour être imprimés. C'est tout ce qu'on peut dire du *Code de la nature*, où Morelly, débutant par déclarer que personne ne possédera rien, que chacun sera nourri par l'État, que chacun travaillera au profit exclusif de l'État (sous la sanction de bons et solides cachots), se met à hésiter dès qu'il rencontre le mariage, et se contente d'enlever leurs enfants aux pères et aux mères à partir de l'âge de cinq ans.

Pendant la durée entière de la Révolution il est aisé de suivre à la trace les doctrines communistes et niveleuses. Mirabeau d'abord, la Gironde ensuite leur livrent bataille, mais en leur faisant une première concession bien dangereuse, la propriété considérée comme une création de la loi. Robespierre et Saint-Just ne sont pas communistes (ne calomnions personne) ; toutefois, ils attaquent déjà la propriété d'une façon directe, en supprimant le droit de tester et en menaçant les successions collatérales. Hébert et Chaumette ne s'arrêtent point ainsi à moitié chemin ; ils s'en prennent à la famille aussi bien qu'à la propriété, sentant que l'égalité absolue sera impossible tant qu'il y aura des époux et des enfants légitimes.

Vient enfin Babeuf, qui retranche la famille sans le dire dans son *Manifeste des égaux*. Il lui suffit que l'État usurpe partout la place de l'individu, le reste coulera de source. C'est l'État qui possède ; c'est l'État qui exploite ; c'est l'État qui nourrit. Nous avons les ateliers de l'État, la table commune mise par l'État. Du reste, les superfluités de la vie sont supprimées, les lettres, les arts, le commerce. Babeuf essaye de rétrograder jusqu'à Lycurgue, et comme il lui manque des esclaves, il en fait ; le travail forcé est institué pour les « oisifs. »

Vous n'attendez pas de moi, messieurs, qu'après le tableau des socialismes historiques, je vous fasse celui de certaines excentricités contemporaines qui sont, dit-on, mortes en naissant. Sont-elles mortes ? Je n'en suis pas bien sûr ; en tout cas, l'esprit qui les a inspirées n'est pas mort le moins du monde, j'en réponds, et, sous d'autres formes, je le vois à l'œuvre.

Au milieu de cette ébullition de systèmes dont nous avons été témoins et qui a son côté très-sérieux si elle a eu son côté burlesque, nous avons vu défiler devant nous tantôt le saint-simonisme, qui abolit nettement l'hérédité et la famille; tantôt le fouriérisme, qui tire bon parti de nos vices et les élève au rang de forces sociales. Essayez, messieurs, de vous représenter la famille au sein de ses phalanstères, de ses petites hordes et de ses attractions passionnelles ; je vous défie d'y parvenir.

Et comme toujours, auprès des réformateurs effrontés se tiennent les réformateurs inconséquents. — Robert Owen se contente de la propriété supprimée et de l'éducation commune. Cabet, en fondant son Icarie, réserve l'abolition de la famille pour un moment « opportun », se bornant d'abord à abolir l'individu. L'État joue chez lui le même rôle que chez Babeuf : il dirige le travail, il vend les denrées, il répartit les produits. L'État règle la vie privée dans ses moindres détails. Il n'existe qu'un enseignement en Icarie, celui de l'État. Il n'existe qu'un journal en Icarie, le Journal officiel. Je n'ai pas besoin d'ailleurs de vous dire que, pour maintenir le travail sans la propriété, Cabet recourt aux moyens énergiques. Les travaux forcés sont partout et toujours la ressource indispensable du communisme [1].

1. Pour être juste, il faudrait citer, auprès des socialistes utopistes et révolutionnaires, les socialistes couronnés. Quand nos anciens rois décrétaient la banqueroute, revisaient les créances et altéraient les monnaies, quand l'empereur d'Autriche lâchait les paysans sur les riches en Galicie, quand le Czar foulait aux pieds en Pologne le droit de propriété, ils faisaient assurément du socialisme.

VI

Il n'était pas inutile, messieurs, de suivre à travers les siècles l'utopie socialiste et égalitaire. De Lycurgue et Platon jusqu'à Babeuf et Cabet le même fait se présente à nous : qui attaque la propriété est condamné à attaquer directement ou indirectement la famille. Les habiles s'en tiennent, en apparence du moins, à l'attaque indirecte. Mais cette famille, qu'ils s'efforcent de conserver pour la bonne façon, elle n'est plus la famille. Concevez-vous la famille sans le patrimoine, sans les intérêts communs, sans vie du foyer, sans l'éducation des enfants ? En vain la fausse égalité tente-t-elle de s'arrêter ainsi à moitié chemin ; le nivellement n'est qu'un mot vide de sens, s'il n'écrase pas tout ce qui s'élève au-dessus du sol. Or, ce qui s'élève, c'est la famille, c'est la conscience, c'est la liberté ; ce qui s'élève, ce sont les choses essentielles et primordiales, celles que Dieu a mises en nous et sans lesquelles l'homme cesserait d'exister.

A l'aspect du bonheur que le socialisme nous promet, nous reculons instinctivement. Que de dégoût ne nous causerait-il pas, à supposer qu'il pût se réaliser pendant un mois, ce triste bonheur de la caserne, ce bonheur de manger (et on ne mangera guère) à la gamelle commune ! Nous entrevoyons là la servitude à laquelle nulle autre ne se compare, l'appauvrissement auprès duquel la misère des mendiants en haillons est de l'opulence. Ne posséder ni sa famille, ni ses biens, ni son travail, ni son âme, en vérité, c'est trop de dépouillement

Nos répugnances ont forcé les socialistes à réfléchir. Ils se sont rapetissés ; ils sont devenus modérés et prudents. Je les vois qui nous proposent une moitié, un quart, une dilution de socialisme ; mais ce socialisme homœopathique m'effraye plus que l'autre, cette habileté m'annonce un péril. Les doctrines ne se font pratiques que lorsqu'elles se croient près d'être pratiquées.

Nous voici donc en présence de protestations, vertueuses peut-être, prudentes en tous cas. Je ne voudrais calomnier personne ; parmi les socialistes, il en est beaucoup qui tiennent, j'en suis convaincu, à se rassurer eux-mêmes. Ils nous disent et se disent qu'il ne s'agit d'abolir ni la famille, ni la liberté, ni la morale, ni même la propriété. Leur socialisme aime à se figurer qu'il ne sera pas le communisme. Écoutez-les : — On nous parle de Platon, de Campanella et de Babeuf ; allons donc ! nous ne sommes pas des rêveurs. Tenant compte des nécessités sociales, nous nous bornons à proposer un régime intermédiaire, qui nous acheminera doucement vers l'égalité, sans rien briser de ce qui est digne de regret.

Reste à savoir, messieurs, s'il y a place entre la propriété entière et la franche spoliation. La propriété est ou elle n'est pas. Attaquée, elle se défend. Et elle se sent attaquée, lorsque, en la déclarant inviolable, on prépare tout pour la détruire dans un temps donné. Il ne faut pas croire que les propriétaires soient plus niais que les autres hommes : ils savent ce que parler veut dire, et ils n'ignorent pas que la distance est courte du socialisme bénin au socialisme brutal.

« A quelle sauce voulez-vous être mangés ? » — « Mais

nous ne voulons pas être mangés. » — « Vous vous écartez de la question. » Ce dialogue aussi instructif que comique représente assez bien la conversation qui va s'établir entre les propriétaires et les communistes prudents. Les propriétaires ne veulent pas être mangés; la sauce importe peu.

Les moyens de détruire la propriété sans scandale et sans bruit sont aussi nombreux que commodes. Lorsque Robespierre et Saint-Just proposaient la suppression du droit de tester, que demandaient-ils ? Peu de chose en apparence, puisque l'hérédité était maintenue; cependant ils faisaient de l'État l'héritier immédiat d'un grand nombre de familles, l'héritier futur de toutes. Lorsque M. Louis Blanc, en 1848, réclamait la suppression de la succession collatérale, il maintenait aussi l'hérédité ; cependant on pouvait calculer combien de générations il faudrait à la propriété collective de l'État pour absorber jusqu'au dernier atome de la propriété individuelle ; à force d'empêcher les neveux d'hériter de leurs oncles, on serait arrivé bien vite au jour où les pères n'auraient rien eu à transmettre à leurs enfants.

Les procédés du communisme indirect s'appellent légion. Avec le régime des assignats on remboursera aisément en papier sans valeur les créances nationales et privées. Avec l'impôt sur la fortune, avec la taxe du revenu, avec l'impôt progressif, combinés d'une certaine façon, on absorbera à coup sûr toute fortune qui dépassera le niveau fixé d'avance. Avec certains droits de succession, l'État peut devenir propriétaire unique au bout d'un petit nombre de transmissions.

Mais ces procédés anodins conduisent aux violents, et voici pourquoi :

12.

Je l'ai dit, la propriété attaquée se défendra. Il lui sera d'autant plus aisé d'échapper aux mesures communistes, qu'aujourd'hui les fortunes foncières ne sont plus que l'exception. Et comment mettre la main sur les valeurs mobilières, sur les effets au porteur? Voilà le capital qui se cache, afin de ne pas périr. Dès qu'il verra percer le moindre bout d'oreille socialiste, aussitôt, sans se concerter, il rentrera sous terre, cela est certain. De là les colères, et l'emploi des mesures inquisitoriales, et la prépondérance passant des habiles aux violents, de l'élite socialiste, qui veut marcher pas à pas, à la masse qui n'a ni le temps d'attendre ni la patience de finasser.

Encore, si le capital ne faisait que se cacher! Mais il s'abstient d'agir; il fait le mort, et tout meurt. Plus de commandes, plus de travail, la souffrance devient générale, le coup destiné aux riches atteint aussi les pauvres en pleine poitrine. La colère alors se change en fureur; la pression des multitudes passionnées est désormais irrésistible. La propriété se pose en ennemie; eh bien, c'est en ennemie qu'on va la traiter! Et les dernières traces du communisme hypocrite s'effacent, il ne reste que la violence et le partage.

VII

Le partage, tel est le vrai mot, le mot sincère. Voyons ce qu'il renferme.

Le partage? Et de quoi? Que partagera-t-on? On ne fera plus d'étoffes; on ne fera plus de montres; on fera encore des canons, il est vrai, beaucoup de canons, mais on ne les payera pas. Je me demande, crime à part et en me renfermant dans la question brutale du profit, ce qu'il y aura partager.

Que diriez-vous des ouvriers d'une fabrique, s'ils s'avisaient de la partager ? — Nous sommes trois cents ; il faut que chacun de nous en ait un morceau ! Brisons les métiers et faisons-en des trois-centièmes ; démolissons la maison et faisons trois cents tas avec les débris ; cassons la machine et distribuons-nous les fragments ! Ce partage ingénieux représenterait à la lettre celui que propose le communisme. Montesquieu parle quelque part des sauvages qui coupent l'arbre au pied pour cueillir les fruits. Couperons-nous au pied l'arbre de la civilisation, pour répartir entre nous les quelques fruits qui n'auront pas été écrasés par sa chute ?

Mais, dit-on, c'est toujours un bon moment que celui où l'arbre tombe et où l'on met les fruits au pillage ! Un bon moment, c'est mieux que rien ! D'ailleurs les fruits sont plus nombreux que vous ne le dites, et nous ramasserons là une provision qui durera longtemps !

Eh bien, non. L'infâme partage ne donnera pas aux spoliateurs la provision d'un mois, d'une semaine peut-être. Voler n'est pas si facile qu'on l'imagine. Sur quelle proie pourra-t-on se jeter ? En quoi consistera la curée ? La petite propriété, qui est celle du pauvre, et qui, grâce à Dieu, couvre presque tout le territoire, sera forcément respectée, au moins au début. La fortune mobilière, si importante aujourd'hui, aura cessé d'être visible. Elle aura émigré, elle se sera cachée, elle se sera anéantie; en tous cas, on ne la trouvera plus.

Le socialisme a une incontestable puissance, celle

d'anéantir. Par sa seule présence, par sa seule menace,
en un instant il supprime le capital, le travail, la vie,
sans parler de la liberté. C'est ce qu'oublient trop ceux
qui nous parlent de partage. Il sera malaisé de répartir
des biens anéantis. Partagera-t-on les rentes sur l'État ?
Mais ceci a un nom et s'appelle banqueroute. Or, le premier effet d'une banqueroute c'est précisément d'annulei
les valeurs ; les rentes sur l'État, lorsque l'État se fait
socialiste, valent juste autant que le crédit de l'État, c'est-
à-dire zéro. Comme on sait que l'État ruiné ne payera
pas les trimestres, il est assez inutile de devenir rentier.
Encore une richesse réduite à rien ; des milliers et des
milliers de citoyens, la plupart de condition moyenne,
ont été dépouillés, et personne ne peut profiter de leur
ruine.

Oh ! il restera, je le sais, quelques grandes terres,
quelques châteaux, quelques hôtels à mettre en commun. Encore serait-ce se faire une illusion étrange de
supposer que, dans des circonstances pareilles, sous le
coup d'une dépréciation illimitée, quand personne n'aurait d'argent, quand la qualité de propriétaire serait si
peu tentante, quand la spoliation de la veille prophéti-
serait si clairement les spoliations du lendemain, on
parviendrait à retirer de cette enchère une somme qui
fût le moins du monde en rapport avec la valeur réelle
des immeubles volés. J'exagère énormément sans aucun
doute en supposant que la France, si cet attentat s'accomplissait chez elle, trouverait un milliard à distribuer.

C'est impossible, c'est aussi absurde qu'abominable ;
admettons-le cependant, afin d'aller jusqu'au fond des
promesses socialistes et d'en toucher du doigt le men-

songe. Savez-vous, messieurs, ce que chacun des trente-
huit millions de Français recevrait pour sa part, dans le
cas où un milliard serait enlevé à quelques-uns et réparti
entre tous ? Vingt-six francs et quelques centimes.
Mettons trente francs.

Le pillage aura appauvri tout le monde ; il n'enrichira
personne. Combien de temps durera cette somme, la
plus grande qu'on puisse admettre, cette somme qui sera
la dernière, cette somme après laquelle il n'y a plus
rien, ni partage, ni travail, ni secours ? L'industrie a
disparu, le capital (ce qu'il en reste du moins) s'est en-
foui ou a émigré, le crédit est mort, la charité a reculé
épouvantée devant la haine ; la haine en effet et la
guerre sont partout, partout aussi la ruine, sans limite
comme sans remède.

Ah ! qu'ils coûteront cher ces trente francs ! Qu'ils
coûteront cher, à la conscience d'abord, au bonheur
ensuite ! Avoir trente francs aujourd'hui, et n'avoir plus
de travail demain, après-demain, jamais ; messieurs,
c'est la fin du monde.

On objecte que l'État sera toujours là. — L'État ? Mais
il sera aussi pauvre que les citoyens. Le crédit sera nul ;
les impôts ne rendront rien ; les besoins croîtront à mesure que décroîtront les ressources ; il faudra créer ou
faire semblant de créer des ateliers nationaux ; des luttes
colossales se prépareront en Europe. Pour armer, pour
se défendre, pour une police devenue la première des
institutions sociales, pour l'inquisition à laquelle il faudra soumettre quiconque sera soupçonné de posséder
encore quelque chose, pour soutenir le mal par le mal et
la violence par la violence, pour gorger certains intri-
gants, pour résister à la réaction de l'honnêteté et du

bon sens, l'État n'aura pas trop des misérables lambeaux de fortune publique qui seront restés enire ses mains. Il ne sera pas à son aise, vous pouvez m'en croire, et ses largesses seront médiocres. Il pourra décréter la félicité publique, il pourra même décréter que les citoyens ont le droit d'être secourus ; quant à les secourir, ce sera une autre affaire. Entre les spoliateurs et les spoliés, c'est-à-dire entre les deux classes de mécontents, entre un peuple ruiné, des fabriques fermées, des champs en friche et des ports déserts, il ne trouvera pas un centime à joindre à ces trente francs que j'ai admis tout à l'heure sans y croire beaucoup et afin de faire bonne mesure.

Un État ruiné gouvernant une nation ruinée essayera encore quelques pillages partiels qui ne rapporteront pas grand'chose ; ce brigandage après coup ne fera plus ses frais. On se donnera peut-être la mission de détrôner les rois, de fonder la paix par la guerre et la liberté universelle par la tyrannie. Tout cela se peut ; ce qui ne se peut pas, c'est qu'on empêche le peuple de mourir de faim.

Mourir de faim. L'expérience communiste, si jamais elle était tentée, aboutirait là et très-promptement. Savez-vous qui en souffrirait le plus ? Les riches ? Non, les pauvres.

La raison en est simple. — Une nation en délire parviendra à abolir la propriété pendant vingt-quatre heures ; elle n'abolira pas le cœur humain. Qu'arrivera-t-il ? Ceux qui possèdent une fortune parviendront presque tous à en sauver quelques débris ; ils réussiront à les cacher, même à les transmettre ; la famille et le patrimoine se défendront réciproquement.

Il y aura des privations ; mais les catastrophes générales au sein desquelles les ruines individuelles sont confondues se supportent mieux qu'on ne pense, les réfugiés de l'édit de Nantes et les émigrés de la Révolution l'ont bien prouvé. On vivra donc de peu ; on vivra cependant ; fermement, gaiement parfois, on fera tête à l'orage. Quant aux ouvriers, je le dis en frissonnant, le travail supprimé, tout moyen d'existence sera supprimé du même coup ; lorsque l'industrie aura disparu, lorsque l'herbe croîtra sur le chemin des manufactures, lorsque chacun cachera comme un crime les faibles ressources qui lui resteront encore, l'ouvrier aura pour consolation dernière de maudire ceux qui l'auront conduit là.

Et ne l'oublions pas, si les régimes spoliateurs durent peu, les effets de la spoliation durent beaucoup ; les blessures se font vite et se guérissent lentement. Ah ! je sais bien qu'un état de choses fondé sur la fausse égalité succomberait au bout de quelques mois sous l'exécration de tous ; mais à combien d'années estimez-vous l'ébranlement, la défiance, les antagonismes, l'anéantissement industriel, le chômage, la misère ? Ce qu'il y a de sûr, c'est qu'aucun de nous, Messieurs, n'en verrait le terme.

Cet oracle est plus sûr que celui de Calchas.

VIII

Le socialisme trompe les pauvres : il se charge d'enrichir ceux qui n'ont pas assez aux dépens de ceux qui ont trop. Mensonge, abominable mensonge ! Mais il y a bien autre chose ici qu'une question d'argent ; le socialisme menace bien autre chose que la fortune des riches ; il menace la vie des pauvres, il menace tous les progrès, toutes les dignités, tous les bonheurs.

Le socialisme une question d'argent ? Il est une question de conscience, il est la question de la société humaine, la question de ceux qui n'ont pas et de ceux qui ont, la question du présent et de l'avenir. Le monde moral tout entier y est engagé. Au nom de la morale, au nom de la famille, au nom de l'art, au nom des lumières, au nom du progrès, au nom de la liberté, au nom de l'égalité aussi, nous combattons le socialisme ; je n'ai pas besoin d'ajouter au nom de l'Évangile. Le souvenir de ses courtes saturnales, moins encore, la seule terreur causée par son approche, suffirait pour arrêter parmi nous le mouvement de la civilisation et, passez-moi cette image, les battements même du cœur de l'humanité.

J'ai parlé de la famille ; tant que j'aurai une femme et des enfants, la notion du tien et du mien se maintiendra en moi ; je travaillerai pour les miens, je me trouverai heureux au milieu des miens, j'aimerai mieux un morceau de pain noir mangé au coin du foyer que tous les festins promis par Fourier aux phalanstères. Le phalanstère, le réfectoire me font horreur. Tout cela se tient, messieurs, et Campanella n'avait pas tort quand il s'écriait : « L'esprit de propriété ne grandit en nous que parce que nous avons une maison, une femme et des enfants en propre. »

La famille, au reste, n'est qu'une des victimes que nous devrions immoler sur l'autel de la fausse égalité. — Après avoir nivelé, ne faudrait-il pas maintenir le nivellement, ou plutôt le refaire chaque matin? Vous avez proclamé l'égalité absolue ! une heure après, les paresseux, les lâches, les ivrognes ont rétabli de leurs mains l'aristocratie des travailleurs, des sobres et des vaillants.

Or, cette aristocratie des braves gens est la plus insupportable de toutes. Je le conseille sérieusement aux niveleurs, s'ils veulent procurer à leur œuvre quelques chances de durée, qu'ils s'attaquent hardiment à la morale ; détruire la propriété sans détruire la morale, c'est de l'enfantillage ; la morale refera toujours la propriété. Le seul nivellement qui puisse durer devrait se définir ainsi : L'égalité par la dépravation universelle protégeant l'égalité par la ruine universelle. Fermez les écoles, rasez les églises, corrompez les hommes, peut-être alors parviendrez-vous à demeurer à peu près égaux dans le malheur, dans les ténèbres et dans la boue.

Pauvre égalité, que de crimes on commet en ton nom et quels étranges services on te rend ! Nous qui 'aimons, messieurs, faisons une guerre sans trêve aux nivellements hypocrites ou effrontés du socialisme.

Je n'ai pas à rechercher avec vous si la victoire passagère de cette tendance et la réalisation plus ou moins complète de ce système rentrent dans la catégorie des événements probables. Je n'ai garde de prédire ; j'affirme seulement qu'il est rare qu'une doctrine funeste disparaisse avant de s'être essayée à la pratique. Mais au lieu de calculer nos chances, j'ai mieux aimé rappeler nos devoirs.

C'est parce qu'il s'agit d'un mal sans remède que j'ai tenu à aller jusqu'au fond, à ne rien ménager et à tout supposer. Il est par trop commode pour certaines in-

famies de s'enfermer dans la région des idées, restant à
l'état de vague menace et attendant que leur heure ait
sonné. Il importe de les contraindre à descendre sur
terre et à prendre corps. Et cela, il faut s'en occuper
vite ; plus tard, ce serait peut-être trop tard.

Qu'avons-nous fait aujourd'hui ? Une besogne néga-
tive : nous avons combattu le faux progrès. Hélas ! c'est
la condition du progrès véritable de rencontrer sans
cesse le faux sur son chemin. La force que je dépense
pour résister à qui veut me ramener en arrière, j'aurais
pu l'employer à marcher en avant. Voilà des forces
perdues ; mais à qui la faute ? Nous n'avons pas le choix ;
Il y a des moments où ne pas reculer, c'est avancer, et
où garantir le présent, c'est préparer l'avenir.

CINQUIÈME DISCOURS

L'ÉGALITÉ PAR LA LIBERTÉ.

I

Je reçois, messieurs, des lettres qui semblent indiquer que quelques-uns d'entre vous sont affligés et même froissés par l'expression loyale de mes convictions. Je le regrette très-vivement, mais qu'y faire ? Il faut bien que je reste fidèle aux termes de notre contrat, que je maintienne votre droit et le mien. Le vôtre, c'est de ne pas me croire sur parole, de me discuter, de me condamner librement ; le mien, c'est de dire non moins librement ce que je crois vrai et de réfuter non moins librement ce que je crois faux.

J'espère n'avoir blessé, j'espère ne blesser à l'avenir aucune personne. Quant à ne blesser aucune doctrine et aucune tendance, que Dieu m'en garde ! Il n'y a que ce qui blesse qui fasse du bien. L'Évangile m'a blessé, le devoir m'a blessé ; j'ai toujours reconnu aux blessures qu'elle fait l'action régénératrice de la vérité. Pour ne déplaire à personne je ne connais qu'un moyen : ne croire à quoi que ce soit. Vous ne me le demanderiez pas, et je ne vous l'accorderais pas non plus.

Cela posé, je reprends le cours de notre étude. Un grave sujet réclame aujourd'hui notre attention, les rapports de l'égalité et de la liberté.

Il y a trois ans, devant un auditoire moins imposant mais non pas moins sympathique, je m'occupais de la liberté. Je n'ai pas oublié l'émotion que nous ressentions alors en constatant les besoins profonds auxquels elle répond, son accord avec les meilleures aspirations de l'âme aussi bien qu'avec l'Évangile. Nous étions heureux de découvrir que la liberté a en elle toutes les grandes solutions.

Le moment est venu de lui demander une de ces solutions. Pourquoi la liberté ne résoudrait-elle pas le problème de l'égalité? La liberté est une pierre de touche: s'il y a une égalité que la liberté consacre et une égalité que la liberté réprouve, nous saurons ce que cela signifie. Le contraste de l'égalité libérale et de l'égalité despotique nous rappellera celui de l'égalité qui élève et de l'égalité qui abaisse. Égalité d'un côté, nivellement de l'autre, voilà au fond la formule en face de laquelle nous nous retrouvons toujours.

A ceux qui me demanderaient pourquoi je cite l'égalité au tribunal de la liberté, je répondrais que la liberté est un juge; disons mieux, que la liberté est la justice. La société, fait divin, repose sur la liberté au même titre que sur la propriété et sur la famille. C'est de l'homme que procède la tyrannie, c'est de Dieu que vient la liberté. Aussi a-t-elle, je le répète, tous les caractères de la justice : il est juste que nos âmes soient libres ; il est juste

que chacun obéisse à sa conscience; il est juste que
chacun gouverne librement sa famille; il est juste
que chacun élève librement ses enfants; il est juste que
chacun s'occupe librement de ses intérêts; il est juste
que la liberté de l'individu ne soit pas absorbée par les
ingérences de l'État.

Je souligne ceci, parce que ceci est précisément le
point qu'on évite d'éclaircir. Le socialisme sent bien
que sa position n'est pas tenable en regard de la conscience, s'il ne réussit à séparer la liberté et la justice.
Non content de les séparer, il tente même de les opposer.
Sa thèse favorite, bien qu'il évite de l'exposer en
ces termes précis, c'est qu'il y a des libertés injustes;
que la libre concurrence, le libre travail, la libre convention du salaire, le libre crédit, la libre assistance,
sont autant d'iniquités sociales. La liberté politique,
qu'il se l'avoue ou non, n'est pas tenue par lui en
meilleure estime : il lui faut une tyrannie, tyrannie
des majorités, si c'est possible, tyrannie des minorités, si l'on ne peut faire autrement. En tous cas,
la souveraineté du but sanctifie tout, et les dictatures
provisoires ne préparent pas trop mal les servitudes
définitives. L'essentiel est que l'homme s'efface derrière
l'État; l'État maître de tout, se mêlant à tout, réglant
tout, voilà, nous l'avons déjà vu et nous allons le voir
mieux encore, la conclusion nécessaire du socialisme.
Il la proclame avec plus ou moins de clarté selon les
circonstances; toutefois il faudrait être naïf pour s'imaginer qu'en aucune circonstance il consente à conclure
différemment.

Notre plan est donc très-simple, messieurs. Nous pla-

çant d'abord en face des questions sociales, puis en face
des questions politiques, nous comparerons pour les unes
comme pour les autres la solution socialiste et la solution libérale. Nous chercherons ce qu'il faut penser de
ces libertés suspectes que l'État serait chargé de mori-
géner. La liberté est-elle la justice, ou l'État doit-il la corriger, la supprimer peut-être, au nom de la justice ? La
liberté peut-elle marcher seule, ou convient-il de la donner
à garder à l'État ? Examinons. Nous savons en tout cas
d'avance que l'égalité changera de nature, selon qu'elle
marchera avec la liberté ou qu'elle aura été façonnée
par les mains toutes-puissantes de l'État.

Je commencerai par les questions sociales. Le même
adversaire que nous avons combattu l'autre jour sur le
terrain de la propriété, nous allons le combattre encore
sur le terrain de la liberté, heureux de renouveler la
bataille au nom d'un principe qui n'a plus l'air de se
rattacher à un intérêt. La liberté nous ouvrira les larges
horizons : elle ne nie pas sans affirmer ; elle ne résiste
pas sans avancer ; elle n'écarte pas les mensonges sans
proclamer les vérités ; alliée naturelle de cet Évangile
qui ne se résigne jamais à la défensive, elle croirait mal
protéger ses frontières si elle n'allait en conquête et
n'entrait enseignes déployées chez l'ennemi.

II

Parmi les libertés je prends la plus décriée, la libre
concurrence. On ne cesse de nous la montrer écrasan
les faibles : plus nous sommes faibles, plus elle pèse

sur nous ; le pauvre, qui manque du pain de la journée, subit la loi de qui l'emploie ; la femme, qui ne saurait se défendre, est réduite à un salaire dérisoire.

Le mal se mêle à tout ici-bas, cela est certain, et nous savons pourquoi ; mais où est le remède ? L'État échapperait-il par miracle aux effets de la déchéance, et la justice reparaîtra-t-elle parmi les hommes lorsque la libre concurrence aura disparu ? Loin de là, les garanties providentielles de la justice auront alors disparu avec elle. C'est ce qu'il nous sera facile de démontrer.

Je commence par déclarer qu'il est une théorie de la libre concurrence contre laquelle je serais le premier à protester. La liberté telle que nous l'entendons n'est pas ce dogme impitoyable et aveugle qui, sous prétexte de logique, repousserait toute mesure législative destinée à faire cesser de scandaleux abus. Qu'il y ait des mesures de police à prendre et des actes de protection sociale à accomplir lorsque certains régimes manufacturiers sont à l'œuvre et lorsque certaines populations croupissent dans des logements insalubres, je me suis hâté de le reconnaître. Ces lois protectrices, égales pour tous, ne gênent en rien la libre concurrence. J'en dirai autant de la charité, qui est libre aussi, et qui a son rôle à remplir en présence des souffrances exceptionnelles et des catastrophes.

Ces réserves faites, je soutiens que la libre concurrence est chargée ici-bas de procurer la justice. Prenons l'exemple même qu'on nous oppose sans cesse, celui de l'ouvrier. Nul plus que lui n'a besoin d'être gardé par la libre concurrence, et cela en sa double qualité de producteur et de consommateur.

Comme producteur, il offre son travail. Si quelqu'un

a abusé momentanément de sa position pour lui faire accepter un trop faible salaire, la libre concurrence accourt à son aide et répare l'injustice. Le chef d'industrie qui veut se réserver une part exagérée dans les profits et réduire d'autant la part des travailleurs, a près de lui, ou dans la ville voisine, ou dans l'État voisin, il n'importe, des concurrents qui se contentent d'une part moindre et qui payent mieux. Force lui est de subir la loi commune ; il est aussi impossible aujourd'hui de faire durer des réductions abusives de salaires que de maintenir une portion de l'Océan au-dessous du niveau général.

En sa qualité de consommateur (c'est un point essentiel et qu'on a tort d'omettre), l'ouvrier n'est pas moins bien défendu par la liberté. Cette demi-livre de café qu'il achète chez l'épicier du coin, elle a été marchandée pour lui à l'autre bout du monde. Java en a-t-il demandé un centime de trop, aussitôt la libre concurrence s'est adressée au Brésil ou aux Antilles. Cette demi-livre de café n'a été transportée que par le navire dont le fret a été le plus modéré. L'épicier lui-même, s'il s'avisait d'augmenter le prix de son café pour accroître ses bénéfices, rencontrerait sur son chemin la libre concurrence et serait forcé de subir la loi de la justice.

Ainsi agit la liberté, sévère, intègre, incorruptible, ne favorisant personne, faisant le tour du monde pour protéger partout le droit, supprimant partout sur sa route l'exploitation de l'homme par l'homme. L'homme n'exploite l'homme que là où la liberté n'est pas. S'il y a des esclaves, des serfs, des classes privées des priviléges qui appartiennent à d'autres classes, s'il y a des populations écrasées par un régime manufacturier sans entrailles ou décimées par l'air de quartiers infâmes, nous ne sommes pas surpris de rencontrer là des victimes, car nous rencontrons là des êtres placés en dehors des conditions de la liberté. Avec la liberté, la justice règne, autant du moins que le comporte notre terre déchue.

Supposez maintenant, messieurs, que la libre concurrence ait été remplacée par la tutelle de l'État. Il est arrivé qu'au milieu des batailles de la vie, on a perdu courage ; on s'est tourné vers l'État ; on lui a crié : Viens à notre aide, charge-toi de nous, débarrasse-nous de notre liberté !

Que se passe-t-il alors ? M. Louis Blanc à bien voulu nous l'apprendre. — Oter la libre concurrence n'est pas chose toute simple : il s'agit de remplacer l'industrie privée par l'industrie publique ; il s'agit d'instituer l'État agriculteur et fabricant. Cela suppose l'État propriétaire; la propriété particulière a dû s'absorber dans la propriété nationale.

En dehors de cela, rien de sérieux ; l'État ne saurait se charger de tout sans posséder tout. M. Louis Blanc a raison, quiconque veut réellement que les répartitions de l'État remplacent la libre concurrence, doit avoir accepté à l'avance, sous peine de ne pas se comprendre lui-même, le dogme de la propriété collective.

Ce dogme aura-t-il plus que celui de la liberté le pouvoir de diminuer les souffrances et de faire prévaloir la justice ? Telle est la question.

Quant aux souffrances, je puis m'en référer à notre dernier entretien. Si la propriété privée s'en allait, le travail s'en irait aussi, et alors, quelles que fussent les exactions, quelles que fussent les tyrannies, eût-on dépouillé tous les riches, eût-on fait travailler tous les

pauvres à coups de fouet, on arriverait à d'inénarrables
misères:

Mais l'État socialiste établirait la justice ! — La justice
n'est pas précisément la vertu des gouvernements qui
naissent et se maintiennent par la lutte au sein des con-
vulsions sociales. Un gouvernement de parti n'est jamais
juste ; et que serait un gouvernement de classe ! L'État,
en pareil cas, est l'incarnation d'une de ces injustices collectives dont personne ne se sent responsable.

Je vais plus loin, au sein même de sa classe ou de
son parti, un gouvernement revêtu d'une telle omnipotence ne pratiquerait pas la justice. Il serait au service des meneurs, des gens qui lui assurent la majorité ;
il n'irait certes pas chercher dans leur obscurité ces
faibles qui, nous disait-on, avaient besoin de son patronage.

Le patronage des faibles par l'État socialiste est bien
la rêverie la plus folle qui ait traversé des cerveaux humains. Pour croire cela il faut ne connaître ni le cœur,
ni l'histoire. Les luttes des partis amènent d'autres préoccupations et enfantent d'autres nécessités. — Je suppose l'impossible, une victoire complète et incontestée du
socialisme, une acceptation paisible de la propriété collective, une abdication résignée de l'individu et de la
famille ; mieux encore, une conservation partielle du
travail et des ressources publiques ; l'Etat règle de son
autorité souveraine ce que chacun de nous doit faire et ce
que chacun de nous doit recevoir, il a mis sa main sur notre
vie, il a fait de nous des Indiens du Paraguay. Vous ima-
ginez-vous que ce régime de servitude sera un régime de
justice ? La libre concurrence ne connaît personne et ne
confère de secours à personne, l'État soutient ses amis

et accable ses adversaires. Par-dessus le marché, il dédaigne les faibles; né de la force, il ne respecte que la force. Plaignez les faibles, messieurs, si jamais la liberté, leur protectrice, était remplacée, ne fût-ce qu'un jour, par la tutelle de l'État.

Nous avons donc à choisir : ou la libre concurrence qui a ses douleurs mais qui maintient le travail et défend la justice, ou le socialisme qui tue le travail, appauvrit les citoyens en même temps que l'État, et remplace dans la répartition des produits la justice par l'arbitraire, telle est l'alternative.

Il ne manque pas de gens qui, tout en reconnaissant cela, voudraient bien découvrir un terme moyen entre la liberté et le despotisme. Ils ne rêvent pas l'État seul propriétaire et seul fabricant; non, toutefois ils rêvent l'État chargé de donner du travail à ceux qui n'en ont point.

Quoi de plus naturel, à première vue? Il semble que ce soit une prétention très-modeste; or, cette prétention modeste contient en elle le socialisme tout entier. Il faut être en dedans ou en dehors de la liberté; on ne peut s'établir pour ainsi dire à cheval sur le mur de séparation, une jambe deçà et une jambe delà.

Ceux qui s'établissent là ne tardent pas à tomber, et c'est toujours du côté de la servitude. Que signifie, au fond, ce droit si simple que l'on réclame, le droit au travail? Il signifie que l'État aura du travail à fournir et qu'il sera en mesure de le payer.

Comment faire travailler si l'on n'est pas entrepreneur, agriculteur, manufacturier? Voilà par conséquent une industrie de l'État et une agriculture de l'État. Terrible rivalité, confessons-le, pour l'industrie privée et l'agriculture privée ! Cette raison sociale qui signera *État et C*^{ie} sera de nature telle, que personne n'osera s'exposer à la concurrence. La bourse de l'État est grande, car il puise dans la vôtre et dans la mienne ; l'État peut produire à des conditions qui sont hors de la portée des simples citoyens. Il s'ensuit que, par cela seul qu'on aura chargé l'État de fournir du travail à ceux qui en réclament, on aura décrété, sans le vouloir peut-être, la cessation des travaux qu'alimente l'activité des particuliers. Le droit au travail c'est, en fin de compte, la suppression du travail.

Une iniquité colossale d'abord, une ruine colossale ensuite, voilà les progrès qu'il lui sera donné de réaliser. Les chômages partiels que la liberté ne saurait entièrement empêcher auront cédé la place au chômage en permanence.

Le refrain est monotone, messieurs, mais est-ce ma faute si le despotisme socialiste, qui a beaucoup de formules, a très-peu d'idées ? Nous sommes toujours en présence de la même erreur, et nous sommes forcés de lui opposer toujours la même réfutation.

Vous voyez d'ici, c'est une expérience faite, le fonctionnement des ateliers nationaux. Non-seulement on ne fera rien là, mais on ne fera rien nulle part. Dès l'instant où le travail est un droit, le travail cesse, car chacun sait que son existence est assurée et que l'État est chargé d'y pourvoir. Plus d'initiative, plus d'efforts ; chacun trouve commode de s'adresser au gouvernement, de consacrer son labeur aux entreprises du gouvernement. Ainsi le droit au travail devient le droit à la paresse, à moins que, pour couronner cette belle réforme, on n'introduise chez nous le travail forcé et qu'on ne transforme nos sociétés libres en sociétés esclaves où les citoyens s'acquitteront de leur tâche la chaîne au cou sous l'œil vigilant des argousins.

Ici on m'arrête ; on me déclare tout net que l'esclavage des travailleurs existe déjà et qu'il se nomme le salaire. Voilà, s'écrie-t-on, où aboutit votre liberté si vantée ; elle partage les hommes en deux classes, celle des patrons et celle des salariés !

Je me demande, en premier lieu, ce qu'il y a d'humiliant à être salarié. Si le salariat est un nouveau servage, plaignons les magistrats, car ils sont salariés ; plaignons les rois, car ils touchent une liste civile.

Il faut, messieurs, laisser de côté les gros mots destinés à envenimer les questions. Le fait du salaire est infiniment simple, et, ne craignons pas de le reconnaître, c'est un des chefs-d'œuvre de la liberté.

Quelle forme peut prendre la libre transaction entre celui qui possède le capital et celui qui apporte le travail ? Elle revêt deux formes principales : ou une participation aux bénéfices et aux pertes, ou une rétribution fixe qui réserve au capital les chances variables et assure à l'ouvrier la régularité du revenu.

Plus les sociétés avancent dans les voies de la civilisation, plus elles tendent à cette fixité de rétribution. Le sauvage, les économistes l'ont dit et je ne fais que le répéter, le sauvage prend son arc, va à la chasse, et si la chance tourne mal, il se couche sans dîner. L'homme civilisé s'arrange pour dîner tous les jours, même quand la chasse n'est pas heureuse.

Cet arrangement, c'est le salaire. Le fabricant sait

qu'il se présentera des chômages, qu'à certains jours il devra vendre à perte, qu'à d'autres moments il devra faire des avances considérables pour améliorer ou pour renouveler son matériel. Il sait aussi que l'ouvrier ne saurait ni attendre des jours meilleurs, ni supporter des pertes, ni avancer de l'argent. Voici donc le contrat qu'il lui propose et dont la liberté, je veux dire la libre concurrence de tous les fabricants et la libre concurrence de tous les ouvriers, se charge de reviser incessamment les conditions : l'ouvrier recevra chaque jour une somme fixe, sorte de moyenne entre ce qu'il gagnerait dans les temps prospères et ce qu'il perdrait dans les temps fâcheux.

Nous acceptons tous des abonnements de ce genre. Un contrat de ferme n'est qu'une moyenne entre les profits des bonnes années et les déceptions des mauvaises. Un contrat de rente n'est qu'une moyenne ; le rentier se contente d'un revenu médiocre et certain, le préférant aux gros intérêts accompagnés de chances de perte qu'il pourrait avoir en faisant valoir lui-même ses fonds.

Je ne connais pas de classe d'hommes à laquelle un tel arrangement à forfait convienne mieux que celle des ouvriers. Que deviendraient-ils si, pendant un mois seulement, ils devaient travailler pour rien, parce que la manufacture (cela arrive) travaille elle-même pour rien ? Que deviendraient-ils s'ils devaient travailler à perte ou faire de fortes avances ?

Rien n'empêche d'ailleurs que dans certains cas une participation aux bénéfices ne soit offerte aux ouvriers et acceptée par eux. Toutes les conventions sont légitimes, pourvu que ce soit la liberté qui les règle, la liberté et non l'État.

Les métayers et les vignerons préfèrent au salaire la participation aux produits, qu'ils soient forts, faibles ou nuls. C'est une association excellente, qui crée de précieuses relations entre le propriétaire et le travailleur. Ajoutons que la classe des métayers possède quelque chose, et peut ainsi supporter les mauvaises chances. Celle des vignerons est souvent dans le même cas, et quand il en est autrement, les années de grêle ou de gel lui imposent de telles souffrances, qu'elle ne parviendrait pas à s'en tirer sans les avances qui lui sont faites.

D'autres systèmes de participation, mieux appropriés à la situation du simple journalier, pourraient être mis en usage. On pourrait diminuer le salaire et ne pas le supprimer ; cette diminution serait compensée par un intérêt dans les bénéfices éventuels. On pourrait même ne rien retrancher au salaire et ajouter une participation aux produits nets. Quelques fabricants ont commencé à appliquer ce système et s'en sont bien trouvés. L'ouvrier, transformé en associé, prend à cœur le succès d'une entreprise qui est devenue un peu la sienne ; il travaille mieux, la production s'accroît, et la part qui lui est attribuée n'affaiblit en rien le revenu du chef d'industrie.

Je désire, messieurs, que cette solution du problème l'emporte de plus en plus. Elle constituerait un progrès réel, elle ouvrirait largement les portes entre le salariat et la participation, elle ferait entrer dans les voies pacifiques et sûres le mouvement ascensionnel des classes ouvrières, elle leur offrirait des chances qui leur ont manqué jusqu'ici, et ne leur enlèverait pas la sécurité indispensable du gain de chaque jour. Nous ne saurions trop applaudir aux arrangements qui, loin de mettre en antagonisme les intérêts des classes, établissent leur harmonie. Que les salariés deviennent en outre associés, nous ne saurions certes que nous en réjouir.

Tout en maintenant le mérite du salaire qui est une des conquêtes de la civilisation et que rien ne remplacera jamais entièrement, il faut comprendre que d'autres combinaisons sont possibles, souhaitables peut-être. Parce qu'une idée est nouvelle, nous la déclarons volontiers impraticable,

Prenant notre horizon pour les bornes du monde.

Notre horizon est étroit, les bornes du monde sont larges, grâce à Dieu. Je n'ai garde de fermer l'avenir et de dire aux ouvriers qu'aucun des changements auxquels ils aspirent ne devra se réaliser. La liberté a cela d'admirable, qu'elle sanctionne d'avance tout arrangement volontairement consenti de part et d'autre. Si les progrès de l'égalité se manifestent par l'abandon partiel du salaire et par l'application de plus en plus fréquente du système de la participation, tant mieux! Tant mieux encore, si quelques-uns des anciens salariés, ne s'arrêtant pas à moitié chemin, parviennent à fonder entre eux l'association complète! Que l'ancien ouvrier devienne parfois patron, qu'il supprime l'intermédiaire de l'entrepreneur et du capitaliste, la liberté assurément ne s'avisera pas d'y faire obstacle.

Elle fera obstacle aux projets favoris de la fausse égalité. Que penseriez-vous, messieurs, de règlements qui attribueraient la même rétribution au métier qui réclame l'intelligence et à celui qui ne réclame que la force musculaire, à celui qui exige un long apprentissage et à celui qui n'en exige aucun ?

Pour payer ainsi d'un prix semblable les habiles et les incapables, les laborieux et les fainéants, pour établir une égalité que les transactions libres ne sanctionneront jamais, il est nécessaire de s'appeler l'État. L'État seul, et l'État despote, réalisera (pour quelques jours) une funeste et immorale utopie. Disposant des choses et des gens, il peut fouler aux pieds le bon sens et le bon droit, jusqu'au moment où, réduits à la besace, ceux qui auront trop reçu un moment ne recevront plus rien, et où ils regretteront eux aussi ces choses gênantes mais salutaires, la justice et la liberté [1].

III

Justice et liberté, ces deux mots ne se séparent pas. La liberté garde la justice ; l'État despote pratique l'iniquité et ne peut pas pratiquer autre chose.

Nous le constaterons une fois de plus, si nous nous plaçons hardiment en face de la question brûlante du moment. Et pourquoi ne le ferions-nous pas ? Parce que les rues sont agitées, parce que le travail est suspendu, parce que les murs sont couverts d'affiches, parce que des assemblées nombreuses sont convoquées, parce que cette assemblée même à laquelle je m'adresse compte sans doute dans ses rangs beaucoup de personnes en-

---

1. C'est dans le but de niveler les ouvriers et d'égaler le salaire des mauvais à celui des bons, qu'on a imaginé de demander le payement à l'heure. Il remplacerait le prix des journées, variant selon le mérite ; surtout il exclurait le payement à la tâche ou à la pièce, qui est la bête noire des socialistes. Demandez aux ouvriers d'élite ce qu'ils pensent de ce progrès-là !

gagées dans le conflit des patrons et des ouvriers, se-rai-je forcé de retrancher une partie du sujet que je comptais traiter? Dois-je reculer, messieurs? Le voulez-vous? N'existe-t-il aucun moyen de débattre fermement les principes sans y mêler les personnes et les partis? Essayons.

Je commence par constater que le droit de coalition et le droit de grève ne sont contestés par personne. La coalition des patrons étant possible, celle des ouvriers doit l'être pareillement. L'égalité, la justice et la liberté tiennent ici le même langage; la liberté des coalitions et des grèves est contenue dans la liberté générale.

Mais si la grève use de contrainte, elle est réprouvée à la fois par l'égalité, par la justice et par la liberté. Que devient l'égalité, quand certains ouvriers sont assujettis aux décisions souveraines de certains autres? que devient la justice, quand les hommes qui voudraient travailler sont privés des moyens de gagner le pain de leurs familles? Que devient la liberté, quand chacun n'est plus le maître de décider lui-même ce qu'il fera, en matière de repos ou de travail?

La grève est légitime, pourvu que les adhésions se donnent et puissent être retirées avec la plus entière indépendance. Et ceci n'est pas inutile à dire, car la plupart des grèves ont précisément pour caractère de s'imposer bon gré mal gré et de subsister en dépit des récalcitrants. La tentation de contrainte est énorme ici, car la contrainte seule assure la généralité d'une grève, et une grève qui n'est pas générale manque son but.

Tant que le principe de liberté n'aura pas pris dans l'opinion, que dis-je? dans la conscience publique, la place qui lui appartient, les grèves, même alors qu'elles s'abstiendront de violences matérielles, exerceront de véritables violences morales. L'intimidation, qui n'a pas besoin de tuer ou de blesser pour être réelle, se fera toujours sentir.

Comment en serait-il autrement? La grève, telle qu'on l'a conçue jusqu'à présent, est une attaque directe à la liberté. Elle se propose en propres termes d'anéantir les effets de la concurrence, ce gardien providentiel de la justice. Il est clair que la concurrence n'existe plus, dès que chacun n'a plus le droit de *s'adresser à d'autres* pour offrir du travail ou en demander. Toute la concurrence est là; en dehors de cela, il n'y a que des monopoles créés par des menaces plus ou moins directes et par des interdits plus ou moins redoutés.

Vous le voyez, messieurs, je me défie infiniment des grèves, quoique je ne conteste point en soi le droit de coalition. Les ouvriers ne sauraient être privés de cette force, parfois nécessaire, que fournit la réclamation collective; on ne saurait les condamner au fractionnement, à l'isolement, c'est-à-dire à l'impuissance. La liberté générale des transactions veut que tous, ouvriers comme patrons, aient la faculté de réclamer, de protester, d'accepter, de refuser, que tous puissent suspendre et reprendre l'ouvrage. Mais la doctrine qu'il faut repousser et réprimer sévèrement, c'est celle qui prétend subordonner à l'intérêt vrai ou faux de la masse l'indépendance de l'individu.

Personne n'ignore jusqu'où une telle doctrine a conduit en Angleterre une partie des *Trades Unions*. A Leeds, à Birmingham, à Manchester, à Sheffield, à Sheffield surtout, tout un code pénal a été établi et appliqué contre les gens coupables de se croire libres. Les peines variaient entre l'amende, les coups, la destruction des outils, la mutilation et la mort. Les crimes des ouvriers que l'on châtiait ainsi 'étaient au nombre de quatre : refus de se joindre à l'Union et d'y souscrire, travail avec les non-unionistes, travail chez un maître ayant rejeté un règlement de l'Union, refus de se joindre à une grève décrétée par l'Union. Les crimes des patrons étaient pareillement au nombre de quatre : emploi d'ouvriers non-unionistes, emploi d'apprentis trop-nombreux, emploi de machines non autorisées par l'Union, refus de faire travailler aux conditions fixées par l'Union et clôture des ateliers.

On faisait sauter des maisons ; on assassinait sur commande et à prix débattu ; le terrorisme était tel, que nul à Sheffield, soit patron, soit ouvrier, n'osait dénoncer ces infamies, jusqu'au moment de l'enquête parlementaire. Alors, sur la promesse de l'impunité, les aveux arrivèrent ; ceux de Broadhead ne seront pas de longtemps oubliés, non plus que son calme parfait et sa paix de conscience. Il racontait comment il avait fait tuer celui-ci et mutiler celui-là, en homme qui a rempli son devoir envers les siens et qui sait que les siens lui conserveront leur estime.

Supposez maintenant, messieurs, que les Unions se relient entre elles et que partout le code pénal de Sheffield soit appliqué ; que partout, sans aller jusqu'à payer des assassins, on organise un système de querelles, d'insultes et de mauvais traitements dirigés contre les ouvriers qui prétendent rester libres dans un pays libre, la vie leur devient impossible, on peut dire que le servage a été rétabli chez nous en plein dix-neuvième siècle. Je vous prie de me dire quelle différence il y a entre un serf et un pauvre ouvrier qui demande en vain à ses camarades le droit de travailler pour sa femme et ses enfants mourants de faim.

Sheffield me rappelle la Sainte-Wehme et ses francs-juges, qui au moyen âge recevaient des dénonciations secrètes, formulaient des condamnations secrètes, avaient partout leurs exécuteurs secrets. Décidément le Conseil des Dix est une institution libérale, en comparaison du conseil présidé par Broadhead. Parmi les opprimés de la terre je ne vois rien de plus misérable que ces excommuniés d'une nouvelle espèce, ces proscrits auxquels on interdit la terre et l'eau, et qui même n'auront pas longtemps, si l'on n'y prend garde, la ressource extrême de s'expatrier, car le réseau des Unions coalisées peut emmaillotter quelque jour le globe entier dans un incomparable despotisme.

S'il faut appartenir aux Unions, obéir aux Unions, abandonner le travail au premier signe des Unions, ne parlons plus ni de liberté, ni d'égalité. Voyez, messieurs, comme la liberté, l'égalité et par-dessus le marché la justice, se tiennent ici-bas. Pour que l'égalité ne devienne pas un vain mot, il importe de pratiquer la liberté du travail. Sans cette liberté, point de justice. Or on n'est pas libre quand on ne peut pas travailler comme on veut, travailler où l'on veut, travailler avec qui l'on veut. De toutes les libertés, celle du travail est peut-être la plus menacée aujourd'hui. Si la société permettait sa suppression, nous verrions apparaître au milieu de nous une inégalité qui rappellerait celle des temps antiques, l'esclavage des blancs serait rétabli [1].

---

[1]. Les lois sur les associations d'ouvriers ou de patrons, sur les coalitions et sur les grèves, sont évidemment à refaire.

Il ne le sera pas ; on formera, au besoin, des Unions de non-unionistes, ayant pour but de maintenir la liberté de leur travail, de la protéger efficacement, de combattre la force par la force, ou plutôt la force par la loi. Elles feront appel à l'opinion ; elles écriront en toutes lettres dans leurs règlements le respect de l'indépendance individuelle et la rupture avec toute association qui n'accepterait pas le même principe fondamental. — Lorsque les travailleurs prendront une telle initiative (et ils la prendront), ils conquerront des milliers d'amis, et ils assureront le succès de cet avénement des classes ouvrières qui doit être le grand fait social de notre temps. En rendant à la paix publique et à la liberté un immense service, ils auront préservé d'un désastre non moins immense la cause de l'égalité [1].

Qu'elles proclament en termes formels le droit que les hommes possèdent de s'associer, de se coaliser et de faire grève, nous en sommes d'accord ; mais qu'elles déclarent aussi que les associations qui auront décrété une coalition ou une grève, sans interdire en même temps les atteintes portées à la liberté du travail et sans reconnaître le droit pour tous (y compris leurs membres) de se retirer et de ne pas prendre part au mouvement, sera supprimée de plein droit, avec toutes ses ramifications, indépendamment des poursuites légales qui seront dirigées contre quiconque aura ordonné, provoqué ou pratiqué un acte d'intimidation. — Les sociétés de secours mutuels qui prévoient les chômages, les coalitions de patrons aussi, peuvent porter atteinte à la liberté du travail et à l'égalité des citoyens. *Caveant consules !*

1. Les ouvriers des charbonnages et hauts fourneaux de Staveley, dans le Derbyshire, ont formé et maintenu leur Union libérale contre les Unions tyranniques. Ils ont résisté à la dictature et l'ont mise en fuite. Et voilà une industrie prospère ; et voilà des gens libres. — Les grèves appuyées sur la contrainte ont pendant ce temps ruiné d'autres industries, ruiné les ouvriers encore plus que les maîtres, et amené des reprises de travail *avec des sa-*

Les industries sont faciles à désorganiser et difficiles à relever. Les conséquences d'une grève rendue générale par l'intimidation se font sentir pendant des années. L'industrie anglaise souffre encore à l'heure qu'il est de l'agitation entretenue dans son sein par certaines associations.

On est parti de cette idée, la plus fausse qui soit au monde, que les patrons haussent ou baissent le salaire à leur gré. — Eh! non, le taux des salaires ne dépend pas des patrons ; il dépend de la liberté. Elle règle cela en souveraine, et voici comment :

Il ne suffit pas de fabriquer, il faut vendre et vendre au prix que consent à payer l'acheteur, c'est-à-dire au prix général du marché. Si un patron, volontairement ou par suite de la contrainte, hausse outre mesure les salaires, il produit plus chèrement et se trouve forcé de vendre plus chèrement aussi ; dès lors il vend moins, il ne vend plus, et il est obligé d'abaisser le prix des journées. Si au contraire un patron s'avise d'abaisser indûment les salaires, il en est puni par la désertion de ses ouvriers, qui vont chercher ailleurs de meilleures conditions ; dès lors, l'offre du travail excédant la demande, on ne peut pas éviter d'élever sa rétribution.

Rappelez-vous le mot de Cobden : « Le salaire monte quand deux patrons courent après un ouvrier ; le salaire baisse quand deux ouvriers courent après un patron. » Telle est la loi suprême ; la liberté établit un niveau dont personne ne s'écarte ni longtemps ni beaucoup. — On s'en prend aux patrons comme s'ils fixaient les

laires *plus faibles qu'auparavant.* C'est tout simple : les commandes s'étaient éloignées, et la rétribution du travail s'était affaiblie dans la même proportion que le travail.

salaires! On leur crie : Haussez le prix des journées Mais peuvent-ils hausser les prix de vente? Tout est là, messieurs, et les limites en dedans desquelles se meuvent les concessions praticables sont extrèmement étroites. Pour peu que les concessions, peut-être arrachées, excèdent cette faible mesure, elles disparaissent au bout de peu de temps, ou elles amènent la ruine de l'industrie et la cessation du travail. Les grèves peuvent imposer quelquefois des prix supérieurs à ceux que les libres effets de l'offre et de la demande ont réglés ; elles ne parviendront jamais à les maintenir. Si certains budgets ouvriers sont insuffisants, et comment le nier ? on ne remédiera pas au mal en arrachant à l'industrie une augmentation des salaires, car bientôt après le budget ouvrier sera réduit à la moitié, au tiers, ou, qui sait? à zéro.

Les grèves violentes sont jugées; partout où elles ont appliqué leurs procédés d'intimidation, elles ont ruiné maîtres et ouvriers, amené le déplacement souvent durable des débouchés et diminué les salaires. Le refus du travail est légitime; le refus concerté est légitime, pourvu que personne ne soit contraint. La coalition des travailleurs peut être le cas échéant le seul moyen de combattre la coalition des patrons et de rétablir la liberté; mais si on lui demande autre chose, si on se coalise contre la liberté et non pour la liberté, le châtiment ne se fait pas attendre. Subir la tyrannie pour l'infliger, cela peut plaire à quelques âmes aigries et médiocrement fières ; j'espère, dans l'intérêt de l'égalité, que nous poursuivrons son triomphe dans un esprit plus digne d'elle.

Je n'en ai pas fini avec les rêveries malsaines qui

hantent aujourd'hui beaucoup d'imaginations. Cette grosse bourse inépuisable de l'État qui doit suffire, vous vous en souvenez, pour donner du travail à tous, pour assurer un salaire élevé, parfois un salaire égal, à tous, doit suffire pareillement pour fournir l'assistance à ceux qui sont hors d'état de travailler. Si le travail est un droit, l'assistance est un droit aussi, bien entendu. C'est ainsi qu'on l'entend, et désormais, débarrassés de la charité qui force à dire quelquefois merci, les indigents recevront des secours légaux dont ils n'auront à remercier qui que ce soit.

Voilà qui est à merveille. L'État étant le tuteur, le patron universel, il est naturel qu'il remplisse jusqu'au bout son office. — Je n'invente pas, messieurs. Non-seulement le droit à l'assistance figurait auprès du droit au travail sur le programme de Robespierre, mais des hommes très-honorables dont le seul tort était de s'abandonner aux tendances socialistes, M. Louis Blanc, par exemple, ont soutenu la même thèse. — Cela semble si simple : la charité est bonne ; rendons-la obligatoire ! Les ressources de la bienfaisance privée s'épuisent ; substituons-leur les ressources de la bienfaisance publique, lesquelles ne s'épuisent pas !

Elles s'épuisent, et très-vite, et avant même de s'être épuisées, elles créent une fainéantise sans limites comme sans remède. Cela se comprend de reste ; l'assistance étant un droit, il en naît une sécurité. A quoi bon travailler ? Je n'ai plus rien à craindre ; lorsque je serai devenu misérable, l'État *devra* me soutenir !

Où on en vient quand on a créé de ses mains une nation de fainéants et de mendiants, je n'ai pas à le dire. La fausse égalité a accompli son œuvre ; et selon sa

constante méthode, elle a nivelé les hommes en les
abaissant.

Le socialisme n'en fait pas d'autres. Après avoir maudit l'infâme concurrence libre, l'infâme travail libre,
l'infâme charité libre, il maudira l'infâme capital libre.
Et ce qu'il y a de curieux, c'est que, chaque fois, en faisant œuvre de despotisme, il se donne des airs de
libérateur. Ne vient-il pas affranchir les infortunés sur
lesquels pèse la tyrannie du capital ?

Cette tyrannie existe quelquefois, et j'ai montré par
quelles mesures de législation et de surveillance on
devait la combattre. J'ajoute que l'opinion publique a
une grande puissance contre de tels abus de la force.
Croyons aux idées, messieurs ; croyons à la liberté et
au droit ; prenons en main, sans nous laisser devancer
par personne, la cause des opprimés ; ne nous lassons
pas de signaler les iniquités d'ici-bas, à commencer par
celles de l'argent. Cela vaudra mieux que de recourir
une fois de plus au remède universel, à l'État providence, à l'État capitaliste.

Et n'oublions pas en même temps que, si l'exploitation de l'homme par l'homme est parfois réelle,
le capital dont on mésuse ainsi n'en est pas moins
un des agents les plus indispensables de la prospérité
et du progrès. Qu'est-il cet infâme capital ? Du travail
accumulé, de la force accumulée, quelque chose
comme la vapeur accumulée dans la chaudière, vapeur
qui peut causer des accidents, mais sans laquelle vous
n'auriez pas le mouvement de la machine et l'activité
de la manufacture tout entière.

« Plus les capitaux abondent, plus l'intérêt baisse. »

Bastiat soutenait que cette courte phrase en disait long sur l'infâme capital. C'est lui aussi qui l'a constaté, le capital n'a jamais cessé de travailler à affranchir les hommes ; il accomplit à travers les siècles une œuvre vraiment merveilleuse de liberté et de bonne égalité. Le capital a fait la culture des champs ; il a fait l'industrie ; il a fait le commerce ; il a fait les transports ; il a fait les écoles. Sans le capital, je mettrais une année peut-être à transporter un quintal de Genève à Paris, tandis que je le transporte moyennant cinq francs, moins que le prix de deux journées de travail. Sans le capital, combien de journées de travail faudrait-il pour se procurer une paire de bas ? Grâce au capital, le coton a été cultivé en Amérique ; grâce au capital, le coton a été embarqué sur des vaisseaux ; grâce au capital, le coton a été filé dans des fabriques ; grâce au capital, les bas ont été confectionnés ; grâce au capital, des magasins se sont ouverts ; et le produit de tant d'efforts du capital, je puis, par l'effet d'une autre loi de liberté, la concurrence, l'obtenir au prix de quelques sous.

Que le capital soit égoïste, je n'en disconviens pas ; je soutiens ici ses services et non ses vertus. Ou plutôt, je soutiens toujours la même cause, celle de la liberté. Respectez la liberté du capital et la liberté du travail ; sinon elles se vengeront l'une et l'autre. Où le travail cesse faute d'être libre, nous savons quelles détresses surviennent ; où le capital s'enfouit faute d'être libre, des détresses non moins grandes ne se font pas attendre.

Une observation encore : lorsque je prononce ce mot, capital, je ne pense pas plus aux gros capitaux qu'aux petits. Les petits ruisseaux font les grosses rivières ; de très-faibles sommes associées peuvent produire une somme énorme et très-suffisante pour alimenter telle ou telle industrie. Nous vivons à une époque où les centimes font souvent la loi aux millions. Qu'on se passe des millionnaires, je ne demande pas mieux ; que les fortunes tendent à s'égaliser davantage dans l'avenir, j'en serai ravi pour mon compte ; seulement ne déclarons pas la guerre à la liberté du capital.

Il était d'autant plus nécessaire de protester contre ce mot d'ordre, que, sous prétexte d'anathématiser le capital, on nous insinue tout doucement la doctrine de la gratuité du crédit. Proudhon l'a soutenue. M. Louis Blanc réservait à l'État le monopole du crédit : il nous promettait un État banquier, un État commanditant les pauvres.

A côté d'un banquier qui prête pour rien il n'y aura guère de place, je suppose, pour les gens qui prétendent tirer quelque profit de leur argent. Et c'est bien là ce qu'on se propose ; il s'agit bien d'abolir graduellement, sinon du premier coup, la rente, l'intérêt, le fermage et le loyer.

C'est insensé ! Je ne l'ignore pas. Cela ne saurait réussir ! D'accord. Je constate toutefois que la seule menace de semblables essais paralyse une société tout entière. Bâtir une maison que je ne pourrai louer, mettre en état un domaine que je ne pourrai affermer, amasser des économies dont je ne pourrai tirer un revenu : à d'autres ! Je dis mieux, travailler sous une forme quelconque lorsque les produits du travail sous toutes leurs formes sont signalés comme suspects et exposés aux concurrences de l'État, nul ne sera assez naïf pour y songer. Encore une théorie socialiste qui, après avoir méconnu la liberté et la justice, tombe dans l'abîme où ces théories s'engouffrent successivement, l'abîme de l'égalité par la ruine, par la paresse et par la dégradation.

IV

Ne le trouvez-vous pas, messieurs ? s'il était nécessaire de commencer l'autre jour par examiner le socialisme communiste en lui-même, dans sa brutalité première, et de le juger comme système direct ou indirect de partage, il n'était pas inutile de l'examiner aujourd'hui à la lumière de la liberté. Nous avions besoin d'apprendre que la propriété et la liberté sont deux enfants de la même mère, la justice. Il nous importait de constater qu'entre l'égalité que nous cherchons et le nivellement que nous détestons, il n'y a rien, absolument rien, si ce n'est la violation du droit. La propriété nous avait dit cela ; la liberté vient de nous le redire.

J'étouffe dans ce hideux mécanisme social, dont M. Louis Blanc nous donnait en 1848 la description presque officielle, et qui est encore, nous l'entendons chaque jour de nos oreilles, l'idéal poursuivi par tant de gens. Il faut que je sorte de là et que je respire l'air libre. Otez-moi cette solidarité nationale, ce droit au travail, cette égalité des salaires, cette tyrannie centralisée d'un directoire ouvrier, cette contrainte exercée sur les travailleurs, ce droit à l'assistance, cette guerre au capital, cette gratuité du crédit, cet État agriculteur, industriel et banquier, cet éternel État, qui prend la place de

14.

l'homme, qui se charge de nous, qui nous dispense de l'effort, de la prévoyance et du travail, qui nous dispense d'avoir une âme. Ôtez de devant mes yeux l'image de cette immense propriété de main morte, plus fatale que celle du moyen âge, qui aspire à s'étendre sur l'Europe, supprimant partout le mouvement et la vie, supprimant l'homme, je répète le mot, parce que je n'en trouve pas d'autre [1].

L'État antique possédait une compétence effrayante que l'Évangile seul a été capable de limiter ; mais l'État socialiste, si jamais il parvenait à se réaliser tant soit peu quelque part, dépasserait de partout les dimensions du monstre païen. Que pourraient être l'individu, la famille et la conscience, en présence de cette puissance formidable chargée de tout et maîtresse de tout? Quand on veut jouer le rôle de providence, ce n'est point trop d'absorber en soi les activités, les responsabilités, les libertés et les fortunes. L'absolutisme est ici de nécessité évidente ; en vertu de la force des choses, quiconque entreprend de diriger notre existence et d'assurer à chacun de nous sa ration, est condamné à être notre tyran. Il faut alors arriver à l'atroce, sous peine de tomber dans le ridicule; il faut devenir cruel, sous peine de rester impuissant. Comment, je le demande, lorsque le travail s'en va, lorsque le capital se cache, lorsque les coffres se vident, lorsque les besoins grandissent, lorsque la rue murmure, lorsque les mauvais vouloirs et les mauvais

---

1. N'oublions pas les hommes éminents qui, le lendemain de la révolution de 1848 et en face de l'enseignement du Luxembourg, ont tenu ferme le drapeau de la justice, de la propriété et de la liberté, M. Thiers, M. Léonce de Lavergne, M. Forcade, et avant tuo Ms. Bastiat.

soupçons sont aux prises, lorsque le grondement des haines sociales se fait entendre, comment ne pas aboutir à l'atroce, fût-on d'ailleurs animé au début des intentions les plus pacifiques et les meilleures ? C'est le châtiment des systèmes contre nature de mettre à la torture la nature humaine, et d'essayer de tout, même du crime, avant de périr au bruit des malédictions.

Mais contre le socialisme la liberté se lèvera, et c'est quelque chose que la liberté. Appuyée sur la conscience et sur la famille, forte de l'indestructible instinct qui proteste en nous contre les casernements socialistes, elle résistera à l'ignoble tyrannie dont le résultat final serait de faire de nous, le mot est de Proudhon, « des huîtres attachées côte à côte, sans activité ni sentiment, sur le roc de la fraternité. »

A ces théories dont l'ambition, peu justifiée d'ailleurs, est de remplacer notre vie morale et nos libertés par une table bien servie où nous pourrons nous repaître, la liberté opposera, d'abord des tables mieux servies, ensuite et surtout de plus généreuses aspirations. Elle nous rappellera que nous avons une âme, que des devoirs nous attendent, que les vies d'indépendance et de devoir ont seules du prix ici-bas. Sur le terrain même des intérêts, elle bâtira plus d'un rempart que la servitude socialiste aura peine à renverser. Grâce à la liberté, grâce à la vraie égalité qui marche avec elle, la petite propriété sera née ; or la petite propriété, pas plus que la grande, ne se soucie des nivellements.

En dehors de la liberté, messieurs, il ne reste que la contrainte, et en dehors de l'individu il ne reste que l'État. Il n'y a pas à s'y méprendre ; quels que soient les mots, les choses sont ainsi. Quiconque veut réaliser la solidarité des hommes autrement que par le libre travail et la libre charité, recourra nécessairement à la servitude. La liberté est une digue dont la moindre fissure laisserait passer le fleuve entier du socialisme. Dès que nous chargeons la loi de supprimer les inégalités choquantes, ou de régler convenablement le budget ouvrier, ou d'assurer à tous des secours et du travail, nous acceptons le système qui prétend organiser la félicité universelle et qui refait la société.

On sait ce que valent ces sociétés refaites et ces félicités organisées. Le fruit vaut l'arbre, et les conséquences du despotisme sont dignes de lui.

V

Le socialisme, messieurs, ne s'arrête pas aux frontères de la question sociale, il envahit les terres de la politique. Aurons-nous en politique la vraie égalité? Aurons-nous la fausse ? Ce sera l'une des deux, à coup sûr, car le seul régime qui soit possible aujourd'hui est celui qui repose d'aplomb sur l'égalité, et, tranchons le mot, sur la démocratie. Qu'on aime la démocratie ou qu'on ne l'aime pas, qu'on la croie favorable en soi ou contraire au déploiement de la liberté, il n'importe, le fait est acquis, la démocratie a ville gagnée, comploter désormais son renversement ce serait rêver les yeux ouverts. Après ce qui vient de se passer dans cette Angleterre qui était le dernier asile d'une très-noble et très-forte liberté, la liberté aristocratique, il n'est plus permis aux gens qui réfléchissent de supposer que l'inégalité politique subsistera ou renaîtra quelque part. Nous sommes, nous serons, nous resterons un siècle de démocratie.

Serons-nous aussi un siècle de liberté? Voilà ce qui est bien loin d'être décidé encore, et voilà ce qui fait l'intérêt suprême de la question que je vais examiner dans la seconde partie de notre entretien : quels sont les moyens de faire vivre ensemble la démocratie et la liberté?

Il y a une démocratie despotique et socialiste, cela n'est pas douteux, mais il y a aussi une démocratie libérale ; le problème n'est donc pas insoluble. Et comment pourrais-je le croire tel, moi qui ai le privilége de parler dans un pays où il a été résolu? La Suisse en général, Genève en particulier, sont parvenues à être en même temps fort démocratiques et fort libres. Une conciliation semblable a été accomplie, de l'autre côté de l'Atlantique, par la grande république américaine. « L'Angleterre, écrivait un de nos démocrates libéraux les plus éminents, M. Laboulaye, l'Angleterre a la liberté sans l'égalité ; la France a l'égalité sans la liberté ; l'Amérique a l'égalité et la liberté. »

L'égalité et la liberté : telle est la formule du progrès politique que notre temps est appelé à réaliser. Cela n'est pas facile. La fausse égalité a des séductions auxquelles il est rare qu'on ne cède pas. Pour maintenir ainsi dans une union magnifique la liberté et l'égalité, il faut, permettez-moi de le dire en empiétant un peu sur le sujet du prochain discours, ressentir les influences libératrices de l'Évangile. Les pays où ces influences s'exercent avec puissance sont les seuls, en somme, qui aient pu être démocrates sans que la liberté en ait souffert.

Vous voyez, messieurs, quel aspect nouveau présente à nos regards l'étude féconde que nous avons entreprise, et combien il importe de considérer l'égalité de très-près. Égalité, c'est bientôt dit ! Reste à savoir s'il s'agit de l'égalité des hommes libres, de celle qui ne coûte rien ni à la conscience, ni à la famille, ni à la dignité, ni au progrès, ni à l'indépendance morale, ni à l'indépendance politique.

Il en est une autre. Nous avons toute une école qui nous recommande l'égalité, non comme la compagne, mais comme la remplaçante de la liberté. L'égalité qui tient lieu de la liberté compte bien plus de partisans qu'on ne le croit. — Nous sommes libres, car nous votons ! Nous sommes libres, car le suffrage universel est établi ! Nous sommes libres, car la souveraineté nationale se fait obéir ! Nous sommes libres, car, si nous avons le despotisme, c'est que nous l'avons voulu !

Vous connaissez ce langage ; vous savez à quel point il est aisé de construire une démocratie absolutiste, un État monstrueux, un pouvoir central immense, au sein duquel viennent s'engloutir une à une toutes les libertés de l'individu. Non certes, l'égalité ne suffit pas à la liberté. Non certes, l'égalité dans la servitude n'est pas la liberté. Je crains les démocraties qui écrasent l'homme. Les rouleaux niveleurs, ne l'oublions pas, sont toujours des niveaux compresseurs.

Démocratie, égalité, je ne refuse rien, vous m'en êtes témoins : seulement je tiens, en ma qualité de libéral, à ce que la liberté ne soit pas le despotisme. Expliquons-nous clairement et jouons cartes sur table.

Les craintes que m'inspire la démocratie sont très-vives, j'en conviens. Son dossier n'est pas bon. Je ne vois pas qu'elle ait été favorable jusqu'ici soit à la liberté politique, soit à la liberté morale. L'indépendance des caractères me semble s'en accommoder assez mal. Enfin, pourquoi ne ferais-je pas ma confession jusqu'au bout ? je doute que le suffrage universel soit ce qu'on peut inventer de mieux pour assurer le libre progrès de toutes les nations. Je me défie de ces procédés applicables à tous, de ces selles à tous chevaux, de ces organisations soi-disant logiques, qu'on expédierait volontiers à Tombouctou et à Pékin, et qui sont censées devoir amener des résultats merveilleux à Constantinople comme à New-York.

Eh bien, je ne m'y fierais pas. Je me souviens des aristocraties libérales qui n'ont pas joué un trop mauvais rôle dans l'histoire, et je crains que le suffrage universel appliqué d'une certaine façon ne constitue l'un des procédés les plus commodes pour verser de la démocratie dans la tyrannie.

Et d'abord, qu'est-ce que le suffrage universel ? Si voter est un droit et non une fonction, si ce droit appartient à toute creature humaine, il ne nous est permis ni d'exclure les femmes, ni de fixer la limite d'âge au-dessous de laquelle les enfants seront dépouillés *de leur droit.*

Nous nous trompons, et très-fort, quand nous supposons que les démocrates sont unanimes à vouloir le suffrage universel et sans condition. Ceux des démocrates américains qui exigent que tout votant sache lire et

écrire, ne sont pas accusés d'être infidèles à leur principe. M. Stuart Mill demande la même chose en Angleterre; bien plus, il propose le vote cumulatif en faveur
des membres des corps savants et de quiconque pourra
démontrer par des examens qu'il possède une instruction supérieure.

Sans aller aussi loin (de telles audaces ne nous sont
point permises), je n'hésite pas à penser avec M. Stuart
Mill que l'instruction élémentaire tout au moins est une
condition qu'il faut imposer à l'exercice du droit de suffrage, et que sans cela la souveraineté du nombre ne se-
ait plus que la souveraineté de la force. La démocratie
sera-t-elle organisée numériquement ou dynamiquement?
Question grave, messieurs, et dont la solution contient
peut-être notre avenir. L'organisation dynamique peut
tenir compte de la fortune, des services rendus, de l'âge;
elle peut remettre le suffrage universel aux mains de l'universalité des chefs de famille; elle peut proportionner le
nombre des voix dont chacun dispose au nombre des
personnes dont il se trouve ainsi le représentant; enfin,
elle peut se contenter d'exiger que les votants sachent
lire et écrire. On peut exiger plus, mais il importe
d'exiger cela.

Si nous n'avons que la démocratie numérique, si notre
suffrage universel ne tient compte ni des lumières ni
des intérêts, s'il agit à la française, d'après des règles
purement mathématiques, si l'uniformité logique absorbe
les diversités, la liberté courra des périls. Le nombre,
lorsqu'il est seul, facilite le triomphe exclusif de la classe
la plus nombreuse, la fondation d'un gouvernement de
classe, c'est-à-dire d'une tyrannie.

Le suffrage universel n'a pas tellement fait ses preuves

de sagesse et de vertu, qu'on soit autorisé à négliger les précautions en ce qui le concerne. Ses complaisances sont jusqu'à présent plus célèbres que ses indépendances. D'habitude, il ratifie tout, il consacre tout; c'est à l'unanimité, ou peu s'en faut, qu'il acclame les faits accomplis, révolutions ou annexions. Mettra-t-il le même ensemble dans ses résistances, quand elles se manifesteront? S'assouplira-t-il aux mouvements réguliers et aux variations pacifiques de la vie nationale, ou chacun de ses accès de mauvaise humeur sera-t-il un tremblement de terre renversant de fond en comble l'édifice politique? Nul ne saurait le dire encore, car notre expérience européenne ne fait que commencer.

Je tiens pour certain, en tous cas, qu'il faut songer à l'améliorer, non à le supprimer ; on ne reviendra pas plus sur le suffrage universel que sur la démocratie, dont à tort ou à raison il est devenu le symbole. Par bonheur, il peut être modifié, et l'universalité du suffrage, nous l'avons vu, n'exclut pas les conditions d'un caractère pareillement universel.

Peut-être au reste donnons nous de part et d'autre aux questions de suffrage une importance exagérée. Ce qui importe, au point de vue de l'égalité des citoyens, ce n'est pas que tous votent, c'est que tous contribuent à former l'opinion par la presse, par la liberté, par la vie publique enfin. Ce qui importe au point de vue conservateur, c'est que les influences légitimes s'exercent; l'égalité de suffrage, si la liberté est là, ne signifiera jamais l'égalité d'influence; chaque supériorité réelle agira, dans la mesure de ce qu'elle est; certains hommes voteront par le fait, non pas une fois mais cent fois, mais mille fois.

Je me suis demandé souvent s'il n'en serait pas des législations électorales comme des constitutions. Nous dépendons moins de nos lois que de la manière de nous en servir. Avec des lois d'élection très-différentes de ce qu'elles ont été, la marche des choses chez nous aurait-elle été considérablement modifiée?

Somme toute, la démocratie, qui est notre régime définitif et dont il faut prendre notre parti, n'a qu'un correctif possible, la liberté. Mettez à côté de l'égalité politique l'indépendance personnelle, les consciences libres, les opinions libres, l'instruction libre, le travail libre, vous aurez une garantie. Mais la démocratie séparée de la liberté, celle qui nous ferait payer en servitude les avantages du suffrage universel et inconditionnel, celle qui absorberait l'individu sous prétexte que l'indépendance individuelle est sans valeur lorsque tout le monde a le bonheur de voter, cette démocratie-là est la menace qui pèse sur notre avenir.

Quelle menace, messieurs! Le monde, qui a connu bien des despotismes, n'en a jamais vu de pareil à celui-là. Si la démocratie est un blanc-seing remis aux majorités, si elle nie le droit individuel et la conscience individuelle, si elle consacre la tyrannie du nombre, si elle nous refait l'État païen, si elle nous construit l'État socialiste, alors tout ce qui est en moi se révolte, et, au nom de la liberté, je refuse d'adorer cette affreuse idole. Suivez-moi, je vous en prie, dans la revue non moins triste qu'instructive des prétentions, c'est trop peu dire, des dogmes, que formule la démocratie niveleuse et libérale.

L'omnipotence est le premier de ses dogmes. Où poser

des limites ? La souveraineté du peuple ne s'étend-elle pas à tout, même à l'éducation et aux croyances ? Étudiez avec soin le *Contrat social*, écoutez nos réformateurs contemporains, et dites-moi comment on peut s'y prendre pour soustraire quoi que ce soit à l'absolutisme des majorités.

Et ce qu'il y a de pis, c'est que cet absolutisme s'appellera liberté, il s'appellera justice. Oui, les iniquités les plus odieuses revêtiront la forme auguste du droit et s'envelopperont dans leur légitimité. De quoi vous plaignez-vous ? N'a-t-on pas mis la chose aux voix ! La souveraineté du peuple, n'est-ce pas l'infaillibilité en personne ?

L'infaillibilité est le second dogme. Mesurez, messieurs, les dimensions de ce despotisme nouveau, le despotisme infaillible. De tout temps les despotismes ont essayé de se faire tels ; ils y réussissaient mal jusqu'ici ; mais grâce à la fausse égalité, ils atteindront maintenant le but. Ne leur dites pas qu'ils ont tort, ils vous montreraient le chiffre d'un scrutin. Ne leur dites pas qu'ils ont opprimé la liberté, ils vous prouveraient que le peuple l'a voulu.

Décidément, les infaillibilités ne nous vont pas. Tout pouvoir infaillible est en voie de faillir beaucoup ; les exemples fameux abondent, et la démocratie infaillible, si jamais pour notre malheur elle est à l'œuvre, grossira sûrement la liste. Je la vois d'ici : elle réside dans la région où le blâme ne pénètre pas ; elle a le nombre pour écraser le droit, la forme pour légitimer le fond. *La forme !* disait Brid'oison.

Les Brid'oisons de la démocratie despotique ne dédaignent pas de répéter son mot célèbre, *la forme !* La forme y est, la majorité a rendu son oracle ; or la majorité est le droit, la démocratie est la liberté. *La forme !*

Remarquez, en troisième lieu, que ce tyran formaliste est inaccessible aux remords. Le remords est une infirmité qui peut tourmenter par moments le tyran individuel, mais qui laisse en parfait repos le tyran collectif. Qu'est-ce qu'une conscience collective? Qu'est-ce qu'une responsabilité collective? Les injustices, quand on les partage en tant de morceaux, ne pèsent à proprement parler sur personne. Le peuple a décidé ; que suis-je moi? Un dix-millionième peut-être du souverain. Tout au plus éprouverai-je un dix-millionième de remords. Ainsi la fausse égalité débarrasse la tyrannie des dernières gênes qui l'arrêtaient parfois ; elle invente à son profit, mais non point certes au nôtre, les lâche'és et les iniquités anonymes.

Le despote démocratique sera d'autant plus content de lui, qu'il sera incessamment entouré d'une cour occupée à l'applaudir. Comme sa force est irrésistible, on est tenté de ne pas résister. A quoi bon combattre, seul contre tous ! Et l'on se tait, et l'on s'incline, et une nouvelle race de courtisans, les plus plats, les plus serviles qu'on ait vus ici-bas, se forme de toute part. Leur platitude, et c'est ce qui m'effraye, est en même temps une théorie. Nous avons déjà vu et nous risquons de voir souvent à l'avenir des hommes d'État qui n'ont pas d'autre principe : vouloir ce que le peuple veut, se tenir toujours au niveau exact de l'opinion dominante, calculer les chances au lieu de chercher la justice, ne pas entreprendre de lutte inutile contre plus fort que soi, accepter, vénérer les arrêts du maître, quels qu'ils puissent être.

Ceci, avouons-le, est le *nec plus ultrà* de la servitude. En fait de despotisme d'une part et d'abaissement de l'autre, on ne trouvera pas mieux. C'est la perfection, c'est l'absolu. Sans limites et sans conscience, infaillible et courtisé, le tyran de l'avenir se prépare à regarder de bien haut les tyrans du passé. Qu'étaient ces pauvres despotes, faibles, menacés, contrôlés, contredits, sentant les bornes de leur puissance, aux prises avec les remords, forcés de compter avec les idées, avec les circonstances et avec les hommes, en comparaison du futur despote que rien n'arrêtera et qui ne se sentira responsable de rien ? Ceci serait, si nous consentions jamais à descendre aussi bas, le chef-d'œuvre du génie de la servitude. En présence de la servitude impeccable, qui atteint jusqu'à l'âme, qui brouille à son gré les notions du juste et de l'injuste, l'esprit se trouble, et l'on serait tenté, ce qu'à Dieu ne plaise ! de maudire l'égalité.

Ce n'est pas l'égalité qu'il faut maudire, mais ceux qui abusent impudemment de son nom. Nous trouverions sans peine, même au sein des pays dont la démocratie est libérale, plus d'un fait ayant la valeur d'un sérieux avertissement. Quand les États-Unis, avant Lincoln, s'abaissaient à vue d'œil, quand leur prospérité matérielle rendait plus hideux encore le spectacle de leur déchéance, quand la fausse égalité triomphante (cela s'appelait effectivement le parti démocrate) dictait ses lois aux législateurs et aux journaux, quand l'opinion intimidée se taisait, quand les fermes caractères et les fermes esprits étaient tenus à l'écart, quand, à l'exception de quelques voix généreuses, tout le monde s'inclinait devant les ordres du Sud, quand on signait des compromis, quand on garantissait l'esclavage, quand on votait la loi hideuse des esclaves fugitifs, quand on saisissait ces infortunés dans les rues même des cités du Nord devenues esclaves à leur tour, quand on les livrait au fouet de leurs maîtres, que s'était-il passé ? L'Amérique s'en allait à la dérive, et, au nom de la démocratie, elle avait dit adieu à la liberté.

Que faut-il faire pour éviter un tel malheur ? Trois choses, messieurs : limiter la compétence de l'État ; sauvegarder le droit des minorités ; avant tout, posséder au fond de l'âme cette liberté du dedans sans laquelle la liberté du dehors ne dure pas, et qui par notre temps de démocratie est plus indispensable que jamais.

Limiter, ai-je dit, la compétence de l'État. Il s'agit d'environner d'un infranchissable rempart le domaine réservé de l'individu. Ma croyance est à moi, ma pensée est à moi, ma famille est à moi, l'éducation de mes enfants est à moi, la direction de mes intérêts et de ma vie est à moi. Où ce sanctuaire est violé, le despotisme existe, quels que soient le fracas des votes et le libéralisme apparent des institutions.

Les institutions libérales ne sont pas de trop d'ailleurs, et les libertés personnelles ne subsisteraient pas longtemps en l'absence des libertés publiques. Mais ici vient se placer notre seconde garantie, le respect des minorités. Personne assurément ne demande qu'elles l'emportent sur les majorités ; il s'agit simplement d'empêcher qu'elles ne soient écrasées. Les minorités de la veille, ne l'oublions pas, sont souvent les majorités du lendemain ; les exemples abondent, à commencer par le christianisme. Veillons donc avec un soin jaloux sur le droit des minorités. Tâchons de ne pas apprendre à les

mépriser parce qu'elles sont vaincues. Informons-nous
de la portion de vérité dont elles sont dépositaires. Examinons enfin s'il n'existerait pas des combinaisons électorales dont l'effet serait de donner aux minorités une
représentation proportionnée à leur importance et d'empêcher, dans l'intérêt de la majorité elle-même, qu'elle
ne réduise trop complétement au silence toutes les opinions dissidentes.

Les dissidences sont souvent des indépendances. Toutefois l'indépendance, je le rappelais tout à l'heure, a
son siége principal dans un asile qui vaut mieux encore
que le droit des minorités. Aucune garantie légale ne vaut
la garantie morale. Celle-ci ne se vote ni ne se décrète ;
elle existe ou n'existe pas au fond des cœurs. Existe-t-
elle, le despotisme trouve à qui parler. Alors, sous l'influence d'un esprit puissant, les institutions se transforment, et l'égalité, que nous chérissons tous, s'avance,
donnant la main à la liberté.

VI

La liberté du dehors a d'autant plus besoin aujourd'hui
de la liberté du dedans, que les théories du despotisme démocratique se perfectionnent à vue d'œil. Nous avons bien
dépassé Rousseau, qui s'en tenait, le naïf, à la souveraineté du peuple. Une autre souveraineté vient en aide à la
fausse égalité. Je veux parler de la souveraineté de l'*Idée*.

Pardonnez-moi, messieurs, ce terme quasi-mystique ;
je suis forcé de parler la langue de nos modernes niveleurs. Comment faire pour assujettir au régime du socialisme un pays qui ne s'en soucierait décidément point ?
Comment faire pour mettre au pas les peuples chez les-

quels le suffrage universel , malgré sa docilité ordinaire, risquerait de mal tourner ? Les démocrates auxquels nous avons affaire ne s'embarrassent pas pour si peu. Il faut qu'on puisse bien voter à la place des gens qui votent mal. L'Idée souveraine survient alors ; elle met en pénitence la souveraineté du peuple, et en attendant que cette nation soit mûre pour l'égalité telle qu'on la veut, on la lui impose, purement et simplement.

L'Idée est souveraine, car l'Idée est la vérité. L'Idée s'est manifestée sans doute par inspiration à ceux qui se chargent de l'établir. « Il n'y a de Dieu que Dieu, et Mahomet est le prophète de Dieu. » Le nouvel Islam se propage à la façon du premier. Qu'on se courbe, de gré ou de force, devant la vérité absolue, devant la démocratie révélée, devant l'Idée !

La démocratie autoritaire, c'est son nom, ne tire pas le cimeterre comme Aboubekre et Omar, mais elle réclame la dictature pour la liberté. Oh ! le mensonge des grands mots ! Qui nous délivrera des phraséologies hypocrites ? Le fait est que la liberté n'est là que pour servir de prétexte à la dictature. On demande six mois de dictature (six mois, ou peut-être un peu plus), pour établir la liberté. On charge le despotisme provisoire de fonder la liberté définitive. Toujours la liberté dans le lointain ; toujours l'esclavage au premier plan.

J'admire que les champions de l'Idée se moquent des partisans du droit divin. L'un vaut l'autre, ce me semble. Ou plutôt, l'Idée est un nouveau droit divin, habillé à la moderne ; c'est de la légitimité, ou je ne m'y connais pas. L'Idée est l'Idée, ne m'en demandez pas davantage ; elle est parce qu'elle est ; elle vient du ciel ; ses révélateurs n'ont point d'autre compte à rendre. Son titre, c'est son nom : elle s'appelle l'Idée.

> . . . . : . . . . la raison,
> C'est que je m'appelle lion.

Et la démocratie dictatoriale agit en vertu de son droit. Le salut public, dont elle a le secret, l'autorise à user d'une bienfaisante contrainte. Ne faut-il pas forcer les gens à devenir égaux, et libres, et heureux ? Ils entendent mal leurs intérêts ; ne convient-il pas qu'on les règle à leur place ? Les dépositaires de l'Idée n'ont garde de négliger ce devoir.

Le salut public est un bon prétexte à tout faire. Munie de cette arme, l'Idée mettra à la raison les indépendances révoltées. Nos tyrans sophistes, triste race que celle-là ! frayent le chemin à toutes les tyrannies de l'avenir, car il n'en est pas une qui n'ait à faire triompher son Idée ; ils justifient toutes les tyrannies du passé, car il n'en est pas une qui n'ait prétendu contraindre les hommes au bonheur. Qu'on ne s'avise plus de jeter la pierre aux persécuteurs ; ceux qui opprimaient en vue du salut éternel valent bien, je suppose, ceux qui se disposent à opprimer en vue du salut public. La souveraineté du but, autre formule appartenant au même dictionnaire, accomplit son œuvre dans les deux cas. Rien n'a changé, ni le procédé ni la morale : la fin justifie les moyens.

Vivre égaux sous un maître, qu'il soit unique ou multiple, voilà un idéal qui suffit à bon nombre de niveleurs. Cet idéal, qu'on célèbre fort, est moins merveilleux qu'on ne le dit. Je pourrais, sans chercher beaucoup, découvrir quelques pays où on l'a réalisé depuis longtemps ; et ces pays ne jouissent, il faut l'avouer, que d'une réputation médiocre. Bornons-nous à en citer deux, la Chine et la Turquie.

En Chine il n'y a point de hiérarchie, si ce n'est celle des fonctionnaires et des mandarins, qui se recrute démocratiquement par les concours. Il n'y a point de noblesse, excepté cette noblesse remontante que vantait Franklin, celle qui va des enfants aux pères, qui anoblit les aïeux dans leurs tombeaux, mais qui ne se transmet pas aux descendants. La Chine, qui possède l'égalité parfaite, possède aussi le complet despotisme avec l'aplatissement absolu.

Et la Turquie ? Les démocrates les plus avancés n'en remontreraient pas au sultan. Le sultan prend un esclave, un porteur d'eau, qui ne sait ni lire ni écrire ; il en fait un grand vizir. Puis, par compensation, il prend un grand vizir ; il le dépouille de ses dignités, il lui enlève ses palais du Bosphore, il en fait un esclave, et le vizir rentre dans le néant. Ainsi, égalité sans pareille : chacun peut devenir pacha, chacun peut recevoir des coups de bâton. — Je parle, messieurs, de la Turquie d'autrefois, de la Turquie turque ; quant à la Turquie nouvelle, ses progrès, que je désire sincèrement, n'auront pas de signe plus incontestable, soyez-en sûrs, que la diminution de la fausse égalité. La Turquie nouvelle aura, elle a déjà ses hommes supérieurs, tels que Fuad-pacha et Ali-pacha ; une hiérarchie se formera chez elle, et l'on s'y classera d'après son mérite propre, non d'après les fonctions remplies ou le caprice du maître ; elle verra naître, du moins je le lui souhaite, l'aristocratie du talent, des lumières, du caractère, des services rendus, même l'aristocratie des positions acquises et des fortunes héréditaires.

Jamais l'égalité niveleuse ne fera ni hommes libres ni peuples libres. Considérez sous ce rapport les deux plus célèbres œuvres de nivellement qui se soient accomplies sur la terre : Rome antique et la France moderne sont des exemples à méditer.

A Rome, les premiers progrès de l'égalité s'opèrent dans la bonne voie; aussi la liberté, loin d'en souffrir, en fait son profit ; jamais la vie publique ne se manifesta chez les Romains d'une façon plus intense et plus saine que pendant les longues luttes du patriciat et des plébéiens. — Mais le temps arrive où la fausse égalité se met de la partie, et dès cette heure-là la liberté se retire, l'asservissement marche de front avec le nivellement : nivellement par les confiscations, nivellement par la destruction des grandes familles, nivellement par Marius le démocrate qui foule aux pieds la propriété et le droit ; nivellement par Sylla l'aristocrate, qui ne les traite pas mieux; nivellement par les triumvirs qui font presque regretter Sylla et Marius. Déjà, cédant à l'action de tant de nivellements sanguinaires, le peuple-roi s'était presque transformé en un peuple-esclave ; il ne lui manquait plus que les Césars pour constituer définitivement l'égalité dans le despotisme.

Auguste vint : sur cette république, qu'une longue terreur avait assouplie, dont les délateurs avaient fauché une à une les maisons anciennes, où tout ce qui s'élevait avait été frappé de proscription, illustrations, patrimoines, influences, vertus, l'absolutisme n'eut pas de peine à établir son pouvoir. Cela se fit tout seul en quelque sorte.

Alors il se forma à Rome ce qu'il faut bien nommer une populace, une foule oublieuse des libertés antiques, vivant de distributions, habituée à tendre la main, ne rêvant rien de supérieur au régime qui lui garantissait ces trois choses, l'oisiveté, le pain, le cirque. Et toujours, toujours, Rome impériale continua à se niveler : la classe moyenne s'en alla, comme l'aristocratie s'en était allée ; on se consolait d'être très-bas en voyant que personne n'était bien haut. Plus la tyrannie devenait lourde, plus elle était populaire ; il n'y eut jamais peut-être dans le monde romain de popularité pareille à celle de Néron.

Le pouvoir absolu est un incomparable niveleur, messieurs, et l'histoire de France confirme sur ce point les enseignements de l'histoire romaine.

Quand, au sortir du moyen âge, la véritable égalité apparaît, qui n'applaudit à son avénement? Voilà des communes qui ont conquis leurs chartes ; voilà des serfs qui sont en train de devenir des hommes ; voilà des tyrannies locales qui sont étouffées dans leurs châteaux ; voilà des âmes qui émergent à la liberté et des intelligences qui émergent à la lumière ; voilà la longue nuit cléricale qui s'efface devant les clartés naissantes de l'aube. Le cœur, oppressé par tant d'abus de la force, par tant d'atteintes portées à la conscience humaine, éprouve un soulagement immense en assistant à cette émancipation. Plus de classes foulées aux pieds ; plus de croyances condamnées au cachot ou au bûcher ; plus de direction ; l'égalité et la liberté remportent ensemble une de ces victoires sur lesquelles il n'y a pas à revenir.

Jusque-là tout est à merveille ; mais ce que la liberté et l'égalité ont fait, le despotisme et le nivellement ne tarderont pas à le défaire. Qu'il est triste de voir les tyrannies féodales remplacées par les tyrannies royales! A peine le moyen âge a-t-il succombé, que l'absolutisme des rois se met à l'œuvre. Ils s'appuient sur le peuple contre les seigneurs, l'ère des légistes commence, la centralisation se fonde, la monarchie administrative apparaît; l'État, maître de tout et se mêlant à tout, se constitue insolemment.

Est-ce à dire que nous regrettions la féodalité? A Dieu ne plaise! Nous aimons trop l'égalité pour cela. — Nous nous bornons à dire que la victoire de l'égalité a été gâtée et compromise par les victoires du nivellement.

Tout ce qui s'élevait a été frappé, tout, sans exception; jamais système ne s'appliqua avec plus de rigueur impitoyable. Les nobles transformés en courtisans, les états généraux supprimés, le rôle des provinces réduit à rien, les communes dépouillées de leur vie locale, les parlements abaissés par des lits de justice, les juges rencontrant les commissaires sur leur chemin, les arrêts des tribunaux se heurtant aux lettres de cachet et aux décisions du roi en son conseil, la pensée muselée par la censure, les croyances administrées comme le reste, le clergé fonctionnaire, le catholicisme transformé en gallicanisme et placé sous la main de l'État, le protestantisme proscrit, cette diversité qui faisait tache dans l'unité nationale disparaissant peu à peu, la France si bien débarrassée de ce qui avait une force propre, corps, individus, convictions, indépendances, que quelques intendants suffisent à la faire marcher: voilà le travail accompli par l'ancien régime. Sur certains points il a semblé se proposer de rétrograder par delà le moyen âge lui-même.

Et remarquez-le, ceci n'était pas le fait du machia-
vélisme de la couronne ; le peuple avait marché dans le
même sens que les rois, pareillement passionné d'unité,
pareillement irrité contre les diversités et les dissidences.
Quand la monarchie se montrait trop libérale, le peuple
de la Ligue se chargeait de la remettre au pas.

Ainsi se constitua un régime qui, à force de tendre au
nivellement, avait tourné le dos à la liberté. Après les
grands niveleurs, Louis XI, Richelieu, Louis XIV, il se
trouva que le sol était déblayé, uni, et qu'on pouvait y
promener d'un bout à l'autre sans obstacle la lourde
machine administrative. Dans son bel ouvrage sur l'ancien régime, Tocqueville écrit un chapitre dont le titre
en dit long : « Que la France était le pays où les hommes
étaient devenus le plus semblables entre eux. » — C'est
bien cela ! Du milieu de ces hommes si semblables, le
despotisme administratif élevait seul la tête. L'égalité
absolue des hommes allait être réalisée ; par malheur,
l'homme avait disparu.

La Révolution, sous ce rapport, a été bien plus une
continuation qu'une négation de l'ancien régime. Parmi
beaucoup de ruines une chose reste debout, toujours la
même, l'omnipotence de l'État.

L'Empire vint, et bientôt rien ne manqua plus au nivellement. Armés des codes que la Révolution avait préparés, les gouvernements disposèrent d'une puissance
presque illimitée que ne connaissaient certes pas les rois
féodaux, obligés de compter avec des assemblées repré-
sentatives, avec des corps, avec des traditions, avec des
droits, avec des individualités innombrables.

Telle est, messieurs, dans quelques-uns de ses traits
saillants, l'histoire de l'égalité séparée de la liberté. En

fait de démocratie, il convient de n'oublier ni la Chine, ni la Turquie, ni les Césars, ni Byzance, et nous venons de voir que Richelieu, Louis XIV et Napoléon ont été de rudes démocrates.

VII

En sommes-nous donc réduits à choisir? se faut-il résigner à avoir la liberté sans l'égalité, ou l'égalité sans la liberté? Je ne me le dissimule pas, la question se formule très-souvent ainsi. Mais, encore une fois, je proteste contre cette formule vulgaire, fausse, et par-dessus le marché désespérante. Comme il n'est plus possible aujourd'hui de ne pas vivre en démocratie, il s'agirait de renoncer une fois pour toutes à la liberté.

Eh bien, non, après avoir considéré ces misères alternatives, ces deux plateaux de la balance dont l'un monte quand l'autre descend, cette demi-liberté sans égalité d'une partie du monde antique livré aux castes et à l'esclavage, cette demi-égalité sans liberté d'une partie du monde moderne livré à la centralisation administrative et menacé par la centralisation socialiste, nous refusons décidément d'accepter l'un ou l'autre de ces régimes. De notre juste dégoût pour l'État omnipotent, pour la sainte administration, pour la paperasse et pour toutes les formes du despotisme égalitaire, nous tirons une conclusion contre l'égalité niveleuse, et non contre l'égalité libérale. L'histoire du passé nous inspire l'ambition de faire mieux que lui. Pourquoi nous contenterions-nous lâchement, ou de la liberté appuyée sur des priviléges, ou de l'égalité qui abolit les indépendances? L'égalité avec la liberté, l'égalité par la liberté, voilà notre formule à nous. Il s'agit non de choisir, mais de réunir.

La liberté, qui assurément n'est pas une niveleuse, est une admirable égalisatrice. Habile à résoudre tous les problèmes, elle résout celui de l'égalité. — En doutez-vous? Prenez les diverses libertés ; vous verrez si chacune d'elles n'amène pas une égalité.

La liberté personnelle amène une égalité. — Ceci est trop évident pour avoir besoin de démonstration. Il suffit de se rappeler ce que signifient ces grandes émancipations, celle des esclaves et celle des serfs.

La liberté religieuse amène une égalité. — De tous les priviléges, le plus odieux sans doute est celui de pouvoir seul obéir à sa conscience, servir Dieu selon sa foi et propager ce que l'on considère comme la vérité suprême. A chaque pas de la liberté religieuse, l'égalité avance d'autant. Hier, c'était l'égalité des citoyens dont les droits civils et politiques cessaient de dépendre de leur croyance ; aujourd'hui, c'est l'égalité des Églises reconnues; demain, ce sera l'égalité des Églises uniformément libres et dont aucune n'imposera aux autres ou aux incrédules l'obligation de contribuer à leur entretien; après-demain, ce sera l'égalité réalisée dans le champ même de la politique nationale, en sorte qu'aucun pays ne pratiquera plus une politique soit catholique, soit protestante, qu'aucun n'infligera plus à la minorité la douleur d'assister aux campagnes diplomatiques et militaires de la religion d'État.

La liberté d'enseignement amène une égalité. — Sont-ils égaux ces pères de famille dont les convictions diffèrent et qui tous sont assujettis, en droit ou en fait, à

confier leurs enfants aux écoles de l'État? Un tel régime peut convenir à ceux qui approuvent l'esprit ré-
gnant dans l'enseignement de ces écoles; mais ceux qui
en sont alarmés ou blessés! Quel joug n'ont-ils pas à
subir! Quelle navrante infériorité n'est pas la leur!

La liberté du commerce amène une égalité. — Avec
le système des droits protecteurs, on a des privilégiés
et des opprimés, je dirai presque des maîtres et des
sujets. Ceux-ci sont appelés à payer humblement des
subsides à ceux-là. Sous forme de renchérissement,
les consommateurs (c'est la plèbe, c'est tout le monde)
s'imposent au profit d'un certain nombre de producteurs.

La liberté du travail amène une égalité. — Les
hommes étaient étrangement inégaux, lorsqu'au temps
des corporations et des jurandes ils ne parvenaient à
travailler qu'à la condition d'être associés à un monopole. Aussi, messieurs, quels que soient les inconvénients de la concurrence, et chaque liberté a les siens, la
classe ouvrière n'a commencé à prendre son rang
que depuis le jour où le travail libre a préparé nos
sociétés démocratiques.

La liberté politique enfin amène une égalité. — Il
n'est pas un pays libre, à ma connaissance, qui ait
voulu, qui ait pu conserver des classes privilégiées. A
la différence des niveleurs dont j'ai parlé, césars, révo
lutionnaires et rois, la liberté a pratiqué la véritable
égalité qui élève et rejeté loin d'elle la fausse égalité qui
abaisse. Elle a fondé des écoles, elle a répandu la lumière, elle a abattu les barrières qui séparaient les
peuples, elle a posé les bases de la paix, elle a développé l'industrie, elle a encouragé le progrès sous toutes
ses formes, elle a entamé cette œuvre magnifique de

l'égalité libérale qui, si elle s'achève, sera la gloire du dix-neuvième siècle.

VIII

J'insiste, messieurs, sur ce point capital, les rapports de la liberté et de l'égalité. Ne nous laissons pas aller, je vous en supplie, à faire la guerre à l'une au nom de l'autre.

Les libéraux qui combattent l'égalité oublient deux choses. Ils oublient d'abord que la démocratie n'est plus en question, que sa victoire est définitive, qu'il ne s'agit plus de savoir si nous aurons l'égalité, mais quelle égalité nous aurons. Ils oublient ensuite que la liberté et l'égalité sont sœurs.

Oh! la vraie égalité, qu'elle est libérale! La liberté ne se passe pas plus d'elle, qu'elle-même, nous venons de le voir, ne se passe de la liberté. Dites-moi ce que serait la liberté sans l'égalité devant la loi! Voudrions-nous d'une liberté fondée sur des priviléges, sur l'inégalité des hommes? Voudrions-nous d'une liberté qui ferait des esclaves ou des vilains?

Toutes les vérités se tiennent, messieurs; tous les droits se tiennent; il existe, grâce à Dieu, une sainte solidarité du juste et du vrai sous toutes leurs formes. Ce qui est bon n'entre pas en lutte avec ce qui est bon, la liberté n'exclut pas l'égalité. Elles marchent ensemble, appuyées l'une sur l'autre, et prêtes à combattre l'ennemi commun.

Je vous montrais il y a un moment les libertés amenant les égalités ; laissez-moi vous montrer maintenant de quelle manière les égalités amènent les libertés.

C'est un des beaux spectacles d'ici-bas. Rappelez-vous, messieurs, ce que l'histoire nous a répondu lorsque nous l'avons interrogée l'autre jour. Si Rome a connu un temps où la vie publique était puissante et glorieuse chez elle, elle l'a dû aux progrès de l'égalité. Chacun des pas du peuple aux prises avec le patriciat est marqué par des luttes énergiques, et tous ces combats de l'égalité sont des combats de la liberté. L'âme nationale s'y trempe : il y a des partis, une tribune aux harangues, un Forum aux prises avec un sénat. Sans l'aiguillon des égalités légitimes à conquérir, nous n'aurions pas eu la Rome des citoyens, des patriotes et des orateurs ; nous n'aurions eu que la Rome des généraux et des proconsuls. Du jour où le nivellement prit la place de l'égalité, on put prévoir la Rome des empereurs.

Et le moyen âge ? La hiérarchie et la servitude s'y donnent la main. D'où vient pourtant que nous y rencontrons quelques oasis de liberté au milieu du désert ? L'égalité a créé ces oasis. Certaines cités ont des bourgeois, des égaux ; et voilà les villes libres. Les priviléges sont abolis à Gênes, à Pise, à Florence, le peuple y prend son rang ; et voilà les républiques italiennes. Les communes conquièrent leurs chartes, les prérogatives seigneuriales expirent au pied de leurs remparts ; et voilà des citoyens. Les Flandres tiennent la féodalité à distance par leurs nombreuses cités, par leur commerce, par leur industrie, par la puissance d'un peuple qui ne craint personne et n'a besoin de personne, par la vie qui elle aussi est une puissance ; et voilà un foyer de liberté qui brille en Europe : ni Charles le Téméraire ni

Philippe II ne réussiront à l'éteindre. Les paysans des Waldstetten, ces héroïques égaux, fondent la liberté de la Suisse et commencent à Morgarten la série de leurs merveilleux triomphes. Les Espagnols de l'Aragon, de la Castille et des provinces basques, tous « vieux chrétiens, » tous nobles, tous égaux, pratiquent hardiment la liberté politique avant qu'il y ait un Parlement à Londres.

Londres aura son Parlement et l'Angleterre fondera des institutions libres. Pourquoi? Parce que les seigneurs qui arrachent la grande Charte aux Plantagenets se placent d'emblée sur le terrain de l'égalité; ils songent aux bourgeois comme aux gentilshommes, ils établissent une Chambre des communes en même temps qu'une Chambre des lords, ils prennent en main les droits de la nation, non ceux d'une caste. Et ils font cela, remarquez-le, sans tomber dans l'égalité niveleuse qui allait préparer ailleurs l'avénement du pouvoir absolu. L'égalité anglaise laisse subsister toutes les diversités et toutes les indépendances que l'égalité française, à l'exemple de l'égalité romaine, s'est acharnée à détruire, provinces, communes, administrations locales, corporations, universités, tribunaux. L'État anglais ne met sous tutelle ni les cités ni les hommes, les initiatives privées s'exercent, l'individu prend peu à peu sa place, on s'habitue à le respecter; quelque jour la demeure du moindre Anglais sera une forteresse devant laquelle le pouvoir arbitraire devra s'arrêter.

Voici la Réforme. Quoiqu'elle appartienne à notre prochaine conférence, je ne peux pas m'empêcher de constater dès aujourd'hui qu'elle proclame en fait l'égalité par excellence, celle des âmes : les consciences sont égales en face de l'Écriture. Aussi la liberté accomplit-elle dès lors ces conquêtes définitives qui constituent le monde moderne. Le Parlement anglais, presque annulé sous les Tudors et presque aboli sous les Stuarts, devient sous Guillaume III le Parlement de la libre Angleterre. Les Gueux de Hollande mettent au défi les bourreaux de Philippe II ; les Puritains fondent les États-Unis.

La France avait repoussé la Réforme et pratiqué la fausse égalité ; mais le jour où elle se tourne enfin vers la véritable, il lui prend comme une passion de devenir libre. C'est par l'égalité que commence le beau mouvement de 1789, et c'est à la liberté qu'il aboutit : la Constituante est certes une assemblée libérale.

Malheureusement, les traditions latines étaient trop fortes, la France possédait trop peu les habitudes du gouvernement de soi, l'indépendance des âmes responsables de leur foi, cette liberté du dedans dont la liberté extérieure ne se passe pas ; aussi le nivellement ne tarda-t-il pas à reprendre son règne passagèrement interrompu par l'égalité. Soyons justes cependant, si le nivellement poursuivit son œuvre, l'égalité ne renonça point à la sienne ; au travers de la Révolution et de l'Empire, elle acheva la destruction des priviléges injustes. Et maintenant, qu'est-ce qui rend certaines réactions impossibles ? Qu'est-ce qui donne des chances à un développement libéral ? La petite propriété, c'est-à-dire l'égalité.

J'ai prononcé, messieurs, une parole que j'ai presque envie de rétracter maintenant. Loin d'être mauvais, le dossier de l'égalité est admirable, elle n'a cessé de seconder la liberté et le progrès. D'où vient donc que j'ai mal parlé d'elle ? C'est qu'au début et avant d'avoir établi les distinctions que je viens d'indiquer, j'étais forcé d'employer la langue de tout le monde. Or, dans la langue de tout le monde, l'égalité se confond avec le nivellement. A ce point de vue, je le répète, le dossier est mauvais, très-mauvais. L'égalité des Césars et des Czars, de la monarchie administrative et du régime révolutionnaire, l'égalité du despotisme démocratique et du despotisme socialiste, inspire à tout cœur généreux un insurmontable dégoût.

Cela posé, je m'empresse de rendre hommage à l'égalité qui ne nivelle pas. La liberté a besoin d'elle, la liberté demeure incomplète et mutilée tant que cette égalité n'est point là. Il faut savoir reconnaître les beaux côtés de la démocratie. Seule elle met le grand nombre en position de tout faire et d'arriver à tout. Seule elle opère au sein du grand nombre ces vastes recrutements d'hommes distingués, de généraux, d'administrateurs, de savants, auxquels les régimes du privilége ne sauraient penser.

Il y a quelque chose de souverainement juste dans le principe de la démocratie. — Tous ont les mêmes intérêts ; tous auront les mêmes droits. J'aurais peu d'estime pour qui ne sentirait pas que cela est bon, qu'il faut tendre à cela, que la démocratie libérale est le but vers lequel nous devons marcher.

Marchons-y. Si nous sommes des hommes sérieux, nous ne perdrons pas notre temps à regretter ce qui est mort et bien mort ; nous nous occuperons des vivants. A moins de nous consacrer aux lamentations politiques et de pleurer, comme les Juifs, sur les fleuves de Babylone, nous n'avons qu'une chose à faire, aborder virilement les problèmes tels qu'ils se posent au dix-neuvième siècle.

Notre mot d'ordre pourrait se formuler en cette parole: Ne séparez pas ce que Dieu a joint. Dans le droit, l'égalité et la liberté sont jointes ; ne les séparons pas ; soyons heureux de ce qu'il nous est interdit de les séparer.

Amis de la liberté, ne souffrez pas qu'on dise que l'égalité est funeste. Amis de l'égalité, ne souffrez pas qu'on dise que la liberté est inutile. Amis du droit, combattez pour l'une et pour l'autre ; mettez au service de toutes deux ces armes de la justice « qui se manient de la main droite et de la main gauche. » Ainsi la bataille de l'égalité pourra se gagner.

Je ne dis point qu'elle se gagnera. Les périls sont grands, l'ennemi est formidable, et dans plus d'une contrée le libéralisme est mal armé pour la lutte. Qu'ai-je besoin d'anticiper ? il m'est difficile d'exposer devant vous les rapports de l'égalité et de la liberté, sans rappeler les rapports de l'égalité et de l'Évangile. Partout où la liberté est séparée de l'Évangile, où manque la forte instruction morale que donne seul le contact journalier et direct avec la Parole de Dieu, j'espère peu, bien que le désirant beaucoup, que la liberté puisse prêter longtemps à l'égalité véritable le solide appui dont celle-ci a besoin.

En tous cas, il faut qu'elles s'unissent. Séparées, elles seraient vaincues d'avance. Le plan de l'ennemi est d'isoler l'une d'elles, mieux encore, de trouver en elles un allié. C'est à l'égalité qu'il inflige aujourd'hui l'injure de proclamer son alliance et d'adopter ses couleurs. Prenons-y garde ; puisque le despotisme se fait démocrate, que la démocratie se fasse libérale ! -

Nous aurons maintenant à chercher ensemble, messieurs, à quelle condition elle le deviendra.

SIXIÈME DISCOURS

L'ÉGALITÉ PAR L'ÉVANGILE

I

Nous voici arrivés, messieurs, au sommet de notre étude. Il en est de ce sommet qu'on nomme l'Évangile comme de tous les autres ; parvenu là, on se repose et on contemple. On voit les plaines perdues dans la brume ; on voit les montagnes inférieures qu'on a eu tant de peine à gravir et qui maintenant paraissent si basses. Ce qu'on avait pris pour des cimes, ce n'était que des échelons.

L'égalité par la liberté est quelque chose certes, et vous ne m'accuserez pas de l'avoir méconnue ; mais comparée à l'égalité par l'Évangile, elle disparaît en quelque sorte. Ici la relation de l'homme avec l'homme trouve sa base : ce n'est plus un droit se heurtant à un autre droit, c'est une conscience rencontrant un devoir, c'est un cœur rencontrant un cœur. Oui, après le droit, ce premier champion de l'égalité, survient un champion plus vaillant, le devoir, et après le devoir vient l'amour. Ainsi

16

l'égalité vivante nous enveloppe, nous presse, nous pénètre de toutes parts.

Il est embarrassant et presque ridicule de prouver l'évidence. Démontrer que l'Évangile est un livre d'égalité, n'est-ce pas un peu démontrer qu'il fait jour en plein midi ? N'importe ; quand l'évidence est audacieusement niée, elle peut être utilement prouvée. Il fait bon d'ailleurs s'attarder en face de certains spectacles. J'engage ceux qui aiment l'Évangile, et aussi ceux qui s'en défient, à le considérer aujourd'hui sous cet aspect de l'égalité. Aucun de nous, j'en suis sûr, ne regrettera le temps que nous aurons consacré à cet examen.

Entre l'homme et l'homme, l'Évangile nous montre Dieu. Tant que Dieu n'est pas là, l'égalité est un vain mot. Si mon semblable n'est pour moi qu'une combinaison de matière assujettie à des lois fatales, je ne lui reconnaîtrai pas même des droits ; je me contenterai d'admettre quelques conventions sociales destinées à empêcher les conflits trop violents entre ma combinaison de matière et la sienne. Si je crois que mon semblable a une âme, je me sentirai coupable d'attenter à sa liberté ; l'idée de justice aura surgi. Mais c'est trop peu encore : quel changement, messieurs, lorsque apparaît enfin le Dieu de l'Évangile ! Alors seulement l'homme apparaît aussi, l'homme, c'est-à-dire la créature morale, responsable, immortelle, envers laquelle j'ai des devoirs, que je suis tenu de chérir et de respecter. Il n'y a pas d'égalité sans le respect ; dans tout homme, de quelque condition, de quelque couleur, de quelque caractère qu'il soit, je respecte l'enfant de mon Dieu, le bien-aimé de mon

Sauveur. La grande égalité se montre alors : « Notre Père qui es aux cieux ! »

Quiconque a appris à dire cela, en comprenant un peu ce que cela signifie, a mis le pied sur le terrain de l'égalité véritable. Sans le père, les enfants oublient qu'ils sont frères et sœurs. Vous en avez vu de ces familles dispersées aux quatre vents, dont les membres sont devenus étrangers les uns aux autres. Pourquoi ? parce qu'il n'y a plus de maison paternelle.

L'Évangile, messieurs, c'est le père retrouvé. Nous avons un père, nous sommes aimés par notre père, nous sommes appelés à reprendre notre place d'enfants, ce qui nous séparait de notre père a été aboli par le sang de Christ ; voilà la Bonne Nouvelle annoncée à tous et de laquelle ne sont exclus que ceux qui s'excluent eux-mêmes, Bonne Nouvelle de pardon, et Bonne Nouvelle d'égalité.

Le père retrouvé, l'homme retrouvé, tel est le point de départ ; et l'Évangile ne s'en tient pas là. Il attaque le problème de l'égalité par un côté que les prétendues solutions du socialisme ignorent absolument, et que la solution réelle mais insuffisante du libéralisme ne connaît guère non plus. Sachant que le mal est dans l'homme, l'Évangile applique le remède à l'homme : il n'entreprend pas de refaire la société, il entreprend une tâche autrement féconde. refaire l'homme. Il va droit à la cause de l'inégalité mauvaise, je veux dire au péché.

Lorsque Ésope se chargea de dessécher la mer, il y mit une condition, c'est qu'on commencerait par boucher tous les fleuves. La mer ne se dessèche pas autrement ; tant que les fleuves d'égoïsme, de jalousie, de

haine, d'orgueil, de dépravation, continueront à couler,
l'océan du mal conservera son niveau ; la société sera
ce que les hommes la feront.

· Refaire l'homme, voilà donc la visée extraordinaire et
vraiment divine de l'Évangile. C'est en ces termes
magnifiques qu'il pose et qu'il résout le problème de
l'égalité. Si l'égalité est en haut et si l'Évangile est un
relèvement, l'Évangile est par excellence la doctrine de
l'égalité. Or, messieurs, relèvement, c'est le nom même
de l'Évangile : il relève tout ce qui est tombé, l'âme,
l'intelligence, les bonheurs, les affections, les ambitions,
les travaux, les espérances, le but de la vie, l'homme
enfin, l'homme tout entier.

Il m'apprend qu'il s'agit bien moins de me plaindre de
la société que de m'humilier sur moi, de m'humilier et
de lutter. C'est moi qui suis en cause ; le mal social, qui
est trop réel, hélas ! sort du mal individuel. Mes vices,
voilà l'ennemi.

Vous voyez d'ici à quelle distance cette solution laisse
derrière elle la solution socialiste et même la solution
libérale. Nous relever, nous, aider les autres à se relever,
mettre de la conscience et de la charité dans nos actes,
cela mène plus loin qu'on ne l'imagine, plus loin et
plus haut. — Mais ne restons pas dans les généralités,
abordons les enseignements de l'Évangile.

II

Tous perdus, telle est sa première parole d'égalité.
Et quelle égalité que celle-là ! L'homme qui s'est senti

perdu, l'homme qui, ne se contentant pas de répéter
froidement les phrases stéréotypées sur le péché en
général, a éprouvé la douleur, la honte de son propre
péché, l'homme qui est descendu au fond, bien au
fond de l'abîme d'où la miséricorde divine peut seule
le tirer, l'homme qui a passé par cette détresse morale, a laissé là-bas, vous pouvez m'en croire, et le
droit et le pouvoir et la pensée de se mettre au-dessus
de qui que ce soit.

On parle du nivellement qu'opère la mort ! On nous
dit que nous sommes égaux parce que nous aboutissons
tous au cimetière ! Je ne vois pas que l'argument ait eu
beaucoup de succès et qu'il nous ait dégoûtés de l'orgueil.
Si nous allons tous au cimetière, nous n'y allons pas
tous par le même chemin. C'est quelque chose d'avoir
sur la route les jouissances de la fortune et du rang ;
c'est quelque chose même (nous y tenons, à ce qu'il
paraît) de savoir que nous irons au cimetière en grand
appareil et qu'il y aura du marbre sur notre fosse.

Ne le nions pas, cela est. L'égalité par la mort
sera toujours inefficace. On déclamera jusqu'à la fin du
monde sur les six pieds de terre qui suffisent à tout le
monde, sur cette poussière des plus grands monarques
qui tient dans le creux de la main ; on n'en aspirera pas
moins à être, en attendant la mort, un vivant aussi riche
et aussi glorieux que possible.

L'Evangile, lui, ne déclame pas ; vous ne trouverez
pas dans la Bible entière une phrase à effet sur la poussière et sur les vers. En revanche, vous y trouverez
ceci : « Vous êtes morts dans vos fautes et dans vos
péchés. » La voilà, la mort qui égalise ; ce n'est pas celle
du cimetière, c'est celle des fautes et des péchés. Ici

16.

commence l'égalité véritable. Elle commence, ai-je dit ; nous allons essayer de la suivre dans ses développements.

Tous sauvés, telle est la seconde partie de l'Évangile : « Dieu les a tous enfermés dans la rébellion, afin de faire miséricorde à tous. » Que manque-t-il, messieurs, à cette doctrine d'égalité ? Tous perdus, tous sauvés ; tous condamnés, tous pardonnés ; tous indignes d'amour, tous aimés.

Et ce *tous* devient pour chacun de nous un *moi*. « Il appelle ses brebis nom par nom. » Mon nom a été prononcé ; une voix tendre, celle du bon berger, m'a appelé, moi le dernier des pécheurs, moi qui suis plus coupable que tant d'autres parce que je n'ai pas les mêmes excuses de mon péché. Christ a satisfait pour moi ; Christ intercède pour moi. Ainsi, le miracle de l'égalité s'accomplit au fond de mon cœur : la main de Dieu m'a dépouillé, la main de Dieu m'a revêtu.

Approchez-vous de la croix de Christ, vous qui aimez l'égalité. Le rachat de nos âmes s'y opère de telle sorte, qu'il ne nous reste plus un seul prétexte d'orgueil. Christ ne nous rachète pas parce qu'il est l'homme idéal, ou parce que sa doctrine renferme les germes de l'avenir, la famille, le bonheur, la liberté, et l'égalité aussi, ou parce que notre foi en lui a une valeur morale, ou parce que les croyants deviennent de nouvelles créatures marchant désormais sur la route qui s'éloigne de la corruption et de l'égoïsme. Non, que personne ne se glorifie, nous sommes rachetés, parce que Christ a porté le poids de nos péchés.

L'expiation nous met tous de niveau. L'amour divin a satisfait à la justice divine, et nous n'ajouterons rien à ce que nous donne gratuitement cet amour, et nous ne prendrons rien sur nous de ce qu'a exigé cette justice. Il est là, le Fils tendre et juste, portant la malédiction qui nous est due ; il est là, le Père tendre et juste, donnant son fils bien-aimé ; et devant la croix où s'accomplit un tel mystère, nous devenons égaux par l'humiliation qui nous courbe jusque dans la poudre, par la miséricorde qui nous transporte jusque dans le ciel.

Le sang de Golgotha, qui nous commande la sainteté en même temps qu'il nous assure le pardon, proclame avec une force incomparable la doctrine de l'égalité. Les sages de l'antiquité ne professaient pas un respect excessif pour le vulgaire ; les libres penseurs d'aujourd'hui n'ont pas l'air de tenir en grande estime l'âme des nègres et des Papous ; notre morale mondaine n'est pas précisément compatissante pour les êtres souillés et déchus. Je ne vois que Jésus-Christ qui appelle tous les hommes à lui, le vulgaire et les sages, les nègres et les blancs, les honnêtes gens et les malfaiteurs, ceux qu'on honore et ceux qu'on méprise. Tous sont perdus, le salut est offert à tous, tous peuvent en l'acceptant devenir des enfants de Dieu. Égaux comme ennemis de Dieu, égaux comme enfants de Dieu, ils ont participé à la même dégradation, ils peuvent participer au même relèvement. L'ouvrier de la onzième heure reçoit exactement le même salaire que ceux qui ont porté le poids du jour et de la chaleur.

III

Oui ; mais, dit-on, bien des gens ne viennent pas travailler, même à la onzième heure, et derrière l'égalité si vantée des chrétiens apparaît l'inégalité suprême, celle des croyants et des incrédules, ou, pour employer le terme biblique, des bons et des méchants !

Je répondrai à l'objection par une question : Y a-t-il quelqu'un qui prétende abolir cette inégalité-là ? A moins de devenir le nivellement, et quel nivellement ! l'égalité doit respecter le libre arbitre et la responsabilité. L'Évangile proclame la distinction profonde qui sépare les bons et les méchants, il ne la crée pas. Il prend, pour l'amoindrir le plus possible, le seul moyen qui s'accorde avec la liberté ; il s'adresse aux cœurs, il fait appel aux consciences, il s'efforce de toucher, de gagner, de relever, c'est-à-dire de changer les méchants. En dehors du changement, de la conversion, si vous aimez mieux, je ne vois pas où est le moyen de s'attaquer à l'inégalité morale.

Il existe, souvenons-nous en, c'est la première vérité que j'ai établie devant vous, des inégalités nécessaires. Or, de toutes la plus nécessaire est celle qui se rattache à l'usage que chacun fait de son libre arbitre. Malheur à nous, si nous érigions jamais en système ce que les habitudes relâchées du monde ne mettent que trop souvent en pratique, l'égalité monstrueuse du bien et du mal !

Cette égalité assurément n'est pas dans l'Évangile. Nous n'y trouvons en fait d'égalités que celles qui laissent subsister la créature responsable et qui ne blessent pas la justice : l'égalité de l'amour divin, l'égalité du pardon divin, et ne craignons pas d'ajouter l'égalité du jugement divin.

L'égalité ne se passe pas du jugement, car elle ne se passe pas de la justice. L'injustice est l'inégalité par excellence. Aussi, qu'arrive-t-il? Partout où fonctionne un tribunal (équitable, s'entend), un agent de l'égalité est à l'œuvre.

Et ce qui est vrai des jugements humains est plus vrai du jugement divin, par cette simple raison qu'il est seul l'expression absolue de la justice. Dieu est le seul juge qui connaisse d'une manière parfaite toutes les circonstances de la cause, les lumières qu'ont possédées ceux-ci, les ténèbres où ont été plongés ceux-là, les appels directs qui ont été adressés aux uns et que n'ont pas entendus les autres, les milieux infiniment divers au sein desquels ils ont vécu, les dispositions héréditaires, les tentations innées. Dieu seul peut appliquer, dans leur sens profond si conforme à l'égalité, ces paroles de l'Évangile : « Il sera beaucoup redemandé à qui il a été beaucoup donné. » Dieu seul voit ce qui se passe au fond des âmes ; seul il met à leur place les dévotions apprises par cœur, les piétés d'imitation, les bonnes œuvres de calcul, les pratiques et les vaines redites ; seul il discerne les vrais mouvements de la conscience, les vrais désirs de pardon et d'amendement, qui se produisent au travers des ignorances, des superstitions, des habitudes grossières, des préjugés et des vices nationaux.

Sous ces enveloppes redoublées, l'œil de Dieu distingue les deux classes d'hommes (il n'en existe que deux), ceux qui sentent leur péché et ceux qui ne le sentent pas, ceux qui aspirent à la délivrance et ceux qui n'y aspirent pas, ceux qui se repentent et ceux qui ne se repentent pas, ceux qui reçoivent le pardon par Christ et ceux qui ne le reçoivent pas, ceux qui, à défaut de la connaissance du Sauveur, écoutent le témoignage intérieur du Saint-Esprit et ceux qui ne l'écoutent pas, ceux qui montent et ceux qui descendent.

Et la distinction est si profonde, que le jugement, on peut le dire, n'a pas besoin d'être prononcé pour exister. Sa promulgation éclatante ne fera que manifester l'état des âmes, et produire aux regards de tous ce qui n'est pleinement visible aujourd'hui que pour le regard divin.

Je ne puis dire, messieurs, à quel point l'égalité serait incomplète ici-bas, si les iniquités de la terre ne devaient pas aboutir au jugement et si le temps présent ne devait pas aboutir à l'éternité. La vie éternelle, en définitive, n'est pas seulement la continuation, elle est la seule explication suffisante de la vie actuelle. Otez les perspectives d'outre-tombe, les aspects de notre destinée deviennent incompréhensibles et choquants. Il y a parmi nous tant d'iniquités victorieuses, tant de crimes impunis, tant d'abus de la force ignorés, il y a tant d'inégalités par l'injustice, il y a tant de douleurs à consoler, tant de bonheurs à compléter, tant de sanctifications à achever, tant d'aspirations à satisfaire, tant de réparations à accomplir, que nous ne saurions décidément nous enfermer dans les étroits horizons de notre existence de quatre jours. Sans doute les rétributions éternelles sont déjà là, et dans une certaine mesure nous mangeons dès à présent le fruit de nos œuvres : l'âme qui monte goûte des joies qu'aucune souffrance passagère ne détruit, l'âme qui s'abaisse subit des misères que ne compense aucun faux plaisir ; mais ce commencement appelle un complément, la justice le veut et l'égalité l'exige.

C'est d'ailleurs un des caractères de l'égalité engendrée par l'Évangile, qu'elle se répand de partout sur ceux même qui n'acceptent ni ne pratiquent l'Évangile.

Le fleuve des égalités chrétiennes surmonte sa digue et recouvre le pays entier; ou plutôt, le fleuve n'est pas digué, il est fait pour s'épancher largement et pour féconder, comme le Nil, les sables arides du désert.

Comment en serait-il autrement? Le Dieu « qui ne veut pas qu'aucun périsse » a compris l'humanité entière dans son dessein d'amour, et l'on voudrait supposer que les conséquences de ce dessein d'amour sont bornées aux hommes qui le connaissent, bien plus, à ceux qui l'acceptent ! Il ne saurait en être ainsi : il n'en est point ainsi, messieurs.

Dieu a ses voies qui ne sont pas les nôtres. Si grand que soit le privilége d'avoir reçu le message évangélique (et une responsabilité non moins grande se rattache au privilége), Dieu ne se laisse pas sans témoignage auprès de ces hommes moins responsables que le message n'a pas encore atteints. L'égalité fondée par le sang de la croix existe en faveur de ceux qui sont près et de ceux qui sont loin, en faveur de ceux qui ont vécu après Jésus-Christ et de ceux qui l'ont précédé, car l'Agneau de Dieu est mort « pour tous » et, en vertu de la prescience éternelle, il a été immolé « avant la création du monde. »

Et les enfants de Dieu participent aux sentiments de leur père; l'esprit de la famille d'en haut est un esprit de largeur. Les chrétiens voient, ou du moins doivent voir dans les hommes étrangers à l'Évangile ce qu'on a si justement nommé « des chrétiens virtuels. » Puisque Christ est mort pour tous, tous sont des candidats au royaume de Dieu. De là des devoirs, de là des affections. La fraternité, qui est, nous l'avons vu, la seule égalité digne de ce nom, étend en réalité son empire bien au delà des limites des Églises ; partout où il y a des âmes, le chrétien cherche des frères. De quel droit n'aimerait-il pas ceux que Dieu aime ? Puisqu'il prie pour tous les hommes (et je le plaindrais s'il ne le faisait pas), son espérance et son amour doivent aller aussi loin que sa prière.

Les faits sont là, messieurs, pour montrer jusqu'où s'étend parmi les hommes le rayonnement de l'égalité évangélique. Elle ne se renferme pas dans le cercle des nations christianisées ; elle déborde sur le monde musulman et païen. Par le Koran qui a pillé la Bible, par les missionnaires qui ne reculent devant aucun obstacle, par les contacts incessamment multipliés qui mettent les civilisations asiatiques et africaines aux prises avec la civilisation de l'Europe, il se fait une propagande d'idées devant laquelle les inégalités antiques, castes, esclavage, harems, commencent à reculer.

Pour nous renfermer dans les nations christianisées, qui oserait prétendre que ce rayonnement ne s'y est pas produit ? On accuse l'Évangile de ne fonder que l'égalité des convertis ! Or, voici ce qui s'est passé :

Les rapports d'homme à homme ont été totalement changés depuis l'Évangile. L'égalité y est entrée de partout. La protection des faibles, esclaves, serfs, prisonniers, malades, indigents, est devenu une de nos préoccupations constantes et croissantes. Les intérêts et les besoins du grand nombre ont occupé une place que ne songeaient certes à leur attribuer ni les démocrates à Athènes ni les tribuns du peuple à Rome. Au lieu de sociétés reposant d'aplomb sur l'esclavage, nous avons des sociétés reposant d'aplomb sur le droit de tous.

Ceux qui nient cette prodigieuse révolution n'ont qu'à

comparer les codes modernes aux codes antiques. A
peine Jésus-Christ est-il venu, que les législateurs ont
été forcés de se mettre à l'œuvre; il a fallu consacrer
l'égalité, dans les familles d'abord, dans les nations ensuite, enfin dans les rapports des races entre elles.

Les idées, cela va sans dire, n'ont pas été moins transformées que les lois. Nous étoufferions s'il nous fallait
vivre une journée dans l'air que respiraient les hommes
I y a dix-huit cents ans. Nos pensées les plus ordinaires,
celles qui traînent dans le moindre livre d'un cabinet de
lecture et dans les colonnes du premier journal venu, con-
statent des progrès auxquels le monde païen ne songeait
en aucune façon. Les ennemis de l'Évangile vivent de
l'Évangile; la philosophie du dix-huitième siècle, les
cahiers de 89 ne s'expliquent que par une série d'événements moraux d'une incroyable grandeur. Si aujour-
d'hui nous parlons couramment des droits de la conscience, de l'État laïque, de l'indépendance réciproque
du temporel et du spirituel, même de la séparation de
l'Église et de l'État; si nous nous apprêtons à comprendre que parmi les libertés nécessaires les plus nécessaires sont celles de l'individu; si enfin le système antique, qui niait ou ignorait tout cela et qui absorbait
l'homme dans l'État, nous fait l'effet d'une tyrannie à jamais morte dont les passions insensées du socialisme
peuvent seules rêver la résurrection, cela tient à ce que
l'égalité s'est mise en marche depuis les apôtres.

Ce qui court les rues aujourd'hui ne figurait avant eux
que dans les entretiens à huis clos de quelques sages et
dans les pages ignorées de quelques vieux livres de religion. La femme égale à l'homme, les hommes égaux
entre eux, l'égalité et par conséquent la liberté des con-

17

sciences, voilà autant de conquêtes dont nous nous doutons à peine, à force d'y être habitués.

Demandez-vous, messieurs, ce que signifient ces mots : la civilisation chrétienne, le monde moderne. Ils signifient que le christianisme a introduit ici-bas une autre civilisation et qu'il a créé un autre monde. — Ce n'est pas trop dire ; les compilateurs de morales indépendantes, les interprètes des vieux cultes, qui démontrent à qui mieux mieux que l'Évangile y était contenu, reculeraient eux-mêmes épouvantés si d'un coup de baguette on faisait disparaître du milieu de nous toutes les conséquences de l'œuvre de Christ, les lois, les idées, les axiomes moraux, les progrès de l'égalité qui commencent avec notre ère, si l'on nous mettait au régime des Védas, ou du Bouddhisme, ou de Confucius, ou de Zoroastre, ou des Mèdes, ou de la Grèce, ou de Rome.

IV

Pour mieux comprendre ce que l'égalité doit à l'Évangile, il importe de ne pas nous en tenir aux termes généraux et d'entrer dans le détail.

Avez-vous sondé quelquefois, au point de vue de l'égalité : ce mot profond de l'Évangile, la nouvelle naissance ? Par cela même qu'il exprime le changement le plus complet qui se puisse imaginer, il met évidemment de niveau ceux qui ont à passer par là, je veux dire tous les hommes. L'égalité qui élève n'a pas de victoire comparable à celle que renferme la conversion d'un homme quel qu'il soit, obscur, ignorant et chétif. La foi qu'il a

humblement reçue le sanctifie par cela seul qu'elle le
justifie ; déclaré juste, il va devenir juste; une force
inconnue et irrésistible, celle de l'amour éternel, est
désormais à l'œuvre en lui ; depuis qu'il porte le titre
d'enfant de Dieu, il a revêtu les sentiments de la famille
céleste, son égoïsme est attaqué en face, son cœur s'est
donné, il a soif de vaincre le mal, il aspire à la liberté par
la sainteté, il a entrepris cette guerre mêlée de tant de
défaites, mais qui se termine toujours par le triomphe
et qu'on nomme la lutte intérieure. Maintenant il est en
train d'acquérir l'indépendance du dedans et l'égalité du
dedans. Aussi affronte-t-il les tyrannies du dehors, car
au-dessus de lui le ciel est ouvert et un père se tient là-
haut.

Chaque fois, messieurs, qu'une âme se courbe au
souffle de l'Esprit, l'égalité fait un pas en avant sur la
terre. A la rencontre de l'Esprit, les choses élevées s'a-
baissent et les choses basses s'élèvent. Les orgueils s'hu-
milient, et en même temps de pauvres pêcheurs se mettent à marcher sur le beau chemin qui monte, des
vicieux se mettent à réagir contre leurs vices, des pauvres commencent à s'enrichir, des malheureux entre-
voient le bonheur ; tous les niveaux haussent à la fois.

Ainsi l'homme nouveau entre dans la vie nouvelle ; or
la vie est égale à la vie. L'égalité par excellence, la
voilà ; les grands de la terre, les voilà ; l'aristocratie
légitime et nécessaire, l'aristocratie de l'égalité, passez-
moi l'expression, la voilà. Elle est ouverte à tous, tous
ont le même droit d'y prendre place ; on n'est pas exclu,
on s'exclut.

Les égalités de la vie nouvelle sont merveilleuses. Voyez
le devoir : non-seulement la distinction des grands et

des petits s'efface devant le devoir, mais la distinction
des grands et des petits devoirs semble s'effacer elle-
même. La servante qui fait sa tâche dans un sentiment de
devoir et l'homme d'État qui dans un sentiment de devoir
risque sa réputation ou sa vie, ne sont pas aussi éloignés
l'un de l'autre qu'on l'imagine. Vous savez ce que disait
Isaac Newton : Si deux anges descendaient sur la terre,
l'un chargé de gouverner un empire, l'autre chargé de
balayer les rues, le second ne désirerait pas changer
avec le premier.

Partout où la lutte intérieure est engagée, où les âmes
sont en travail, où l'éducation personnelle se poursuit,
l'homme nouveau apparaît. Il a fait plus ou moins de
progrès, il a appris et désappris ; il est tombé, il s'est
relevé, il a grandi par les douleurs comme par les joies ;
quoi qu'il en soit, c'est toujours l'homme nouveau.

Et quoi qu'il en soit, en effet, que sa destinée soit
humble ou brillante, il voit devant lui une belle vie. Oui,
la vie est belle pour tout homme dont le trésor est en
haut. Il a un but, il sait où il va, il en sait le chemin.
C'est bien, n'est-ce pas, la race des égaux qui s'avance ;
Dieu a imprimé sur leurs fronts le sceau d'une ineffaçable égalité.

Voulez-vous que nous nous en assurions ? Voyons
seulement, car le temps nous manquerait pour tout dire,
ce que deviennent aux yeux de l'homme nouveau ces
deux mots si usés et si grands, la vérité et l'amour.

La vérité fait des égaux. Tous les sujets de la vérité
appartiennent au même royaume, au même peuple ; je
veux dire que tous rendent hommage à la même souveraine, la vérité, que tous reconnaissent ses droits ab-

solus, que devant la vérité quelle qu'elle soit, grande ou petite, agréable ou gênante, tous se courbent pareillement.

Ceci, messieurs, ne se voyait guère dans notre Europe avant Jésus-Christ. La vérité religieuse, qui est la vérité par excellence, changeait alors en passant la frontière ; chaque nation avait sa religion d'État, sa vérité d'État ; le citoyen se confondait avec le croyant. Aussi Pilate ne faisait-il qu'exprimer l'opinion courante quand il s'écriait : « Qu'est-ce que la vérité ! »

Nous ne comprendrons jamais à quel point furent sincères, universelles, la surprise et l'indignation de ce monde païen, lorsque les chrétiens se mirent à protester contre l'État au nom de la conscience. Les sages et les philosophes ne furent pas moins scandalisés que les sceptiques et les hommes de plaisir. A qui en ont ces furieux qui brisent l'unité nationale, qui croient à la vérité, qui appartiennent à la vérité, qui s'imaginent qu'il y a une vérité, qui soutiennent que la vérité exclut l'erreur, qui ne sauraient brûler le moindre grain d'encens devant les idoles consacrées par la loi !

Afin d'écraser cette folie nouvelle, la foi au vrai, on épuisa les supplices. Mais il se trouva que la foi au vrai avait créé des hommes forts qui aimaient mieux souffrir que mentir. Dès lors, un trouble immense, signal d'un progrès immense, vint agiter le genre humain.

Ce progrès, messieurs, c'est à cela que j'en reviens, était un progrès de l'égalité. La vérité égalise ceux qui croient en elle. Il n'y a pas une vérité pour les riches et une vérité pour les pauvres, une vérité pour les savants et une vérité pour les ignorants. Ils se trouvent de niveau, quelle que soit leur situation, les hommes qui « sont de la vérité. »

Et cette action égalisatrice de la vérité est si puissante, qu'elle se fait sentir, notez-le, avant même que la vérité soit découverte et possédée. La recherche suffit ; d'ailleurs ceux qui cherchent ainsi trouvent toujours.

L'amour accomplit à son tour une œuvre non moins admirable d'égalité. L'amour de Dieu fait des égaux ; l'amour pour Dieu fait des égaux, l'amour pour les hommes fait des égaux.

Cela doit être, car le contraire de l'amour, l'égoïsme, est ici-bas un des grands fabricateurs d'inégalités. Par l'orgueil des uns, par la jalousie des autres et par la convoitise de tous, il accroît les distances, il souligne et envenime les différences sociales.

Vous voyez d'ici, messieurs, quelle est la mission de l'amour chrétien. Être aimé et aimer, là est le secret des grandes égalités. Une affection, c'est une égalité. Parvenez-vous à comprendre des amis inégaux ? Non ; les diversités extérieures, quelles qu'elles soient, se perdent et s'effacent dans leur amitié. Il en est ainsi de l'amour fraternel : les égoïsmes se hérissent devant lui ; il les écarte de sa douce main. Cela fait, tout est fait ; les distinctions de fortune peuvent subsister, elles ne blesseront plus personne, elles seront une occasion d'aide mutuelle et non de conflit ; l'homme se trouvera en face de l'homme, son semblable et son égal.

V

Je tomberais dans le lieu commun si j'insistais sur la place que la révélation chrétienne donne à l'amour.

Charité et humilité, ces deux mots reparaissent à chaque page de l'Évangile. Et l'Évangile, en prononçant le mot, veut la chose. Il ne se contente pas d'un amour traduit en recettes et qui sait au juste ce qu'il doit distribuer d'aumônes pour être en règle avec Dieu. Il ne se contente pas davantage d'une humilité fastueuse qui demande à se faire.voir et qui courbe la tête « comme un jonc, » sans retrancher un atome d'orgueil, en sorte qu'on peut dire de ces humbles-là : « Ils ne se mettent au-dessous de tous les saints que pour se mettre au-dessus de tous les autres hommes. »

Quand l'humilité vraie et le véritable amour se rencontrent, alors l'homme arrive à comprendre un peu le mot d'ordre de Jésus-Christ : renoncer à soi-même et charger sa croix en le suivant. Ceux qui refusent de renoncer à eux-mêmes tombent dans les bas-fonds de la piété aisée qui n'est pas la piété ; ceux qui refusent de charger leur croix tournent le dos, qu'ils le sachent ou non, à la croix de Jésus-Christ.

La grande morale ne nous dispense pas du dépouillement, mais elle ne tombe pas dans l'ascétisme, et c'est là un de ses caractères vraiment divins, qu'il ne faut pas se lasser de mettre en lumière.

La morale ascétique est très-peu favorable à l'égalité ; elle introduit parmi les enfants de Dieu les catégories parfaitement distinctes des simples fidèles et des saints. L'Évangile tient un autre langage : il appelle tous les hommes à devenir des saints. Et ces saints sont des hommes comme les autres, vivant de la vie commune, participant aux intérêts, aux devoirs, aux joies légitimes. Ils ne se tiennent pas en dehors de la famille et de la société ; ils prennent leur place au dedans.

Transformer au lieu de retrancher, sanctifier au lieu de mutiler, rendre toutes choses nouvelles, les tendresses, les devoirs, les travaux, l'activité du citoyen, les recherches du savant, les labeurs du littérateur ou de l'artiste, tel est le miracle que la grande morale est seule capable d'accomplir. Rogner l'existence est facile ; l'Évangile poursuit un autre but : il la purifie, et en même temps il la grandit ; il y fait entrer les nobles passions, les causes généreuses, les saints enthousiasmes, les fortes espérances, les bonnes joies ; il l'ouvre de partout aux développements, aux progrès et aux libertés.

Rien n'est donc moins obscurantiste que la grande morale ; partout où elle passe elle répand les lumières, et par surcroît établit l'égalité. Non-seulement elle ne connaît pas la distinction des grands et des petits saints, mais elle revêt tous ceux qui la reçoivent réellement d'indépendance vis-à-vis du monde, de fierté vis-à-vis du nombre et de fermeté vis-à-vis du succès. Loi féconde, loi de liberté, sur ses pas naissent les hommes libres ; or les libres sont des égaux.

Elle ne se borne pas à promulguer de beaux préceptes, les beaux préceptes n'ont manqué à aucune des doctrines qui ont contribué à l'abaissement de l'humanité ; auprès des préceptes elle met des forces. Là, messieurs, éclate sa supériorité : en présence de la croix ensanglantée où Jésus a expié nos péchés, notre conscience n'est pas moins remuée que notre cœur. Croire en celui qui s'est donné ainsi, c'est se donner à son tour. Et dès que nous nous sommes donnés, dès que nous sommes sortis de nous-mêmes et de notre égoïsme, nous entrons au service de la grande morale.

Elle a peu de commandements, mais ces quelques commandements contiennent en eux l'infini. Nous aurons beau marcher, nous n'en verrons pas la fin ; toujours le but, qui n'est autre chose que la perfection, reculera devant nous.

Ceci ressemble aussi peu que possible à la casuistique. Il serait commode d'avoir des listes de devoirs, des solutions de cas difficiles, la série complète et bien en ordre des actes à accomplir et des aumônes à distribuer. Ce serait commode ; mais la morale de l'Évangile a ce caractère entre plusieurs autres, qu'elle n'est nullement commode. Et c'est par où elle est grande ; c'est par où elle fait des hommes, je veux dire des égaux.

Elle est démocratique, cette morale si courte et si immense, qui dans sa divine simplicité répond à toutes les complications de la vie, à toutes les délicatesses de la conscience, qui rejette bien loin les casuistes, et qui charge chacun de nous de résoudre pour lui-même les questions de conduite avec le sérieux des responsabilités véritables. La grande morale n'est réservée ni aux natures d'élite, ni aux situations exceptionnelles, ni aux éducations privilégiées. Aux plus humbles chrétiens elle ouvre les vastes perspectives qui se perdent dans l'infini ; elle les appelle tous également à la sainteté ; elle les met tous également à la forte école de l'examen de soi, du repentir, de la lutte intérieure, de l'éducation personnelle, de la marche sans terme vers la perfection.

La grande morale ne reconnaît pas ces prétendues dispenses du génie, dont la petite morale parle couramment. — Les esprits supérieurs peuvent-ils s'assujettir au devoir ! Cela est bon pour le vulgaire ! Eux, ils planent dans une région où ces choses de la vie ordinaire n'entrent pas ! Que leur demandez-vous de s'astreindre aux obligations communes ? Ils ne sont pas chargés d'être bons, d'être aimables, de répandre le bonheur autour d'eux ; ils sont chargés d'avoir du génie ; qu'ils parlent, qu'ils chantent, qu'ils écrivent, qu'ils philosophent, qu'ils gouvernent, c'est assez !

Il y a trop d'égalité dans la grande morale pour qu'elle admette de tels priviléges. Elle nie hardiment la supériorité de ceux qui tiennent à demeurer inférieurs en matière de bonté et de devoir. Niveleuse à sa manière, elle n'autorise aucun homme à mal vivre, sous prétexte qu'il est artiste, poëte, orateur, ou ministre d'État. Elle déclare que les natures supérieures qui se dispensent de combattre leur corruption et leur égoïsme, sont des natures vulgaires, ni plus ni moins.

Elle déclare cela, et en même temps elle évite de transformer l'égalité en uniformité. Avec des hommes qui sont bien eux, avec des existences que règle non le code tout fait des casuistes mais l'action libre des consciences mises en face des réalités, avec des pensées individuelles, elle maintient ou plutôt elle crée ce que nos civilisations modernes connaissent de moins en moins, l'originalité. L'originalité dans l'égalité, à ce signe vous reconnaîtrez toujours la grande morale.

C'est ainsi que l'Évangile accomplit virilement l'œuvre virile de notre relèvement. Il exige que nous jugions nous-mêmes, que nous décidions nous-mêmes, et en définitive que nous avancions nous-mêmes. En nous refusant des lisières, il nous contraint à marcher, au risque de tomber souvent. A cette rude et vaillante école se forment des caractères, des indépendances, des âmes trempées pour la lutte. — Entre elles l'égalité est de droit.

VI

Comment ne serait-elle pas de droit ? Toutes ces âmes entretiennent des relations habituelles, familières, aussi amilières que respectueuses, avec le Père céleste. Pour apprécier ce que ces relations renferment de puissante et indestructible égalité, examinons-les, messieurs, dans leurs deux manifestations essentielles, la prière et la confiance filiale.

Voici des hommes qui, occupant d'ailleurs les positions les plus diverses, pauvres ou riches, heureux ou malheureux, à l'heure des détresses ou à celle des délivrances, avec le bégaiement des faibles ou avec la foi affermie des chrétiens vieillis dans la lutte, s'agenouillent devant le même Père, s'appuient sur le même Sauveur, se reconnaissent pécheurs avec la même confusion, implorent les mêmes secours du même Esprit, aspirent au même affranchissement. Ils demandent ensemble le règne de Dieu, le vrai bien et le vrai bonheur des hommes. Ils désirent être rendus capables de pardonner, d'aimer, d'avancer, de remplir leurs devoirs.

Rien de plus différent que les prières, à ne prendre que les termes, que l'occasion, que le but spécial de chacune d'elles. Au fond, rien de plus semblable, et, je tiens à répéter le terme, rien de plus *égal* que ces prières si diverses.

C'est toujours l'enfant qui va vers son père et qui lui raconte tout, qui lui dit ses misères, qui implore son secours, qui demande et qui remercie. Nous avons une lutte à soutenir, une chute à déplorer, un défaut à combattre, des difficultés de famille à surmonter, des défilés obscurs à traverser, des résolutions à prendre ; nous allons vers notre père. Nous avons une tendresse à mettre en sûreté, un avenir d'enfant à garantir, un malade chéri à recommander, un mort bien-aimé à pleurer ; nous allons vers notre père. Nous avons à rendre grâce après une délivrance morale, après une délivrance matérielle ; nous allons vers notre père. Non moins que la prière dont elle est l'inséparable compagne, l'action de grâces a des ailes, et elle nous emporte en plein ciel, à des hauteurs où se rencontrent, dans l'égalité radieuse, tous ceux qui contemplent de leurs yeux les bontés du Père céleste.

Est-ce de l'égalité, oui ou non ? Connaissez-vous deux manières de prier, de remercier, de se réjouir ? Et n'y a-t-il pas, en outre, une réciprocité de prières, une grandiose association de secours mutuels dans laquelle les faibles intercèdent pour les forts, aussi bien que les forts pour les faibles ? Où en seraient les forts, je le demande, sans l'aide que les faibles leur ont donnée ?

S'il me fallait indiquer, messieurs, une des inégalités effrayantes d'ici-bas, je n'hésiterais pas à nommer l'inégalité des inquiétudes. C'est dire quel rôle est réservé à la confiance filiale dans la fondation de l'égalité.

Entre tel riche qui foule de moelleux tapis et tel pauvre qui habite une chambre démeublée, les différences de bonheur réel peuvent être petites ; mais entre la maison où habitent les noirs soucis et celle qu'éclaire constamment le gai soleil de la confiance, il y a un abîme. C'est, à la lettre, le jour et la nuit.

Pauvres gens que nous sommes, oui, vraiment pauvres, nous perdons toute foi, toute paix, et par surcroît toute force, dès que nous nous mettons à nous inquiéter. C'est demain, c'est après-demain, c'est l'année prochaine qui viennent nous apporter leurs chances, que dis-je? leurs menaces. Ce sont les périls de notre fortune, ceux de notre famille, ceux de notre cause, ceux de notre Église, ceux de nos œuvres; ce sont les choses possibles et les choses impossibles. On dirait vraiment qu'il n'y a plus de Dieu au ciel et que le mot Providence n'a plus de sens.

Il est des inquiétudes maladives, physiques en quelque sorte, qui doivent nous inspirer une profonde pitié; mais il en est d'autres, et bien plus fréquentes, qui doivent être résolûment combattues. Nous ne voyons pas, nous ne voulons pas voir que notre Père est là, près de nous, qu'il sait mieux que nous ce qu'il nous faut et qu'il prend soin de ses enfants.

L'Évangile ne nous enseigne ni la confiance qui ferme volontairement les yeux au danger, ni celle qui vit au jour le jour dans l'oubli stupide du lendemain, ni celle qui n'a plus de sollicitude pour des causes aimées et pour des êtres chéris; il nous enseigne, je répète le terme, la confiance des enfants. Or, entre enfants qui se confient, le problème de l'égalité est résolu, car ils reposent ensemble sous les bras éternels.

VII

Parvenus ici, arrêtons-nous un moment, messieurs,
et consultons l'expérience.

Que nous dit celle de notre propre cœur ? — Nous
sentons bien que l'égalité est en haut, que pour devenir
égaux dans le sens seul réel de ce grand mot, il faut que
nous montions ; mais la force de monter où la trouve
rons-nous ? Est-ce assez de nous répéter : Nous sommes
hommes, nous avons des droits, nous devons être libres,
nous voulons être égaux ! Les difficultés, c'est trop peu
dire, les accablements de la vie sont là ; voici des obstacles à vaincre, des montagnes à transporter ; nous
sommes fatigués, découragés ; nous ne trouvons de joie
ni chez nous ni ailleurs ; nos affaires vont mal, et rien
n'annonce qu'elles se disposent à aller mieux ; à quelle
source puiserons-nous l'énergie, l'entrain, la vaillance,
le bonheur, et l'espérance aussi, dont on ne se passe pas?

Ceci est un cas extrême ! A la bonne heure ; prenons
des situations meilleures, les meilleures de toutes, si
vous y tenez. Je suppose une existence heureuse, des affaires en bon état, une carrière semée de succès, une famille unie, un parfait mélange d'occupations et de plaisirs.
Il n'importe, si le ciel est vide, le vide ne tardera pas à
se faire aussi sur la terre ; faute d'apercevoir quelque
chose par delà les succès, par delà les occupations et
les plaisirs, nous tomberons ou dans cette légèreté sans
remède qui s'étourdit, vit dans le présent, voile le ciel et

l'éternité, ou dans cette mélancolie impuissante des âmes plus sérieuses qui au fond des fausses joies ont découvert l'ennui, et qui ne se consolent ni de la vanité des félicités mondaines ni du néant des affections destinées à périr. Il se peut qu'il y ait beaucoup plus de légers que de mélancoliques ici-bas ; en tous cas, les uns pas plus que les autres ne s'élèvent vers les régions sereines de l'égalité.

Mais, grâce à l'Évangile, les choses ne se passent pas toujours ainsi. J'ai vu, nous avons tous vu des hommes s'élever. Nous avons vu se renouveler le miracle du paralytique : « Prends ton petit lit, et t'en va dans ta maison ; » et le paralytique s'est dressé, il a chargé son lit, il a marché. Nous avons vu de pauvres existences courbées se redresser, des malheureux trouver le bonheur. Quand ce miracle s'acomplissait-il ? Lorsqu'une parole, la même qui avait été adressée au paralytique, avait retenti, un commandement accompagné d'une force, un ordre donnant la puissance d'obéir. A l'ouïe de cette parole souveraine, des espérances, des certitudes s'étaient levées, tout un avenir radieux ; les membres paralysés avaient repris vie, l'âme défaillante avait repris courage, l'arbre flétri s'était ranimé comme au contact des eaux courantes. Et voilà des hommes, couchés naguère, qui se mettent à marcher. Voilà des familles qui ressuscitent; chaque jour un hôte nouveau vient prendre place au logis, amour, obéissance, devoir, joie, bon ordre. L'égalité est entrée aussi, car ceux qui habitent sous ce toit sont en train de monter au niveau de la vraie grandeur.

On m'accuse, les lettres que je reçois en témoignent, de me préoccuper trop exclusivement de l'égalité mo-

rale, oubliant l'égalité matérielle qui a bien son prix.
J'espère qu'avant la fin de nos entretiens vous aurez
tous reconnu que le relèvement matériel (dans la mesure
du possible) me préoccupe autant que qui que ce soit;
mais je ne consens pas à mettre la conséquence avant
le principe et la charrue avant les bœufs.

L'égalité, comme tout ce qui est bon et grand, procède
du dedans au dehors; l'égalité du dehors suppose et
réclame l'égalité du dedans. C'est la dignité de l'homme
que les choses se passent de la sorte, que les rapports
du matériel et du moral soient ainsi réglés, qu'il faille
passer par le progrès moral pour atteindre le progrès
matériel.

L'Évangile fait des milliers, des millions d'égaux chez
tous les peuples, dans toutes les classes, dans toutes
les situations individuelles ; autant de chrétiens, autant
d'égaux. Et cela fait, il achemine les peuples, les classes,
les individus vers la réalisation d'une égalité extérieure.

Elle ne sera jamais complète, j'en conviens, et je crois
avoir montré que cela ne serait ni possible ni désirable ;
toutefois nous pourrons effacer les inégalités extrêmes
dont je vous ai présenté le navrant tableau. C'est justement parce que ces inégalités sont extrêmes, que nul
ne saurait y porter remède, sinon Dieu, Dieu en personne.
N'était l'Evangile, nous n'oserions pas regarder une
minute du côté des misères sans nom et des hérédités
effrayantes, ni même du côté de certaines vies de labeur,
mornes, ingrates, où il n'y a pas de soleil, et où la
famille elle-même est dépourvue de son charme ordinaire.

Grâce à Dieu, l'Évangile est capable de mettre de la
joie et de la chaleur dans les plus froides demeures ; il

est capable de résister aux hérédités les plus terribles et de régénérer les nations les plus corrompues. Si le mal est notre ennemi, si le mal nous abaisse, si le mal crée les inégalités vraiment funestes, la réaction contre le mal est le seul moyen d'aller à l'égalité, qu'elle soit morale ou matérielle.

Oui, matérielle : autant il est impossible que la ruine ne survienne pas quelque jour lorsque la famille est désunie et lorsque chacun s'abandonne à ses passions, autant il est impossible que sous la bénédiction de Dieu la ruine ne soit pas évitée ou réparée, lorsque chacun lutte contre ses passions et que la famille est unie par la tendresse, par le travail et par la foi.

Remarquez-le d'ailleurs, l'égalité fait déjà un progrès immense, par cela seul que l'Évangile change du tout au tout les relations des classes entre elles et leur donne le caractère de la cordialité. Rien ne saurait remplacer ceci ; on peut parler de solidarité, mais la solidarité véritable, celle des hommes qui, dans les situations les plus diverses, apprennent à s'entr'aider parce qu'ils ont appris à s'aimer, nous ne la trouvons qu'auprès de ce Prince de paix qui est mort pour ses ennemis et qui a fait de l'amour mutuel la loi suprême de son royaume.

L'égalité matérielle est donc là à l'œuvre, auprès de l'égalité morale. Il importe néanmoins de les maintenir à leurs places respectives. Que l'inégalité des riches et des pauvres, des illustres et des inconnus soit quelque chose, je le veux bien ; mais qu'est-ce en comparaison de l'inégalité des heureux et des malheureux, des hommes qui ont un père dans le ciel et de ceux qui n'en ont pas, des hommes dont la vie a un but et de ceux dont la vie n'en a pas, des hommes qui connaissent les affections éternelles et de ceux qui ne les connaissent pas?

A côté des existences perdues, des cœurs flétris, des familles en lambeaux, se trouvent les maisons sur lesquelles repose la bénédiction d'en haut, où habitent l'amour du devoir, les chaudes tendresses, les éducations sérieuses et joyeuses, l'ordre, le bien-être, la prière, l'action de grâces, et pour tout dire en un mot, le contentement d'esprit.

J'en vu ces deux choses, et vous ne me démentirez pas, messieurs, car vous les avez vues comme moi : d'un côté des riches mécontents, le front chargé d'ennui et la bouche pleine de murmures, demandant en vain aux faux plaisirs, aux affaires ou à la politique les joies dont la source jaillit ailleurs, et d'un autre côté des pauvres qui ne pouvaient exprimer assez leur reconnaissance et leur bonheur. Sur un lit de douleur où la paralysie l'avait clouée pendant vingt ans, dans une étroite chambre qui ressemblait presque à un cachot, j'ai vu une femme chrétienne goûter des joies que tel millionnaire bien portant aurait payées bien cher. Les portes radieuses de l'éternité étaient ouvertes devant elle, et en attendant, la vie présente ne lui semblait pas dépourvue de charme. Sa sœur, sa nièce ne l'environnaient-elles pas de leurs soins affectueux? Un petit vase de fleurs n'était-il pas posé près d'elle? Un bourdon ne venait-il pas y chercher bruyamment son butin? Qui donc oserait prétendre que la vie n'est pas bonne et douce?

La grande égalité s'affirme ainsi, en même temps qu'elle se réalise.

VIII

Elle est écrite en caractères éclatants dans chacune des institutions de l'Évangile, car il n'en est point qui n'ait ce caractère admirable de se mettre au service de tous et à la portée de tous.

Quelle institution, pour commencer par là, que ce livre si simple, si vivant, si populaire! C'est une merveille qui ne nous frappe plus suffisamment parce que nous y sommes habitués. Ce livre est pour tous, et il présente à tous toutes les vérités qui importent à nos âmes.

La Bible, ou si vous aimez mieux que nous ne parlions que des écrits de la nouvelle alliance, l'Évangile, est, à la lettre, le livre de l'égalité. — O popularité vraiment divine! Ce n'est plus la philosophie antique réservant ses lumières à l'aristocratie des savants. Ce n'est plus le paganisme réservant à l'aristocratie des prêtres ou des initiés les interprétations élevées, et condamnant le peuple à se contenter des grossiers symboles. L'Écriture s'adresse à ce qu'il y a d'égal en nous, à la conscience et au cœur. Aussi Jésus-Christ a-t-il pu s'écrier : « Je te rends grâce, ô père, seigneur du ciel et de la terre, de ce que tu as caché ces choses aux sages et aux intelligents et de ce que tu les as révélées aux petits enfants.»

C'était en effet une révolution immense qui s'accomplissait, la révolution de l'égalité. L'égalité devant la vérité ne nous a été donnée que par l'Évangile. L'Évangile seul a détrôné sous ce rapport « les sages et les intelligents, » car il leur a commandé de marcher comme les autres sur le chemin des petits enfants, et il n'a pas voulu qu'une supériorité morale demeurât liée à la supériorité intellectuelle. — J'ai moins d'esprit, donc je serai moins bon! J'ai moins de science, donc je n'aurai pas de Dieu; je n'aurai que des idoles impures ou des fétiches! Calculez, messieurs, ce qu'il a fait pour l'égalité, ce Jésus qui a renversé les philosophies et les religions du privilége.

Ce n'est pas à dire d'ailleurs que, parce que l'Évangile est pour les enfants, et parce qu'il place la vérité religieuse dans une région qui n'est pas celle du raisonnement ou de la science, les savants ou les raisonneurs puissent le regarder du haut en bas. Demandez à tant de savants de premier ordre qui sont venus incliner la tête et adorer; demandez-leur si quelque part ils ont découvert autant de lumières sur Dieu, sur l'homme, sur l'éternité, sur le devoir, sur la famille, sur le bonheur, sur le but et la beauté de l'existence; demandez-leur si quelque part ils ont rencontré une philosophie plus profonde que celle qui est offerte aux petits enfants.

Ce caractère saintement démocratique de l'Écriture est d'autant plus frappant, que l'Évangile, et ce n'est pas sa moindre originalité, n'institue aucune prêtrise. Il établit au sein des Églises le bon ordre et l'enseignement; avec lui, il y a des anciens et des diacres, il y a des docteurs, il y a des hommes chargés de présider, de diriger, de prêcher; mais de clergé dans le sens technique du mot, point. Chacun se trouve placé pour son propre compte en face de Dieu et de la parole de Dieu; chacun est responsable de soi; chacun est sacrificateur, présentant les offrandes du cœur et de la vie, qui sont celles de la nouvelle alliance.

La seconde institution de l'Évangile continue la révolution d'égalité commencée par la première : la prédication n'est pas moins populaire que la Bible.

Nous l'oublions trop, la prédication date de l'Évangile, et elle constitue un fait d'une prodigieuse portée. En quelque lieu que le christianisme ait pénétré, il ne se passe pas de semaine sans que des milliers de voix présentent à tous des notions si hautes, que personne avant Jésus-Christ, ni Zénon, ni Socrate, n'était monté jusqu'à elles. Je trouve plus de philosophie dans un catéchisme que dans tous les volumes d'Aristote et de Platon ; et cette philosophie, messieurs, elle est mise incessamment à la disposition des plus humbles.

Voilà une école ouverte partout, toujours, une école gratuite, une école véritablement populaire et sur les bancs de laquelle tous les rangs comme tous les âges sont invités à se rencontrer. Cela ne ressemble guère aux oracles de la sagesse humaine, à ces traditions qui trouvaient encore un écho au siècle dernier, en pleine crise libérale, quand Voltaire lançait une de ses mordantes boutades contre ceux qui étaient assez sots pour vouloir éclairer « les cordonniers et les servantes. »

J'ai nommé la Bible et la prédication : comment oublierais-je l'Église, cette forteresse de l'égalité ? L'Église était il y a dix-huit siècles aussi étrange, aussi nouvelle sur la terre que la révélation populaire de l'Écriture et l'enseignement populaire des prédicateurs. Je ne sais même pas si, parmi ces révolutions, celle-ci n'est pas

la plus révolutionnaire. Qu'avait-on jusqu'alors ? des religions nationales, des croyances héréditaires. Jésus-
Christ a créé la société universelle des enfants de Dieu,
prise indifféremment dans toutes les nations et dans
toutes les classes, formée en vertu d'un acte libre et
d'une foi personnelle. Quel événement que la création
de cette confraternité colossale, de cette belle et puissante mutualité!

Je la prends, messieurs, telle que les apôtres l'ont
faite, et non telle que les hommes l'ont refaite plus tard
en s'éloignant de l'Évangile ; je parle de la société des
croyants, et non de ces nationalités religieuses renouvelées des Grecs, c'est le cas de le dire, et fondées sur
l'hérédité. Dans l'Église identifiée avec la nation, et par
conséquent avec le monde, les inégalités et les despotismes se sont trouvés à l'aise ; mais l'Église recrutée par
la profession individuelle de la foi est le plus noble asile
que l'égalité ait eu sur la terre. Là, tous sont entrés au
même titre, tous possèdent les mêmes priviléges, tous
s'entr'aident. Là, tous remplissent, malgré la diversité
des dons et des charges, la même vocation essentielle,
tous témoins, tous ouvriers, tous soldats, tous frères.

Et nous ne sommes pas au bout, messieurs. Si je ne
tenais à ne point trop abuser de votre grande patience,
je devrais insister tout autrement sur les institutions de
l'Évangile. Bornons-nous à signaler encore le dimanche.
Je ne conseille pas à ceux qui suppriment le dimanche
de se donner pour des champions de l'égalité. Partout
où la folie humaine a opéré en fait cette suppression,
les différences sociales se sont accentuées, jusqu'à en
devenir navrantes. Ce qu'on a supprimé, c'est le jour de

l'âme, du cœur, de la famille, de Dieu. Vous avez alors des classes entières qui ne connaissent plus le vrai repos ; non-seulement elles oublient le chemin de l'église, mais elles ne savent plus ce que c'est que d'avoir une belle journée à passer avec les gens qu'on aime.

Le lundi, sous ce rapport, ne remplace pas le dimanche ; nul ne l'ignore, loin de corriger le mal, ce repos de la débauche l'aggrave singulièrement. Où trouver, en dehors du dimanche, le temps de penser, le temps de s'aimer, le temps de se réjouir, le temps de respirer ? On va haletant, épuisé, abruti ; on va jusqu'au jour où les forces manquent et où l'on s'arrête au bord d'une fosse. Ah ! quelle misère ! Le Dieu de l'Évangile, qui veut qu'il y ait des pauvres et des riches, ne veut pas qu'il y ait des hommes sans foyer, sans culte, sans loisirs, des hommes dont l'âme et le corps ne puissent pas se détendre et se refaire. Aussi le Dieu de l'Évangile est-il le Dieu de l'égalité.

IX

Je vous prie d'en prendre note, messieurs, je ne démontre pas l'Évangile, je le montre, et cela au seul point de vue de l'égalité. Il fait des égaux, cela est certain. Est-il révélé ? Chacun de nous y pensera.

Après avoir passé en revue les institutions ecclésiastiques qu'il a fondées, examinons maintenant les institutions civiles qui émanent de lui. Vous le savez en effet, cette religion qui ne touche à aucune question d'organisation sociale les a toutes résolues. A peine est-elle ici-bas, que les législateurs sont forcés de remanier leurs codes.

Pour ne pas me répéter, je me contenterai de vous engager à réfléchir aux transformations égalitaires que rappellent ces trois mots, la femme, l'enfant, l'esclave. Ces trois mots rappellent trois réformes immenses [1]. Les familles, les lois civiles, les relations des hommes entre eux, je ne sais pas ce qui n'a pas été changé de fond en comble, lorsque les harems, et la liberté des divorces, et les gynécées, et la toute-puissance du *pater familias*, et la traite suivant à la piste les armées, et la possession de l'homme par l'homme servant de base aux institutions du monde entier, ont disparu coup sur coup devant les victoires du christianisme.

Nous devons au christianisme la réhabilitation du travail. A part quelques vieux Romains de la belle époque qui ne craignaient pas de tenir le manche de la charrue, le monde antique s'accordait à mépriser le travail. La culture des champs et l'industrie étaient abandonnées aux classes asservies et méprisées. Je ne pense pas qu'on puisse exagérer l'importance du progrès en vertu duquel toute occupation honnête est devenue une occupation honorable. Au reste, nous ne sommes pas encore au bout de ce progrès ; la liste, jadis très-courte, des professions que peut adopter un homme

---

On s'est mit, à nous démontrer que l'esclavage romain valait mieux que sa réputation. Cette traite colossale et infernale, ces familles débitées à l'encan, ces lâchetés, ces dépravations, ces cruautés, ces corps et ces âmes livrés aux passions féroces ou grossières, tout cela ne vaut pas tant d'indignation ! Eh, que nous restera-t-il, si l'on nous ôte les quelques indignations généreuses qni maintiennent encore parmi nous l'idée de justice ?

comme il faut, s'élargit sous nos yeux de jour en jour.

Une autre transformation s'est accomplie depuis l'Évangile et par l'Évangile : l'État moderne a remplacé l'État païen ; l'État incompétent, ce qui ne veut pas dire l'État athée, a remplacé l'État chargé de régler et d'imposer les croyances nationales.

Le changement immense que je signale a eu beaucoup de peine à s'opérer. Il y a mis le temps. Aujourd'hui encore, il demeure incomplet ou contesté dans plusieurs pays ; aux deux extrémités de l'Europe, l'Espagne et la Russie s'obstinent à maintenir le principe païen d'après lequel l'abandon du culte national constitue un crime réprimé par les lois pénales [1]. Ailleurs même, et sans aller aussi loin, la vieille notion de l'État maître de tout, dirigeant tout, administrant tout, et absorbant dans son vaste sein les libertés de l'individu, exerce une funeste influence. Bien mieux, ne voyons-nous pas le socialisme, plus fidèle qu'on ne l'a cru à ses traditions de 1848, rêver la construction d'un État qui laisserait bien loin derrière lui les plus beaux despotismes de l'antiquité ?

Nous n'avons donc pas le droit de chanter victoire et la bataille n'est pas terminée ; cependant nous avançons toujours et l'ennemi recule toujours. Il est permis d'espérer que l'État moderne, quels que soient les efforts ou même les triomphes momentanés des socialistes, n'aura rien de commun en définitive avec l'État païen.

Personne n'ignore, messieurs, la cause qui a si longtemps retardé et compromis ce grand changement né de l'Évangile. Le paganisme avait pris sans tarder sa re-

---

Entre le moment où j'ai parlé et celui où j'écris ces discours, l'Espagne a fait un grand pas vers la liberté religieuse. Puisse-t-elle ne point retrograder plus tard !

vanche sur le christianisme ; l'Église était devenue une
nouvelle forme du nationalisme religieux, le citoyen
s'était de nouveau confondu avec le croyant, la foi héréditaire avait de nouveau supprimé la foi individuelle.

Dans ces conditions, il était impossible que l'État
moderne se formât. Mais depuis que le pur Évangile a
reparu et que la conscience humaine s'est retrouvée en
face de la loi de liberté, les jours du système antique
semblent être comptés. Encore une institution qui se fait
libérale en se faisant chrétienne; encore un progrès de
la foi qui est un progrès de l'égalité. Désormais l'inégalité suprême, celle des âmes sujettes auxquelles la religion régnante s'impose par la toute-puissance de l'État,
est destinée à périr.

X

Vous venez de le voir, par ses dogmes, par sa morale,
par ses institutions religieuses, par la métamorphose
qu'il a fait subir aux institutions sociales, l'Évangile n'a
cessé de pousser à l'égalité. Comment en serait-il autrement? L'homme s'était perdu, et il l'a retrouvé ; le Père
était inconnu, et il l'a révélé.

Oui, messieurs, l'homme s'était perdu. Il y avait des
citoyens et des barbares, des maîtres et des esclaves ;
dans l'étranger, dans l'esclave, l'homme s'était effacé ;
jamais l'homme ne fut plus dur à l'homme.

C'est alors que retentit cette parole, dont nous ne
parvenons pas à comprendre aujourd'hui l'audace révolutionnaire : « En Christ il n'y a plus ni Grecs ni Juifs, ni

hommes ni femmes, ni esclaves ni libres. » Cela nous paraît bien simple, parce que cela a pénétré de part en part notre monde moderne ; mais au temps des apôtres il n'en allait point ainsi.

L'étrange doctrine a fait son chemin ; nous avons appris à penser (non sans peine) que l'étranger est un homme, que l'ennemi est un homme, que le nègre est un homme. Nous sommes en train d'apprendre à penser (avec plus de peine) que les assassins sont des hommes, qu'il y a une âme humaine digne d'affection et de respect dans un forçat ou dans une femme perdue. — « Que celui qui est sans péché jette la première pierre ! » Voilà la parole qui se murmure à notre oreille, lorsque la tentation de condamner et de lapider quelqu'un vient solliciter notre orgueil. Et, chose étrange, celui qui a parlé ainsi, qui a signalé notre égalité de péché en présence du Dieu saint, l'a fait sans appeler le mal bien ou le bien mal. Jamais la loi morale ne fut plus exigeante et plus délicate, que depuis que l'Évangile nous a donné tous les hommes, tous sans exception, à respecter et à aimer.

J'ai déjà dit quelle place occupe le respect dans l'amour chrétien. Un chrétien ne peut se mettre au-dessus de qui que ce soit. Lorsque Jean Bradford voyait passer un criminel conduit au supplice : « Voilà, disait-il, où irait Jean Bradford, sans la grâce de Dieu. »

L'homme retrouvé, ce serait trop peu sans le Père trouvé. Vinet l'a dit : l'Évangile passe à côté de l'égalité et arrive à la fraternité. — Nous ne sommes pas égaux d'abord et ensuite frères ; nous sommes frères d'abord et ensuite égaux.

Sondez ce mot *frères*, messieurs. Mesurez ce qu'il

renferme d'égalité : un père, une famille, un héritage, une maison où les enfants sont chez eux, voilà ce qu'il suppose. Et l'Évangile nous montre tout cela, le père, la famille, l'héritage, la maison. Il ajoute que nous sommes un seul corps et membres les uns des autres. Quand un membre souffre, tous souffrent; quand un membre est honoré, tous sont dans la joie. « Soyez joyeux avec ceux qui sont joyeux et pleurez avec ceux qui pleurent. » — « Que l'un estime l'autre plus excellent que soi-même. » — « Que le frère de basse condition se glorifie dans son élévation ; que le riche, au contraire, se glorifie dans son abaissement. »

Je ne veux pas multiplier les citations; il faudrait citer tout l'Évangile. Et la fraternité qu'il proclame ne s'arrête pas aux frères; si elle s'arrêtait là, le problème de l'égalité ne serait pas résolu. Les hommes qui ne cherchent pas Dieu, Dieu les cherche ; les hommes qui n'aiment pas Jésus, Jésus les aime. Et comment ne les aimerions-nous pas? Ainsi un rapport de fraternité se forme entre tous les hommes. S'ils ne sont pas tous nos frères, si nous ne sommes pas unis à tous par le lien plus étroit de la fraternité réalisée, cependant la fraternité virtuelle est quelque chose. En présence de ces âmes immortelles pour lesquelles Christ a souffert et que peut toucher l'action secrète du Saint-Esprit, nous éprouvons un sentiment que nulle philosophie ne nous aurait révélé.

XI

Mais si l'Évangile nous apporte résolûment la véritable égalité, il condamne impitoyablement la fausse. Il n'a rien de commun, Dieu merci, avec le socialisme qui abolit l'héritage, qui, déclarant l'homme bon et la société mauvaise, exalte l'homme et refait la société. Loin de préparer le rôle socialiste de l'État, l'Évangile émancipe l'individu.

Aussi la fraternité qu'il proclame est-elle celle qui fait triompher l'égalité dans l'inégalité même, qui maintient les diversités sociales, qui les rapproche par le respect et par l'amour. Il nous enseigne les supériorités sans orgueil et les infériorités sans jalousie. Il donne à tous des biens si splendides, que dans leur rayonnement se perdent les dissemblances secondaires.

La religion de vérité ne nous conseille certes nulle part le mensonge des nivellements sociaux. La science, le talent, l'éducation, le travail, l'économie, la moralité étant des faits, la religion qui nous inviterait à les nier nous inviterait à mentir. L'Évangile ne les nie pas, il les transfigure. Son armée de chrétiens renferme des officiers et des soldats ; mais officiers et soldats suivent le même capitaine, combattent sous le même drapeau, remportent la même victoire et recevront un jour la même couronne.

On nous parle cependant d'un Évangile communiste ! On nous cite des passages ! Il faut examiner ces objections, sous peine de laisser planer un doute sur la nature de l'égalité que Jésus-Christ est venu donner aux hommes.

De tout temps, dit-on, un germe de socialisme a été déposé dans la Bible. Qu'est-elle autre chose, cette institution du jubilé, au moyen de laquelle les lois de Moïse, en annulant tous les cinquante ans les ventes de terres, se proposaient de rétablir l'égalité du partage ?

18.

Je remarque d'abord que, loin d'être une institution socialiste, le jubilé mosaïque est la consécration la plus formelle de la propriété et de l'héritage. Protéger à tout prix la propriété et l'héritage, tel est le but qu'il a l'intention d'atteindre.

Mais il y a à la base du système une égalité par le partage ! — Ajoutez qu'il y avait eu partage parce qu'il y avait eu conquête. La première condition du jubilé, c'est d'avoir un pays conquis à partager.

Ce n'est pas la seule. Le jubilé juif suppose un nombre limité de familles, dont les filiations généalogiques sont solennellement conservées. Il suppose que les filles sont exclues, autant que possible, de l'héritage des terres. Il suppose le retrait lignager. Il suppose l'interdiction des ventes, remplacées par des concessions de jouissance temporaire. Il suppose l'impossibilité des emprunts. Il suppose une société qui ne connaît presque que la propriété foncière. Il suppose, avant tout, une société qui vit dans un isolement absolu et qui n'entretient nulles relations avec les autres peuples. — A ces conditions-là, l'institution de l'année sabbatique est réalisable.

Je ne cherche pas si, en fait, elle a été longtemps réalisée chez les Juifs ; je me contente de demander si nous sommes comme eux un très-petit peuple, parfaitement isolé, étranger au commerce et à l'industrie, ne connaissant de propriété que celle des immeubles, tenant au net la généalogie des familles et ayant remis à chacune d'elles sa portion d'un pays conquis.

Abolir en entier la civilisation moderne, ramener l'Europe du dix-neuvième siècle à l'état social des douze tribus conduites par Moïse et par Josué, voilà le tour de force qu'il s'agirait d'accomplir, avant de songer à assurer par l'interdiction des ventes et des emprunts la transmission intacte des propriétés de famille.

En tous cas, ce serait une consécration solennelle du patrimoine, c'est-à-dire la négation expresse de la thèse communiste. Aussi n'insiste-t-on guère sur la législation de Moïse; on insiste sur les déclarations sévères de Jésus-Christ au sujet du danger des richesses, sur l'ordre de vendre et de donner qu'il a adressé au jeune riche, sur les ventes volontaires opérées au sein de l'Église naissante de Jérusalem.

Avant d'aborder l'examen de ces passages qui sont fort sérieux et qu'il importe de prendre au sérieux, rappelons-nous une chose : En isolant un passage on peut lui faire dire tout ce qu'on veut. Avec des versets isolés, je me charge de prouver que nous sommes tenus de haïr père et mère, que nous sommes sauvés par nos œuvres, que l'orgueil est légitime, que la vengeance est un devoir, que Jésus-Christ n'est pas Dieu, et bien d'autres énormités.

Cela posé, n'oublions pas qu'à côté de l'anathème fulminé contre la richesse, l'Évangile renferme la mention de riches sanctifiés et pieux; qu'à côté de l'ordre donné au jeune riche de vendre ses biens, l'Évangile nous présente d'autres riches exhortés à faire un bon usage des leurs; qu'à côté de l'exemple donné par les premiers chrétiens de Jérusalem, l'Évangile nous montre partout des riches et des pauvres au sein des Églises apostoliques.

Est-ce que je dis cela, messieurs, pour me dérober aux déclarations dont il s'agit? Est-ce que je songe à les rejeter ou à les affaiblir en quelque manière que ce soit? A Dieu ne plaise !

Oui, il y a souvent, très-souvent, une malédiction sur la richesse. Une tentation effroyable, la tentation de se confier à la richesse, d'adorer la richesse, de s'en faire une idole, la tentation d'être riche « pour soi, » attaque de droite et de gauche ceux qui possèdent de grands biens. Ils courent le danger d'être du nombre des misérables (c'est le mot qui convient) au sujet desquels le Sauveur a dit-lui-même qu'ils ont eu « leurs biens » en ce monde. Si du temps de Jésus l'Évangile est annoncé aux pauvres, si les riches prennent la part principale à la mort du saint et du juste, si Jacques les désigne comme des oppresseurs, cela n'est étrange qu'à première vue. Quiconque a réfléchi et observé comprend certes qu'il est malaisé qu'un riche entre dans le royaume des cieux. En le rappelant, Jésus-Christ a proclamé une incontestable vérité. Et il l'a proclamée, remarquons-le, sans prêcher la pauvreté sainte ou le salut par l'indigence, sans condamner à un degré quelconque la recherche de l'aisance, ce fruit de la bonne conduite et du travail. Amasser ainsi du repos pour soi et de l'éducation pour ses enfants, ce n'est pas pécher, tant s'en faut. L'Évangile, qui nous annonce que la piété « a les promesses de la vie présente » comme de celle qui est à venir, n'a pas plus maudit le bien-être qu'il n'a maudit la santé. Il s'est borné à nous avertir du péril immense qui naît pour nous lorsque les richesses abondent : elles risquent alors de nous séparer de Dieu en surexcitant notre égoïsme, en abaissant nos pensées vers la terre, en desséchant nos cœurs, en usurpant la première place dans nos pensées, en devenant des idoles.

Mais Jésus-Christ a dit au jeune riche : « Vends ce que **tu as et le donne aux pauvres !** » — Sans doute, et loin de vouloir corriger sur ce point la sainte folie de l'Évangile, j'ai hâte d'ajouter : Jésus-Christ peut nous dire la même chose. — « Vends ce que tu as. » En d'autres termes, brise ton idole, jette loin de toi ce qui te domine, te gouverne et te perd.

Parmi les premiers chrétiens de Jérusalem il en est un grand nombre qui ont vendu leurs biens et ont mis en commun le produit de ces sacrifices volontaires ! — Rien n'empêche que l'heure de tels sacrifices ne sonne de nouveau ; en présence de besoins exceptionnels, le grand exemple offert par l'une des Églises primitives demandera alors à être suivi. Il est des circonstances où nous sommes appelés à sacrifier autre chose que notre superflu. Nous avons problablement, certainement, à apprendre beaucoup sous ce rapport. Puissions-nous, si l'appel de Dieu se faisait entendre, puissions-nous nous sentir pressés, pressés et heureux, de vendre pour donner !

N'allons pas croire, au reste, que l'exemple de Jérusalem soit resté isolé dans l'histoire du christianisme. Maintes fois le devoir s'est montré, et maintes fois les chrétiens ont obéi. Lorsque les ancêtres de plusieurs d'entre vous s'exilaient du sol français pour conserver leur croyance, ils vendaient leurs possessions et en apportaient le prix aux pieds du Sauveur.

Ainsi l'Évangile, qui fonde l'égalité, ne fonde pas le nivellement. Sa parole : « Vends ce que tu as, » il la réserve aux circonstances exceptionnelles et aux idolâtres de l'argent. Nous chercherions en vain chez les apôtres les théories de la pauvreté monacale ; elles ont été inventées plus tard.

Je me trompe, elles ont été inventées de tout temps.

Les doctrines qui mutilent la vie au lieu de la transformer ont toujours existé sur la terre ; la doctrine qui transforme la vie sans la mutiler est plus rare, seule elle porte le sceau divin. Si vous comparez sous ce rapport les Églises primitives et les communautés des Esséniens qui existaient au même moment, vous serez frappés du contraste. Dans les Églises il y a des pauvres et des riches ; dans les communautés esséniennes la fausse égalité monacale est établie, la propriété a disparu et toutes choses ont été mises en commun. — Les Esséniens seraient-ils, par hasard, placés à une hauteur à laquelle n'ait pu atteindre Jésus-Christ !

Vous me dispenserez de répondre. Jésus-Christ veut qu'il y ait des riches et des pauvres ; mais que dit-il aux uns et aux autres ? En quels termes les présente-t-il les uns aux autres ? Quels liens de devoir et d'affection établit-il entre les uns et les autres ? Vous le savez, messieurs. Là est la merveille. L'égalité véritable commence ses conquêtes. Voici des pauvres sans haine et sans envie. Voici des riches sans idolâtrie de l'argent et sans orgueil, des riches qui comprennent leurs responsabilités, leurs périls et leurs priviléges. A côté du luxe bête des écus, voici le beau luxe, le grand luxe, celui de la bienfaisance fraternelle, qui donne beaucoup, qui se donne, et qui tâche que la main gauche ne sache pas ce que fait la droite.

XII

Un mot encore, messieurs, pour achever de définir dans ses traits caractéristiques l'égalité qui procède de l'Évangile. Je l'ai déjà dit peut-être, mais je tiens à le redire, cette égalité n'est pas de l'uniformité. L'uniformité, si jamais elle pouvait se réaliser par malheur, mettrait fin à la personne humaine. Chacun de nous n'est une personne que parce qu'il est soi et non pas un autre.

Être soi, grand principe de vérité, que nous ne saurions maintenir trop fermement. Il existe sous ce rapport des nivellements soi-disant pieux contre lesquels la franche et simple piété proteste. Que sont ces jargons, ces uniformes de dévotion, ces phrases et ces attitudes convenues, sinon une manière de remplacer l'individualité par l'uniformité ?

Il n'est pas vrai, grâce à Dieu, que tous les chrétiens se ressemblent et qu'une fois converti un homme perde son originalité personnelle. Quand les choses se passent de la sorte, c'est tant pis.

L'Évangile est si peu niveleur, qu'il maintient au ciel même et pendant l'éternité les individualités, les diversités, et pourquoi ne pas le dire, les inégalités. Il existe des inégalités parmi les anges; il en existera parmi les bienheureux. Ils seront égaux par le pardon, par l'adoption, par l'amour; mais il y aura des différences. L'Écriture nous le déclare, et il faut bien que cela soit, car la suppression absolue des différences serait la suppression de l'individualité. A force d'être semblables, nous cesserions d'être nous, et une sorte d'absorption bouddhique remplacerait le ciel individualiste des chrétiens.

XIII

J'ai dit, messieurs, ce que j'avais à dire sur l'égalité qui est dans l'Évangile. Il me reste à montrer qu'elle

en est sortie et que chacun de ses progrès dans le
monde a correspondu à un progrès de la foi. Nous ne
nous quittons guère, vous le savez, sans essayer sur la
pierre de touche de l'histoire les vérités que nous avons
établies. Notre méthode consiste à mettre sans cesse
les principes en face des conséquences. Indépendamment de la séance consacrée par nous à raconter la
marche de l'égalité, nous n'avons jamais manqué d'in-
terroger les faits en terminant chacun de nos entretiens.
L'égalité par l'Évangile doit passer par cette épreuve,
comme y ont passé avant elle l'égalité par le communisme et l'égalité par la liberté.

Je serai court, car les événements nous sont connus
et je puis me borner à ceux qui sont en rapport très-
étroit avec l'action de l'Évangile.

On essaye de croire que l'égalité a marché seule ici-bas,
que la venue de Jésus-Christ (cet accident sans importance) n'y est pour rien, que Jésus-Christ n'a pas prononcé une parole créatrice, que tout ne finit pas à lui pour
recommencer avec lui, que le monde moderne n'est que
la continuation du monde antique, que les idées ne font
pas les faits, qu'une invasion d'idées nouvelles n'a exercé
aucune influence sur la société et sur les institutions, que
l'humanité privée de la révélation apostolique aurait marché aux mêmes destinées, qu'elle aurait pris soin des pauvres, aboli la distinction des classes, affranchi la conscience, déclaré inviolable le domaine de l'individu, relevé
la femme, supprimé le servage et l'esclavage, proclamé
les libertés anglaises et américaines et les principes de 89.

On essaye de croire cela ; je doute qu'on y parvienne,
pour peu qu'on jette les yeux sur l'état du monde avant

Jésus-Christ. Sans parler des servitudes immobiles des
peuples de l'Orient, que voyons-nous chez les deux ou
trois peuples qui représentent alors le mouvement et le
progrès ? Athènes réalise l'égalité des citoyens au moyen
de l'asservissement des esclaves dix fois plus nombreux.
Rome monte à l'assaut des priviléges du patriciat; mais
ses armées s'avancent accompagnées de marchands d'esclaves et la traite dépeuple l'univers au profit du peuple-
roi. Écrasement des esclaves, des colons, des sujets,
c'est-à-dire du grand nombre, écrasement des enfants
et des femmes, voilà le spectacle que présentent alors
toutes les parties de notre terre ; ici sont les gynécées,
là sont les harems.

Jésus-Christ vient, et qu'arrive-t-il ? Les vérités
libératrices qui se murmuraient confusément à l'oreille
de quelques sages descendent dans le peuple et courent
les rues. Les sages eux-mêmes font tout à coup un
gigantesque pas en avant. Comparez, messieurs, les
stoïques d'avant Jésus-Christ aux stoïques qui sont
venus après et qui ont respiré, sans être chrétiens, un
air ambiant tout imprégné de christianisme; en fait
d'humanité et d'égalité, comparez à Zénon Épictète et
Marc-Aurèle.

Franchissons maintenant cette longue et obscure période pendant laquelle le progrès s'est engourdi parce que
l'Évangile s'était voilé, parce que l'Église avait disparu
dans la foi collective et héréditaire, parce que la grande
morale s'était éclipsée derrière le formalisme et la direction, parce que le mouvement des idées s'était glacé au
sein de la casuistique, parce que le libre élan des consciences avait sombré sous le flot des persécutions, parce
que le christianisme en un mot s'était fait plus ou moins

19

païen. Laissons là le moyen âge, où cependant l'action de l'esprit nouveau se fait maintes fois sentir, où la fondation des hôpitaux, la protection chevaleresque des faibles, je dis plus, la préoccupation générale des choses éternelles, le développement des sentiments élevés et délicats que les civilisations antiques n'avaient pas connus, montre bien le travail intérieur d'une puissance qu'on peut comprimer mais non détruire.

Allons droit à ces pays que vous me permettrez d'appeler bibliques. C'est là qu'il faut se placer, pour comprendre à quel point la cause de l'égalité est liée à celle de l'Évangile. Retranchez par la pensée de notre histoire moderne les nationsd e la Bible, l'Angleterre, l'Écosse, la Hollande, la Suisse, les États-Unis, et dites-moi si vous croyez encore qu'on puisse aboutir aux conquêtes libérales de 1688 et aux principes de 1789.

Ce n'est pas tout, retranchez de la Réforme les minorités, les vaincus, ceux qui ont été jusqu'au bout de leur croyance, qui n'ont voulu conserver aucune trace des vieilles traditions, qui n'ont reconnu d'autre autorité que l'Évangile, et vous ne parviendrez pas davantage à comprendre la naissance du monde moderne; aucun des chemins qui mènent à la liberté et à l'égalité ne s'ouvrira.

Avec les réformes incomplètes, avec les religions d'État du protestantisme, le christianisme officiel, si longtemps complice des Césars, de la féodalité et de l'ancien régime, aurait couru grand risque de continuer à remplir le même rôle. L'église anglicane ne sait pas assez quel service lui ont rendu les dissidents; l'église luthérienne ne sait pas assez combien il est heureux pour elle qu'il y ait eu de par le monde des calvinistes et des huguenots.

Grâce aux vaincus, la vraie victoire a été remportée;

grâce aux persécutés, la Réforme a cessé de persécuter ; grâce aux églises indépendantes, les églises d'État elles-mêmes ont été arrêtées dans la voie déplorable où elles s'engageaient. Nous, protestants, messieurs, nous déplorons beaucoup trop nos défaites du seizième siècle ; nous regrettons beaucoup trop que la Réforme n'ait pas prévalu partout comme religion nationale. Si elle avait prévalu de la sorte, si François I⁽ᵉʳ⁾ avait suivi l'exemple de Henri VIII, nous aurions assisté à un nouveau triomphe du principe païen sur l'Évangile, la croyance collective et obligatoire aurait supprimé une seconde fois la croyance individuelle et l'Église. Nous aurions eu, non pour un jour mais pour toujours peut-être, un cléricalisme protestant, un formalisme protestant, des persécutions protestantes ; l'Europe protestante aurait remplacé l'Europe catholique comme obstacle aux grands progrès sociaux renfermés dans l'Évangile.

Grâce aux défaites, nous avons connu de meilleures destinées. Le protestantisme de la défaite, écrasé en France, poursuivi en Angleterre, réfugié en Suisse, en Prusse, en Hollande, émigré aux États-Unis, nous a conduits aux antipodes du moyen âge, à l'individualisme chrétien, à l'État laïque, à la séparation de l'Église et de l'État. Ces non-conformistes si persécutés ont pratiqué, ont aimé, ont propagé le système volontaire. A l'heure qu'il est ce système existe seul aux États-Unis ; il gagne du terrain en Angleterre, qui dans un sentiment de justice envers les catholiques irlandais va porter un grand coup à l'anglicanisme ; il multiplie les églises libres en Écosse, en Suisse, en France ; il s'impose à la pensée contemporaine, et prépare pour un avenir prochain de gigantesques changements.

On aura beau faire, lorsqu'on voudra expliquer les idées de liberté et d'égalité qui depuis deux siècles prennent possession de l'Europe, il faudra toujours regarder du côté de ces pays de la Bible, où le protestantisme est à l'œuvre, où il a refait la place de l'individu, où il a fondé les mœurs de l'indépendance politique par cela même qu'il a maintenu de fortes croyances. Ces pays de la Bible, qui sont aussi les pays du dimanche, ont été les grands foyers de la révolution libérale qui de proche en proche gagne le monde moderne.

L'Angleterre des Tudors, avant la Réforme, n'est certes pas loin du pouvoir absolu, et je ne pense pas que l'Angleterre du pseudo-réformateur Henri VIII en soit plus éloignée. Les mots de réforme et de protestantisme me touchent assez peu, quand il n'y a que les mots. Avec le protestantisme national et intolérant, avec le protestantisme qui glorifie le divorce, avec le protestantisme qui conserve les traditions, l'Angleterre que nous connaissons ne se serait jamais formée. Il fallait mieux qu'un protestantisme, il fallait un retour réel au pur Évangile et au modèle apostolique, pour retrouver les germes de liberté et d'égalité déposés dans la Parole de Dieu. C'est lorsque les hommes soumis à la seule Parole de Dieu ont fondé leurs églises qui ne demandent rien à l'État, c'est alors qu'un monde nouveau a été créé.

Alors les Stuarts ont dû disparaître, alors les institutions anglaises ont cessé d'être le jouet des despotes, alors le *bill des droits* a été promulgué, alors le Parlement est devenu le Parlement, alors s'est montrée l'Angleterre de 1688, l'Angleterre de Guillaume III, celle qui, en faisant face à Louis XIV, a changé les destinées du monde.

Un autre événement, procédant de la même cause, est venu assurer et compléter les résultats immenses de la Révolution de 1688. Les pèlerins, ces exilés du puritanisme, ont traversé l'Atlantique, portant avec eux leur Bible, et les États-Unis sont nés. Ce qu'ils représentent aujourd'hui, nous commençons à nous en douter, je pense : ils représentent l'avenir. Pesez ces mots, messieurs, indépendance de l'individu, indépendance des communes, suppression des centralisations abusives, abolition complète des liens entre les églises et l'État, système volontaire, et par-dessus tout, ce qui explique le reste, attachement profond à l'Évangile, influence profonde de la foi en Jésus-Christ.

Tels sont, messieurs, ces pays de la Bible, du sein desquels jaillit incessamment le fleuve d'idées libérales où nous nous abreuvons. Si le socialisme ne nous ramène pas en arrière vers les traditions du despotisme latin et vers l'omnipotence de l'État, nous marcherons, en dépit des réactions passagères, dans le chemin ouvert par les Puritains et qui mène aux nations libres, aux églises libres, à l'abolition des priviléges, à la suppression des monopoles religieux, commerciaux et industriels. Là est l'égalité réelle unie à la réelle liberté. Je ne dis pas que tous les peuples réaliseront cette forme élevée de gouvernement; la source d'où elle est sortie indique les conditions de sa réussite. Sans la Bible, l'égalité et la liberté des pays de la Bible subsisterait difficilement.

Quoi qu'il en soit, qu'on ne vienne plus nous dire que le mouvement de 89 est né de lui-même et qu'il n'a rien à démêler avec l'Évangile. Otez les pays de la Bible, le mouvement de 89 disparaît. Il faut se figurer quelle fonction remplissaient, à côté de nos civilisations raffinées et centralisées, ces pays qui ayant le livre avaient l'école, ces pays où l'on parlait haut, où l'on remuait des questions qui n'avaient pas leurs entrées à Versailles, ces pays où les besoins du grand nombre se faisaient leur place, où chacun gouvernait sa conscience et sa vie, où l'on ne craignait ni la discussion ni la lumière.

Autant il serait injuste de refuser à la France du dix-huitième siècle le mérite qu'elle a eu de généraliser et de populariser les idées, de les frapper à sa brillante effigie, de les transformer en monnaie courante accep-tée par tous les peuples, autant il serait insensé de nier qu'elle les ait reçues d'Angleterre et d'Amérique. Nous l'avons déjà dit, Voltaire et Montesquieu avaient visité, étudié l'Angleterre ; Diderot traduisait des livres anglais; La Fayette, accompagné d'une foule de gentilshommes, était allé combattre sous le drapeau américain. Sans oublier Rousseau venu de Genève, nous pouvons affir-mer que tous les hommes qui ont préparé le mouve-ment de 89, qui ont propagé en France et en Europe les principes de l'égalité libérale, se sont formés à l'école des pays de la Bible.

Voulez-vous, messieurs, une preuve nouvelle et tout à fait contemporaine des rapports de filiation qui unis-sent l'égalité à l'Évangile? Considérez le plus éclatant triomphe de l'égalité, l'abolition de l'esclavage. Ce triomphe est un triomphe de l'Évangile; le réveil, c'est-à-dire le retour à l'Évangile, en a été la cause efficace et évidente.

Au moment où allaient commencer les guerres de la Révolution et de l'Empire, un esprit nouveau vient re-muer les consciences en Amérique et en Angleterre. La foi chrétienne, engourdie depuis quelque temps, reparaît avec une merveilleuse vigueur. Wesley et Whitefield ont évangélisé les masses ; les premiers missionnaires ont traversé les mers, à l'heure précise où les flottes ennemies se cherchent ; l'œuvre biblique va naître ; l'évangélisation se prépare ; le travail des âmes vient mêler aux événements de la fin du siècle un événement d'une autre nature, et d'une autre portée.

Je n'ai pas à énumérer tout ce qui est sorti de là, institutions charitables, églises indépendantes, écoles du dimanche, bibliothèques populaires, Bibles répandues par millions dans toutes les langues de l'univers ; je m'attache au seul fait que je viens de mentionner, l'abolition de l'esclavage. Je n'en connais pas de plus beau ; il est pour notre génération la consolation de bien des misères, la compensation de bien des défaites. A ces heures de découragement où nos cœurs subissent une sorte de défaillance parce que rien ne semble aller à notre gré, ce qui nous relève, c'est ce fait-là ; nous n'avons pas le droit de maudire notre temps, nous qui avons assisté à l'abolition de l'esclavage.

Et rien ne semblait plus impossible. En Angleterre comme aux États-Unis [1], tous les intérêts étaient coalisés contre l'abolition, sans compter les passions et les préjugés. Ceux qui se rappellent les débuts de la lutte chez les Anglais, savent quels adversaires avaient en face d'eux Wilberforce et Buxton : la Chambre des communes, la Chambre des lords, la couronne, les ministres, l'opinion,

---

[1]. Je ne cite pas le Mexique et les autres pays américains qui, après avoir subi le joug de l'Espagne, ont aboli, sous l'influence des principes libéraux, une institution qui n'avait chez eux ni beaucoup d'importance ni de profondes racines.

les journaux. Les colonies réclamaient avec violence ; l'État craignait pour ses revenus et se souciait peu en outre de dépenser un milliard en mesures préparatoires et en indemnités ; les ports de mer élevaient la voix. En quoi consistait l'armée de Wilberforce ? Des chrétiens signant des pétitions, une agitation chrétienne, des voix inconnues mais persévérantes dénonçant les crimes de la traite et de l'esclavage.

Cela a suffi, messieurs : la traite succomba, l'esclavage succomba, la majorité fut vaincue par la minorité, les intérêts s'inclinèrent devant les principes, l'inégalité monstrueuse de l'esclavage disparut devant l'Évangile.

En décrétant l'abolition dans ses colonies, l'Angleterre l'avait décrétée pour tous les peuples chez lesquels existait l'esclavage colonial ; il y a un niveau des idées qui s'établit tôt ou tard. Mais pour les pays ayant des esclaves sur leur propre territoire, tels que les États-Unis, le Brésil et Cuba [1], il fallait une nouvelle impulsion, et cette seconde victoire de l'égalité était peut-être plus malaisée à gagner que la première. Aux États-Unis, le nombre des esclaves, la situation des États du Sud rendaient les difficultés telles que de fermes esprits avaient reculé. Mais s'il était impossible d'abolir l'esclavage aux États-Unis, il était plus impossible qu'un pays de la Bible le conservât toujours. Aussi, qu'est-il advenu? En dépit des prudents, et des politiques, et des chrétiens même qui avaient pris parti contre l'Évangile, l'esprit de l'Évangile l'a emporté. Il n'est pas si facile qu'on le croit de lire journellement l'Évangile, de l'enseigner dans les écoles, de vivre en présence de cette parole d'égalité

---

1. Cuba est plus qu'une colonie espagnole ; c'est un pays.

adressée aux hommes de toute race et de toute couleur, puis de se persuader réellement que les hommes à peau noire doivent se vendre au marché.

XIV

C'est par hasard sans doute que les deux pays qui ont donné ce magnifique exemple (un exemple que tous les pays sont forcés de suivre, y compris le monde musulman et païen) se nomment l'Angleterre et les États-Unis ! Admettez-vous de tels hasards, messieurs ? Je ne le pense pas. Sans insister davantage, profitons de ce que nous sommes aux États-Unis pour apprécier les services rendus par l'Évangile à la démocratie libérale.

Tous ceux qui ont visité et étudié avec soin ce pays, Tocqueville, Michel Chevalier, tous ceux qui ont cherché le secret de cette grandeur, de cette liberté, de cette égalité, ont reconnu que ce secret est dans l'Évangile. Cela sort, ont-ils dit, de l'église et de l'école ; ôtez l'église et l'école, deux mots pour dire ici la même chose, et vous n'aurez plus les États-Unis. L'Amérique de Washington et de Lincoln, c'est l'Amérique fondée par les Puritains, celle qui a une Bible dans chacune de ses demeures, celle qui ne construit pas un village de bois dans les profondeurs de ses défrichements du *Far west* sans y bâtir avant tout la maison où l'on méditera la Bible et la maison où les enfants apprendront à lire dans la Bible ; c'est l'Amérique qui fournit chaque année, et dans les années de guerre civile aussi, cent millions de dons volontaires pour la religion, celle dont les écoles du dimanche sont des armées à la tête desquelles figurent des officiers qui sont les premiers magistats de la nation, celle dont les unions chrétiennes de jeunes gens ont fait sur les champs de bataille et dans les hôpitaux militaires de la guerre civile le service d'infirmiers.

Telle est la vraie Amérique. Elle est loin d'être parfaite, mais vous avouerez, messieurs, que lorsqu'on s'occupe de l'égalité, il faut s'adresser là. Le peuple qui a le mieux su concilier la démocratie et la liberté est en même temps le peuple qui est resté le plus fidèle à la foi évangélique et qui a le plus résolùment rejeté la nationalité religieuse pour retourner à l'église libre, à la profession individuelle, en un mot, au modèle apostolique .

Chez nous, messieurs, il ne manque pas de gens qui s'imaginent que la religion est bonne pour les imbéciles : les forts, les libres sont au-dessus de semblables enfantillages ; nous en savons trop long pour croire encore à l'Évangile. — Hé bien, les hommes libres des États-Unis, non moins savants, non moins forts que nous, et par-dessus le marché non moins dévoués, je suppose, à la cause de l'égalité, puisent dans ces enfantillages les mœurs viriles sans lesquelles ils ne seraient pas ce qu'ils sont.

Pendant leur guerre contre le sud révolté, les soldats américains lisaient leur Bible et priaient Dieu. Les offi-

---

1. L'organisation ecclésiastique n'est pas plus parfaite que le reste aux États-Unis. Leurs nombreuses dénominations n'ont assurément rien d'apostolique. Reconnaissons cependant que l'unité religieuse y est plus réelle peut-être que nulle part ailleurs et que s'il y a parfois des sectes, l'esprit sectaire ne s'y fait guère sentir.

ciers de marine sur leurs vaisseaux, les colonels en tête
de leurs régiments, n'avaient pas honte de rappeler à
leurs hommes les promesses de l'Évangile et de se pros-
terner avec eux. Après les victoires, après les défaites,
ce pays qui n'a point de religion d'État voyait paraître
des proclamations invitant les citoyens à s'humilier et à
rendre grâces.

Je me souviens encore du sentiment de surprise (et
j'ajouterai, de respect) qui parcourut l'Europe lorsque,
Lincoln mort, les États-Unis manifestèrent publiquement
leur affliction. Ce n'était pas, comme chez nous, la froide
mention de la Providence ou de l'Être suprême ; c'était
le cri de douleur d'une nation chez laquelle le christianisme est demeuré vivant. Cette nation s'adressait à
Dieu comme au Père tendre qui écoute la voix de ses
enfants ; elle s'adressait à Jésus-Christ comme au Sauveur.

Répétons-le, l'Amérique n'est l'Amérique qu'à ce prix.
Sa liberté vient de l'Évangile ; sa démocratie libérale
tient à l'Évangile.

XV

Et c'est au nom de l'égalité que chez nous on attaque
l'Évangile ! Oui, messieurs, il en est ainsi, la religion
d'égalité est attaquée au nom de l'égalité. Ces mêmes
comités qui ordonnent les grèves, travaillent systématiquement et parfois avec un effroyable succès à propager
l'irréligion.

Oui, l'irréligion est, en tous pays, un des articles de

leur programme. Grâce à eux, un souffle d'impiété pas-
sionnée passe sur notre Europe; ils sont parvenus à
faire vivre ensemble deux mots qui hurlent de se rencontrer, égalité et athéisme.

Vous savez sous quels prétextes on dénonce aux classes
laborieuses cette foi chrétienne avant laquelle l'esclavage
régnait partout sur la terre, par laquelle il a disparu, par
laquelle les intérêts du grand nombre sont devenus la
préoccupation dominante du monde moderne. Les prétextes sont au nombre de deux : l'Évangile sanctionne
l'inégalité en recommandant la résignation, l'Évangile
est une invention des riches.

L'Évangile sanctionne l'inégalité en recommandant la
résignation ! Cela se dit beaucoup et le développement
de cette thèse est bien connu :

Le vrai moyen de maintenir des priviléges injustes,
n'est-ce pas de détourner les regards de la terre vers le
ciel, et d'ajourner les espérances du pauvre à une autre
économie ? N'est-ce pas ainsi qu'on désarme les opprimés, qu'on écarte les systèmes tendant à réaliser dès
la vie présente le bonheur de tous les hommes ? N'est-il
pas commode pour l'injustice de s'abriter derrière le jugement éternel ? Quand les victimes ne parlent plus qu'à
Dieu et n'aspirent plus qu'à une réparation future, l'exploitation de l'homme ne se donne-t-elle pas carrière ?

Je commencerai par le demander à ceux qui parlent
ainsi, comment l'opèrent-ils, eux, la réparation actuelle ?
Oter la résignation aux pauvres et ne pas leur donner un
écu, au contraire, le cadeau me semble mince.

Disons ensuite que la résignation est loin d'affaiblir les
luttes contre l'injustice. Si je ne me trompe, c'est de-

puis que la doctrine de résignation est prêchée que les
luttes contre l'injustice sont devenues sérieuses. Oui,
c'est depuis qu'il y a de la résignation sur la terre qu'on
a cessé de s'y résigner au mal ; ce que le monde antique
supportait, le monde chrétien ne l'a pas supporté.

On nous objecte toujours un Évangile monacal, dé-
taché de tout, étranger à la vie commune ; nous répli-
quons toujours en en appelant à l'Évangile véritable, à
l'Évangile des apôtres. Celui-là n'ajourne rien ; s'il dirige nos regards vers l'éternité, et nous en avons tous
besoin, il n'en possède pas moins « les promesses de la
vie présente. » Il n'a ajourné à l'éternité ni le relèvement de la femme, ni la réhabilitation du travail, ni la
préoccupation des besoins du grand nombre, ni l'abolition de l'esclavage. Il n'a ajourné à l'éternité ni la charité ni le devoir.

L'Évangile est une invention des riches !

Quoi ! cet Évangile de Jésus pauvre, prêché par des
pauvres à des pauvres ? Quoi ! cet Évangile si sévère
aux riches ? Je ne serai pas assez exigeant pour demander comment les riches se sont concertés afin d'inventer Jésus-Christ et à quel moment une invention
aussi extraordinaire a trouvé moyen de se glisser dans
l'histoire. Ne prenons pas au sérieux une invective qui
ne supporte pas la discussion ; on ne discute pas les cris
de guerre.

Il existe, j'en conviens, des religions du coffre-fort,
et certains riches considèrent la foi en Dieu au point de
vue de la sécurité de leur argent. Mais cette religion-là
excite chez les vrais chrétiens une indignation et un dégoût qui ne seront pas surpassés.

L'Évangile, lui, est la religion des riches et des pauvres,
des pauvres avant tout. Que leur ont fait les pauvres,
à ceux qui veulent leur ôter cela ? L'Évangile leur apporte l'espérance et l'idéal ; il leur montre un père et un
sauveur ; il met à leur service le mobile moral qui donne
à ceux qui sont en bas la volonté et la force de monter. Je
croyais que l'égalité était en haut et qu'une religion de
relèvement était une religion d'égalité ; j'oubliais l'égalité qui abaisse.

Vous dirai-je, messieurs, ce qui me fait trembler pour
notre mouvement d'égalité ? S'il déclare la guerre à
Dieu, tout est perdu. On pourra bouleverser peut-être,
relever, non. Dieu est le garant de l'égalité de l'homme
et de l'homme. Dieu présente l'homme à l'homme comme
un racheté, comme un bien-aimé, comme un frère. Dieu
ne permet pas que l'homme soit pour l'homme une
combinaison fatale de la matière, un être quelconque à
exploiter ou à haïr. Dieu met entre l'homme et l'homme
ce sentiment dont l'égalité ne se passe pas, le respect.
Supprimez le respect, supprimez la fraternité, supprimez les choses de l'âme, faites descendre l'humanité
dans les régions basses, ne posez plus que des questions
d'argent, ne remuez plus que des inimitiés et des jalousies, et, si vous fondez une égalité, cette égalité sera
une malédiction.

Le mot vous semble-t-il trop fort ? Considérez un
moment l'âge d'or vers lequel on nous convie à marcher.

L'égalité aura peut-être été décrétée pour quatre jours ;
on l'aura mise dans les lois et arrachée des cœurs. On
aura détruit les richesses, ceci est facile ; on n'aura dé-

truit ni les avidités ni les orgueils. On aura enlevé aux riches et aux pauvres ce qui constitue la douceur de leurs relations ; au nom des solidarités sociales on aura détruit les solidarités morales. Et nous verrons alors à l'œuvre l'affreuse machine niveleuse, marchant par secousses, avec un bruit de ferrailles. Ses contacts sont aussi moelleux que ceux des barres d'acier [1].

La démocratie sans Dieu ! Notre globe, qui a assisté à bien des spectacles, n'en aura jamais vu de pareil. La personne humaine aura été dévorée par l'État. Alors apparaîtra l'égalité infernale , l'égalité du néant. Nous serons égaux dans la misère, dans l'ignorance, dans la servitude, égaux en bas, tout en bas, dans le mal.

XVI

A cet idéal j'oppose celui de l'Évangile. L'idéal n'est pas de haïr, c'est d'aimer et d'être aimé. Être aimé : je sais que quelqu'un m'aime, j'ai une maison paternelle dans le ciel. Aimer : je sors de moi-même, j'échappe à mon égoïsme, je rends service, je jouis du succès et du bonheur d'autrui, j'ai l'âme pleine de sympathies.

Comment dire, messieurs, ce qu'il entre alors de rayons de soleil dans les maisons les plus sombres et dans les vies de labeur les plus ingrates ? Nous avons des frères ; notre vie a un but ; elle resplendit de joies pures et de devoirs. Voilà notre idéal. Je ne prétends pas qu'on y atteigne; je ne rêve pas des nations de vrais

---

1. J'emprunte cette image à Bastiat.

chrétiens; mais plus il y aura de vrais chrétiens dans les nations, plus on se rapprochera de la grande égalité.

On se fait de la piété chrétienne les images les plus maussades et les plus fausses. On se figure vraiment qu'elle consiste à passer sa vie dans les églises, à ne lire que des livres de dévotion, à s'isoler des choses d'ici-bas ! C'est beaucoup plus et beaucoup moins; beaucoup plus, car il s'agit de se donner à Dieu; beaucoup moins, car il ne s'agit pas de mutiler la destinée humaine.

Voici des vies largement ouvertes à tous les devoirs, à toutes les activités, à toutes les affections; des vies, non de reclus, mais d'hommes. Loin d'avoir appris à se retirer de tout, le chrétien a appris à s'intéresser à tout, à tout ce qui est bon, à tout ce qui est beau. Si vous cherchez une existence simple, saine et gaie, entrez chez lui; vous m'en direz des nouvelles.

Essayons-en, messieurs. Ne nous détournons pas de cette région sereine, de cette oasis qui sourit, verte et fraîche, au milieu du désert de l'histoire. Je n'ai pas oublié l'émotion qui me prit, lorsque, traversant les solitudes du Sinaï, j'aperçus du haut de mon dromadaire les premiers bosquets de palmiers balancés au vent. Eh bien, nous pouvons voir aussi des palmiers; il suffit que les sources vives de l'Évangile se mettent à couler quelque part. Où elles coulent, le désert cesse; les crimes, les injustices et les haines s'interrompent tout à coup.

Si nous nous occupions moins de refaire la société que de nous refaire nous-mêmes, nous verrions s'opérer un changement inouï. Nous trouverions les autres meilleurs ; nous apprendrions à supporter, à pardonner, à croire au bien ; nous apprendrions à secourir sans humilier, c'est-à-dire en aimant.

J'affirme ces choses, parce que je les ai éprouvées. Dans la mesure bien faible de ma foi et au milieu de rechutes incessantes, j'ai senti vivement ceci : il y a deux vies aussi différentes que la nuit et le jour, la vie sans Christ, la vie avec Christ. Je me souviens de la première, de ses agitations, de ses sécheresses, de ses courts horizons, de ses ambitions mesquines. Je ne vis réellement que depuis que j'ai entrevu la seconde, ses horizons sans limites, ses ambitions immenses, ses espérances lumineuses, son éternité qui se mêle à tout.

Messieurs, j'ai eu aujourd'hui une grande joie ; j'ai eu la joie de rendre témoignage à ce que je possède de plus précieux et de plus cher ; j'ai eu la joie de vous dire, avec une certitude absolue et sans crainte aucune de me tromper ou de vous tromper (vous le voyez bien sur mon visage) : Vous qui cherchez ce qui relève, le voilà ! Vous qui cherchez l'égalité, la voilà !

SEPTIÈME DISCOURS

HARMONIES SOCIALES

I

En général, messieurs, l'étude de l'égalité conduit à la guerre ; la nôtre nous conduit à constater, en finissant, les harmonies sociales. Vous l'avouerai-je ? l'espoir seul de terminer ainsi m'a donné le courage de commencer. J'avais cette confiance qu'en examinant avec loyauté le problème, nous arriverions à la solution, c'est-à-dire à la paix.

Les problèmes divisent, les solutions unissent. J'ai donc le droit de vous parler aujourd'hui de concorde. Nous allons entrer au port après la tourmente. Il y a un port, messieurs, et l'égalité qui élève est une égalité qui pacifie.

Il nous faut, à nous aussi, notre île d'Utopie. Malheur à qui n'a pas la sienne ! Sans un idéal à réaliser, sans un but à poursuivre, nous allons à tâtons, ne sachant même pas dans quel sens nous devons marcher. Il est rare, je le sais, que nous atteignions nos buts ; mais si les atteindre est beau, les poursuivre est bon. Peut-être ne vaincrons-nous pas ; du moins aurons-nous combattu. Et quel privilége de combattre, quand on sait pour quoi et pour qui !

Génération grognonne et gémissante entre toutes, nous devenons impuissants à force d'être critiques. L'espérance nousmanque, la forte espérance, en dehors de laquelle on ne fait rien de grand. Se plaindre et se plaindre encore, blâmer et blâmer encore, gémir et gémir encore, ce serait un triste métier.

Je n'y ai nul goût, et je pense que vous vous en doutez un peu. Il est aisé de découvrir le côté fâcheux de toute chose, les dangers de l'instruction, les fatigues de la foi, les exigences du devoir, les assujettissements de la famille, les tourments de la liberté, et, pour me renfermer dans notre sujet, les menaces de l'égalité.

Eh bien, j'aime mieux voir ces belles choses par leur beau côté. Au lieu d'insister sur les luttes, sur les craintes, sur les haines, je veux rechercher avec vous les motifs que nous avons d'aimer, d'espérer, de nous entendre, de nous tendre la main. C'est la paix que nous devons poursuivre, c'est vers la paix que nous devons aller ; c'est à la paix que nous appelle celui qui s'appelle le Prince de la paix, et qui nous montre à l'extrémité des siècles l'époque bénie où la paix descendra sur la terre avec la justice, où les épées seront transformées en hoyaux.

Je sais, messieurs, que nous n'en sommes point là, tant s'en faut. Le mal est ici-bas, nous n'en pouvons certes pas douter. Entre notre idéal et nous le mal apparaît ; la vue du mal ne nous permet pas les idylles. Mon espérance est modeste ; c'est une espérance

pourtant. Mon idéal n'a rien d'excessif; c'est pourtant
un idéal, et le voici :

Je voudrais qu'il nous fût donné d'aborder les problèmes sociaux par leur face harmonique, au lieu de les
aborder par leur face haineuse. Ce sont deux choses différentes de discuter les questions en ennemis ou en amis,
d'y chercher passionnément ce qui peut nuire à autrui où
d'y chercher avec non moins de passion ce qui peut être
utile à tout le monde. Il n'est pas une question qu'on
ne puisse envenimer en la prenant par un certain bout.
Les discussions hostiles de la propriété, de la concurrence, de la liberté et de l'égalité ne manquent pas,
sans compter les appréciations hostiles du christianisme.

De même qu'il y a une égalité qui abaisse et une
égalité qui élève, de même il y a une poursuite militante
et une poursuite amicale de l'égalité. Ce sont deux méthodes ; j'ai tâché de demeurer fidèle à la seconde. Vous
ne m'accuserez pas, je pense, d'avoir excité les haines,
d'avoir déclamé sur les crimes des riches ou sur les torts
des pauvres. Nous avons mieux à faire, ce me semble,
qu'à exalter les uns aux dépens des autres ; nous avons
à montrer que les uns ont besoin des autres, que tous
ont besoin de tous.

II

Existe-t-il une harmonie des intérêts ? Bastiat a
répondu à cette question en nous invitant à choisir entre
les formules que voici : votre profit est mon dommage,
votre profit est mon profit.

On aurait pu hésiter autrefois ; la lutte des classes
inondait la terre de sang, le sang coulait pour défendre
des inégalités injustes, le sang coulait pour les renverser. Il était difficile alors d'envisager les choses équi-
tablement. Les faits prenaient plus de place que les
idées et les principes avaient moins d'influence que les
situations.

Mais aujourd'hui l'antagonisme des classes est tombé
avec les classes elles-mêmes. Or l'antagonisme des
intérêts ne saurait survivre à l'antagonisme des classes.
Le moment est donc venu de nous demander si nous ne
serions pas appelés à nous entr'aider plutôt qu'à nous
entre-détruire.

Harmonie des intérêts, harmonie des vérités, tel est
le terrain où il importe que nous nous placions dorénavant. Non-seulement toutes les vérités s'accordent, mais,
j'ose le dire, il n'existe pas plusieurs vérités. Je n'en
aperçois qu'une. Le juste, l'utile, le vrai, ce sont trois
mots qui disent la même chose ; dans la langue du ciel
il n'y a qu'un seul mot.

A cette hauteur, messieurs, se découvrent des accords
inattendus qu'on ne saurait contempler sans émotion.
La science économique donne la main à l'Évangile, la
solidarité de l'une n'est que la conception encore incomplète de ce que l'autre appellera la fraternité. La morale
et la politique, le devoir et le bonheur, le ciel et la
terre s'entre-répondent dans un concert splendide que
l'on ne se lasse pas d'écouter. Là-haut, par delà le péché,
les contradictions s'effacent une à une, les vérités qui
semblaient opposées se rapprochent et tendent à se
confondre, l'idée d'un crime utile, d'une vertu nuisible,

d'un progrès malfaisant, ne se conçoit même plus.

Je voudrais que nous fissions effort pour monter jusqu'à ce beau pays du vrai. Plus nous approcherons du vrai, plus nous approcherons de l'harmonie; plus nous monterons, moins nous haïrons. Là-haut siége une égalité nouvelle et qui a bien le droit d'être nommée ici, l'égalité des principes.

III

Essayons, messieurs, de montrer par quelques faits que l'harmonie des intérêts est une incontestable réalité [1].

La prospérité d'un pays nuit-elle aux autres pays? On ne l'a que trop longtemps pensé, et nous voyons encore aujourd'hui les politiques de la vieille école bâtir la grandeur d'une nation sur l'affaiblissement ou sur la division de ses voisins. Les économistes de la vieille école nous enseignaient aussi (les deux doctrines se tiennent) que la richesse d'une nation était compromise quand ses voisins étaient en état de lui fournir quelque chose et quand elle devenait ainsi « tributaire » de l'étranger.

Maintenant, nous commençons à comprendre qu'il nous est bon d'avoir des voisins prospères et n'ayant

1. Je ne me lasse pas de saluer en Bastiat le Christophe Colomb du monde des harmonies sociales. Je dirai franchement ce qui lui manque, mais je tiens avant tout à dire ce qu'il a. Il n'est que juste de citer aussi les *Études* de M. Louis Reybaud sur les réformateurs socialistes modernes.

plus à lutter contre des causes d'affaiblissement ou de division. Nous nous apercevons aussi que la prospérité d'autrui aide à la nôtre, que plus nous leur vendons, que plus ils nous fournissent d'objets utiles, plus nos jouissances augmentent. La théorie du bonheur national fondé sur la ruine de l'étranger, il faudrait presque dire de l'ennemi, cède graduellement du terrain, non sans faire des retours offensifs, en économie politique comme en politique.

Il ne s'agit que d'ouvrir les yeux. Des troubles intérieurs agitent un pays, tous en souffrent; l'ordre y est rétabli, tous en profitent. Les ressources d'un pays sont épuisées par la sécheresse, par la gelée, ou si vous aimez mieux, par les levées d'hommes et par l'impôt; les autres pays s'en ressentent à l'instant même, l'allanguissement des affaires se fait sentir au près et au loin. Il y a quelque part de belles récoltes, ou, ce qui revient au même, un désarmement, un allégement des charges publiques, un rétablissement de l'équilibre financier, une diminution du budget; aussitôt chacun s'en ressent, à l'est et à l'ouest, au septentrion et au midi; le baromètre se met partout au beau.

J'admire, quant à moi, cette mutualité mystérieuse, qui fait que les fléaux portent sur tous et que tous prennent leur part des prospérités. Que cela est bon, s'intéresser aux autres! Que cela est doux, ne plus nourrir son cœur de jalousies nationales et ne plus souhaiter par patriotisme les embarras, les dissentiments, les affaiblissements, les souffrances, en un mot, des nationalités qui nous entourent!

On veut que la règle ait ses exceptions. On nous dit

que Louis XIV et Napoléon ont été bien heureux de rencontrer de l'autre côté du Rhin et des Alpes une Italie
coupée en petits morceaux et livrée aux influences étran-
gères, une Allemagne réduite à l'impuissance par le
nombre et le désaccord permanent de ses princes. J'a-
voue que si les Louis XIV et les Napoléon sont des mo-
dèles, si le beau idéal pour un peuple est de ravager
l'Europe et de gagner beaucoup de batailles, en attendant l'heure des défaites, l'harmonie des intérêts est une
sottise. Mais nous savons, je pense, ce qu'était la prospérité de la France au sortir de ces règnes glorieux.
Épuisée, dépeuplée, elle avait par-dessus le marché la
douleur de voir ses frontières menacées ou dépassées
par l'inévitable réaction que provoquent les prépondé-
rances.

Sur le terrain des intérêts purement matériels, on
conteste aussi la règle fondamentale de l'harmonie. Sans
doute, dit-on, nous avons tous souffert de la guerre d'A-
mérique et il n'est personne, riche ou pauvre, qui par
l'engourdissement du commerce ou par le renchérissement des denrées, n'ait contribué à la solde des troupes
occupées au siège de Richmond ; mais quelques-uns ont
gagné, des spéculateurs ont joué et réalisé des fortunes,
l'Inde et l'Égypte ont trouvé dans la récolte du coton
des ressources inattendues.

Je pourrais répondre que le nombre des spéculateurs
ruinés a dépassé celui des spéculateurs enrichis. Je
pourrais ajouter que les profits de l'Égypte et de l'Inde
se perdent dans la souffrance générale des autres contrées. Je pourrais demander en outre si l'Inde se félicite
beaucoup d'avoir créé des cultures qui sont à présent
compromises. Quant à l'Égypte, ses récoltes exagérées

20

de coton l'ont tellement épuisée, que le vice-roi n'aurait pu persévérer dans ce mode d'exploitation, alors même que l'industrie anglaise aurait continué à s'adresser à lui.

J'aime mieux protester contre le principe de l'objection qu'on nous oppose. Les bénéfices accidentels ne sont pas un argument. Il y en aura toujours de tels, au sein des calamités les plus écrasantes. Lorsqu'une série de mauvaises récoltes a élevé le prix du blé à un taux de famine, il se fait des bénéfices ; pendant le blocus continental dont tout le monde souffrait, il se faisait des bénéfices. Mais les vrais bénéfices ne commencent que du moment où ces bénéfices-là ont cessé. A prendre les choses dans leur réalité sérieuse, les désastres sont toujours des désastres, les ruines sont toujours des ruines, et les fléaux qui fondent sur un peuple sont toujours en fin de compte des fléaux pour les autres peuples. L'harmonie des intérêts subsiste.

Ce qui est vrai pour les nations n'est pas moins vrai pour les individus. Mon voisin réussit, il mérite l'estime et il l'obtient, sa famille est unie, ses enfants sont bien élevés, son domaine est cultivé avec intelligence et donne de superbes récoltes ; est-ce que j'y perds, moi ? Vaudrait-il mieux pour moi que j'eusse un voisin vicieux, décrié, entouré d'une famille en désarroi et marchant à grands pas vers la ruine ? Peut-être mon abominable égoïsme préférerait-il cela, peut-être aurais-je l'infamie de penser que l'abaissement de ceux qui m'entourent contribue à mon élévation ; en tous cas, si je pense ainsi, je suis plus bête encore que méchant, car les mauvais exemples sont contagieux, les vices appellent les vices, les ruines appellent les ruines, et quant aux profits apparents qu'on retire parfois de la misère d'autrui, ils n'ont jamais porté bonheur à personne.

L'avez-vous remarqué, messieurs ? en examinant les questions brûlantes qui ont passé successivement devant nous, il ne nous est pas arrivé de dire une seule fois : « Voici l'intérêt des pauvres, » ou : « Voici l'intérêt des riches. » L'harmonie des intérêts est si complète, que nous ne saurions imaginer une circonstance où les uns pussent trouver un avantage réel dans la souffrance des autres. Le communisme, qui dépouillerait les riches, réduirait les pauvres à l'extrême indigence ; la violence substituée à la liberté des transactions ne supprimerait pas seulement l'industrie, mais supprimerait aussi les salaires.

Existe-t-il une opposition réelle entre les patrons et les ouvriers ? L'intérêt du patron n'est certes pas que l'ouvrier souffre, car il est mécontent et va ailleurs. L'intérêt des ouvriers n'est certes pas que le patron souffre, car l'ouvrage diminue et le prix des journées baisse.

Existe-t-il une opposition réelle entre les gouvernants et les gouvernés ? L'intérêt des gouvernants est que les gouvernés soient heureux, car tout devient facile alors. L'intérêt des gouvernés est que les gouvernants réussissent, car les succès d'une administration capable et heureuse sont les succès du pays entier.

Nous ne pouvons pas nous passer les uns des autres ; nous ne nous passons pas les uns des autres. Ce que tous font pour tous est prodigieux. Aucun de nous ne vivrait huit jours, s'il parvenait par miracle à se placer en dehors de cette harmonie sociale qui est la condition même de notre existence ici-bas.

Il est des biens dont nous jouissons sans nous en douter, tant ils sont indispensables et tant ils nous semblent naturels ; ces biens sont ceux de l'harmonie sociale, ceux, je répète le terme, que tous procurent à tous. Le plus pauvre des hommes a chaque jour des jouissances de sécurité, de communications faciles, de pavage, d'éclairage, d'approvisionnement, de fabrication ingénieuse, de connaissances vulgarisées, dont la valeur est incalculable. Le plus riche des hommes ne parviendrait pas à se procurer à prix d'or une seule de ces jouissances courantes, si l'harmonie sociale ne les plaçait à sa portée, comme à la portée du dernier mendiant.

Tous contribuent à ces jouissances, tous en profitent. Pour ne parler que d'une seule, la sécurité, nous représentons-nous où nous en serions si nous avions à cadenasser chaque soir en tremblant nos portes et nos fenêtres, si nous ne pouvions faire un pas loin de nos demeures sans tenir une arme à la main ? Il y a des pays à l'heure qu'il est où les promeneurs courent risque d'être emmenés à la montagne et mis à rançon. Il y en a où les témoins sont punis à coups de poignard-du crime d'avoir dit la vérité devant les juges. Il y en a où les menaces d'incendie et les incendies sèment la terreur.

La vie me serait littéralement impossible si les autres hommes ne m'aidaient en tout, dans mes aliments, dans mes habits, dans ma demeure, dans mes voyages, dans mes habitudes de chaque jour. Oui, pour que nous ayons pu nous habiller et prendre nos repas, pour que cette grande salle soit là, pour que nous ayons pu nous y rendre ce soir par de bonnes rues bien balayées et bien éclairées, pour que nous n'ayons pas eu à craindre sur la route l'attaque du moindre brigand, il a fallu ce travail de tous pour tous qui est un des traits essentiels de l'harmonie sociale. L'architecte qui a fait les plans, l'ouvrier qui les a exécutés, le législateur qui a voté les lois, le magistrat qui a rendu la justice, le gendarme qui a maintenu l'ordre, le laboureur qui a cultivé les champs, le négociant qui a acheté les denrées, l'armateur qui a envoyé ses navires, le capitaliste qui a fourni les fonds ont collaboré à notre profit.

IV

Où sont les antagonismes naturels ? Je les cherche, et je ne les trouve pas. La souffrance et la misère ne créent pas des antagonismes ; en effet, si pour les soulager on attaque la prospérité d'autrui, la souffrance et la misère augmentent, bien loin de décroître.

Il importe de le répéter souvent à voix haute dans ce temps où l'on cherche à mettre aux prises le capital et le travail, leur harmonie est admirable, sous la main de la liberté. Que deviendrait le capital sans le travail? Il demeurerait inutile. Que deviendrait le travail sans le capital ? Il ne trouverait pas où s'employer.

L'opposition du capital et du travail c'est l'opposition du fils et du père. Le capital est né du travail ; gênez le ravail, et aucun capital ne se formera. D'un autre côté, menacez le capital, et le travail sera frappé de mort. Le

20.

père a besoin du fils, comme le fils a besoin du père ; dans ces querelles de famille tout le monde pâtit.

Je vous défie, messieurs, d'imaginer une entreprise dans laquelle l'harmonie des intérêts n'existe pas. Quand un travail s'exécute, chacun y trouve son profit, non-seulement le capitaliste qui y place son argent et l'entrepreneur qui dirige les ouvriers, mais les producteurs éloignés qui ont fourni les matériaux, les négociants qui les ont amenés, l'État qui voit augmenter la matière imposable. En travaillant pour soi, là est l'harmonie, chacun a travaillé pour les autres. Pour peu qu'on pénètre au delà des conflits de la surface, on découvre au fond la réciprocité perpétuelle des services.

J'ai parlé des conflits de la surface ; il semble en effet que le règlement des salaires nous révèle un redoutable antagonisme.

J'en appelle au souvenir de nos précédents entretiens : par qui les salaires sont-ils réglés ? — Par les ouvriers et par les patrons ! Non certes. Ils sont réglés par quelqu'un de plus puissant, qui s'appelle la liberté. Or la liberté est semblable à la justice, elle tient une balance dont les plateaux ne penchent ni à droite ni à gauche.

Les salaires sont-ils trop considérables ? L'industrie produit à trop haut prix, les consommateurs se retirent, il faut que le travail diminue, la demande des bras devient inférieure à l'offre, les salaires baissent. — Les salaires sont-ils trop faibles ? Les ouvriers émigrent et vont chercher de l'ouvrage ailleurs, la demande des bras devient supérieure à l'offre, les salaires montent... J'ai dit cela, n'importe, il faut le redire sans se lasser. L'harmonie sociale est si forte, qu'elle triomphe même de la déshar-

monie morale. Voici des patrons qui veulent rogner injustement quelques sous de la journée de leurs ouvriers ;
voici des ouvriers qui veulent imposer injustement à leur
patron une augmentation de quelques sous. Ni les
uns ni les autres n'en viennent à leurs fins. Ces quelques sous, au bout de peu de mois, la liberté de sa forte
main les aura rendus aux ouvriers malgré les maîtres,
ou aux maîtres malgré les ouvriers.

Non-seulement les hostilités et les méchancetés sont
impuissantes, mais il se rencontre en définitive que les
arrêts de la liberté sont toujours conformes à l'intérêt
commun. La loi de liberté et de justice est une loi d'harmonie. Demandez aux ouvriers à quelle époque leur
position a été bonne : lorsque les chefs d'industrie avaient
beaucoup de commandes, ou quand ils marchaient à leur
ruine ? Demandez aux chefs d'industrie à quelle époque
ils ont réalisé de grands bénéfices : quand les ouvriers
étaient mal payés parce que les affaires allaient mal,
ou quand les ouvriers étaient bien payés parce que les
affaires allaient bien ? Demandez enfin aux uns et aux
autres s'ils ont jamais eu à se louer de l'injustice en
vertu de laquelle ils ont pu momentanément suspendre
la loi de liberté, réduisant le salaire au-dessous du niveau fixé par la concurrence ou l'élevant au-dessus.

Ceci nous ramènerait au sujet palpitant des grèves ; je
n'ai garde d'y rentrer. Je me contente de souligner la leçon
que vient de nous donner l'harmonie sociale. Ceux qui
prétendent dérober ainsi le règlement du salaire à la toute-
puissance de la liberté, qui veulent fixer les prix en dehors des rapports de l'offre et de la demande, se proposent tout simplement de résoudre un problème inso-

luble. La grève, telle qu'on l'entend, usant de contrainte à l'égard des travailleurs d'abord et des fabricants ensuite, puis prétendant maintenir l'activité de la production, c'est la quadrature du cercle de l'industrie.

Diminution des bénéfices, diminution des débouchés, diminution du travail, diminution du salaire, telle est la série logique et invariable des faits. Cette chaîne de conséquences est d'autant plus serrée aujourd'hui, que le progrès des voies de communication a rendu les déplacements aisés. Il y a dans chaque corps d'état une partie essentiellement mobile. Si la grève des ouvriers forçait quelque part le prix du travail, un mois après de nouveaux travailleurs arriveraient et amèneraient la baisse. Si la grève des patrons abaissait abusivement les prix quelque part, un mois après s'opérerait une émigration qui produirait la hausse.

Ainsi l'harmonie se montre et triomphe jusque dans les conflits. Il importait de l'étudier aussi là. Là même, lorsqu'il n'y a plus, semble-t-il, que des passions en lutte et des prétentions aux prises, nous découvrons que l'intérêt de tous, de tous sans exception, c'est la liberté et la paix.

Ne nous le dissimulons pas d'ailleurs, tandis que nous supplions les hommes d'élever leurs regards et leurs cœurs vers les harmonies sociales, on travaille activement à organiser des antagonismes. Il se fait un mouvement immense, au lendemain de l'abolition des classes, pour les refaire au milieu de nous.

Nous ne savons plus, nous, ce que c'est qu'une classe ouvrière ; mais certains amis de l'égalité tiennent à ce qu'il y en ait une, elle doit leur servir de bélier et battre en brèche les remparts de la société. Leur plan est tout simple : au moyen de ces deux faits, le suffrage universel et les ouvriers constitués en classe distincte, ils espèrent disposer du nombre, c'est-à-dire du pouvoir.

Grèves, questions de salaire, tout cela n'est que le prétexte, le procédé, pour organiser un gouvernement absolu fondé sur la supériorité numérique des travailleurs. En les mettant à part, en écartant toutes les questions politiques afin de ne considérer jamais que la question ouvrière, ils se flattent de mettre en mouvement une force irrésistible.

Le bon sens de beaucoup d'ouvriers résistera à ce classement, et les ouvriers de la campagne en particulier, qui forment la grande masse, ne se laisseront pas aisément enrôler, eux qui possèdent presque tous quelque chose, sous une bannière où l'on a écrit en grosses lettres : haine de la propriété et du capital ! Cependant si les meneurs réussissaient, ne fût-ce qu'un jour, à constituer une classe à part, l'ère des antagonismes violents s'ouvrirait en Europe, et nous aurions mauvaise grâce à parler alors des harmonies sociales.

Représentez-vous, messieurs, l'armée des travailleurs organisée, ayant ses chefs, ayant son mot d'ordre, marchant comme un seul homme. Jamais despotisme pareil ne se serait fondé ici-bas. Il n'y aurait plus qu'un intérêt, il n'y aurait plus qu'un droit. — Nous avons le nombre, nous disposons des majorités, nous offrons des candidatures à qui nous appuie, nous sommes le gouvernement !

Que voulez-vous répondre ? La force est la force. Ce gouvernement réaliserait un plan de centralisation colossale : laissant derrière lui les vieilles différences de nationalité comme les vieux problèmes de justice et de liberté, il aurait son peuple à lui, les ouvriers de l'Europe entière; il aurait son système social; il aurait sa religion. Nous savons laquelle, messieurs.

En fait d'incarnation de la tyrannie, on ne saurait rêver rien de plus complet. Une fois les ouvriers constitués en classe et obéissant à une impulsion centrale, le mode de solution des difficultés journalières serait tout trouvé : l'État, l'État, et encore l'État.

La toute-puissance n'aime pas à rencontrer des difficultés sur sa route. Elle ne daigne pas dénouer les nœuds, elle les tranche, et l'épée qui tranche ces nœuds, c'est l'État qui la porte à son côté. Quand l'État ne frappe pas assez vite ou assez fort, on a la ressource des pétitions qui donnent des avertissements et des insurrections qui donnent des ordres. Viennent les crises, et elles ne se feraient pas attendre; viennent les chômages, les détresses commerciales, la ruine rapide des particuliers et de l'État, la toute-puissance essayerait de tout pour en sortir, réglementations, inquisitions, spoliations. L'État ferait son possible. Mais on ne ressuscite pas une société morte, à l'impossible nul n'est tenu.

Ceci est l'impossible. Centralisation monstrueuse, obéissance aveugle et passive, nombres écrasants, gouvernement maître de tout et décidé à tout, État mettant sa main sur la propriété et sur la famille, administration délivrant des licences de travail, désignant les ouvriers que chacun doit employer et fixant le taux des salaires, inventions fiscales poursuivant à outrance le revenu et l'héritage, aucune de ces machines de guerre habiles à tuer n'est capable de faire vivre.

On mourra donc, et si peu que cela dure, ce sera la

fin du monde. — Voyez, messieurs, comme la vie de la civilisation est liée aux harmonies sociales. Qu'on déchaîne les antagonismes, et il n'y a plus de société.

Attachons-nous donc à la cause de l'égalité, qui est celle de la paix. Ne permettons pas que les questions se posent d'une manière haineuse, les ouvriers contre les bourgeois, les blouses contre les habits. Donnons à la suppression des classes toute la réalité d'un fait irrévocablement accompli. Suivons l'exemple des pays où la démocratie libérale est à l'œuvre. L'Amérique n'a jamais constitué à part l'élément ouvrier; elle a nommé Lincoln qui avait été fendeur de bois et Johnson qui avait été tailleur, mais elle ne les a pas nommés en qualité d'ouvriers.

Là est la véritable dignité démocratique. Dans un pays où l'égalité règne il ne peut être question d'élire des paysans ou des artisans, pas plus qu'il ne se peut agir d'élire des nobles ou des bourgeois; on élit des citoyens.

V

Admirons, messieurs, ces harmonies placées par la main de Dieu à la base même des sociétés humaines. En dépit des égoïsmes et des malveillances, elles subsistent; partout où règnent l'égalité et la liberté, les harmonies se déploient sans obstacle; partou où la liberté est comprimée et où l'on tâche de constituer une classe à part, le régime des antagonismes se charge de glorifier les harmonies par la misère effroyable qu'il enfante.

Ceci est merveilleux. Je le dirai volontiers avec les économistes, le penseur qui a contemplé l'action harmonieuse de la loi de liberté au milieu des hommes, n'est pas moins ébloui que l'astronome qui a contemplé le mouvement, également harmonieux, des corps célestes. On nous oppose cependant encore deux objections qu'il importe d'apprécier : les fainéants et les machines sont deux obstacles à l'harmonie ; les pauvres seuls travaillent, et les machines sont en train de se substituer aux ouvriers qui perdront ainsi leur gagne-pain.

Ce n'est pas moi qui prendrai en main la cause des fainéants ; je les déteste et je les plains ; ce sont les plus inutiles et les plus malheureux des hommes. Mais avant de renier notre foi aux harmonies sociales, il faudrait nous demander si l'obligation légale du travail, si la violation de la liberté personnelle et l'intervention de l'État dans la vie privée de chacun, ne constitueraient pas de bien autres inconvénients. Ajoutons que l'harmonie éclate ici par les souffrances mêmes imposées à celui qui ne travaille pas ; la loi sociale se venge : si l'homme oisif impose une perte à la société, il en subit une plus grande, l'accord des intérêts est maintenu.

Il y a d'ailleurs des fainéants à tous les degrés de 'échelle, en haut, en bas et au milieu. Auprès du jeune riche qui perd son temps, et plus que cela, dans les clubs, j'aperçois le pauvre qui, avec deux ou trois journées de travail par semaine, se procure l'argent du cabaret et laisse sa famille à la charge de la charité ; j'aperçois aussi le désœuvré des petites villes, qui partage sa vie entre la chasse et le café.

Puis, il n'est que juste de remarquer que si jamais

le travail a pris un caractère d'universalité, c'est aujour
d'hui. Le progrès est immense sur ce point ; la division
croissante des fortunes, la chute des préjugés, les nécessités des temps modernes, en un mot, diminuent de jour
en jour la triste armée des fainéants.

On travaille partout maintenant, et ce qu'il importe
de remarquer, c'est que l'harmonie la plus complète
existe entre les diverses catégories de travailleurs. Un
savant découvre dans son cabinet les lois de la science
pure, un autre savant assure l'application de la science
à l'industrie, un ingénieur s'empare de la science appliquée pour combiner les plans d'une vaste entreprise, des
ouvriers exécutent ces plans ; chacun d'eux a travaillé,
non à son profit seulement, mais au profit de tous. Quel
est l'anneau de la chaîne du travail que vous parviendrez
à supprimer? Sera-ce l'ingénieur, ou le savant pratique,
ou le savant théoricien? On ne se rend pas assez compte
de cette solidarité profonde et générale. L'ouvrier, qui
ne voit pas ses collaborateurs, se figure trop souvent
qu'il travaille seul, parce que seul il a un outil à la
main.

L'objection empruntée aux machines n'est pas plus
sérieuse.

Vous pouvez m'en croire, messieurs, car je ne les aime
pas toutes. Plusieurs des machines agricoles m'inquiètent pour la poésie des champs et pour le bon vieux travail en plein soleil. Il ne m'est pas prouvé qu'il faille appeler de nos vœux un temps où nos fermes ne seraient
plus que des fabriques noircies par la fumée des machines
à vapeur, où la vapeur se chargerait de retourner les
champs, de sarcler, de moissonner et de battre, où les

21

animaux *perfectionnés* languiraient et s'engraisseraient dans le régime de la stabulation, où le progrès prétendu, en supprimant les haies vives, aurait supprimé les nids et les oiseaux.

Je n'ai pas davantage la passion des mécanismes industriels qui, exigent de vastes et funestes réunions d'ouvriers, qui par la division infinie du travail, condamnent chaque homme à une besogne minutieuse, monotone, abrutissante. Nos fabrications en grand m'ont fait regretter maintes fois les anciens chefs-d'œuvre, l'industrie dans laquelle le travailleur mettait de son âme, l'industrie qui touchait à l'art.

Mais il serait souverainement injuste de donner à ces réserves partielles une portée générale. Prises dans leur ensemble, les machines ont été un des affranchissements du genre humain, un des progrès de l'égalité. L'accord des intérêts, et pour répéter le mot, l'harmonie sociale, n'ont cessé de s'y manifester avec éclat. En même temps que l'invention des machines créait l'industrie moderne et le puissant développement d'affaires dont nous sommes témoins, elle amenait le bon marché des étoffes, la facilité des communications, la transformation favorable à tous des conditions de la vie.

Si la période de transition qui succède à l'introduction d'une machine nouvelle entraîne d'inévitables souffrances, c'est là une de ces crises auxquelles la charité doit pourvoir, car l'économie politique, nous le verrons, ne suffit point à tout, et sans la charité, les harmonies sociales seraient imparfaites. Au reste, la transition accomplie et la douleur du changement passée, les machines ne sont plus qu'un des éléments nécessaires de la prospérité et du progrès.

Ce sont des libératrices. Les pauvres surtout ont lieu de les bénir. Grâce à elles, le travail est devenu autre chose que le déploiement de la force purement physique. Qui voudrait en revenir au temps où, faute de machines, les hommes écrasaient le blé, où, faute de ponts, les hommes portaient d'autres hommes sur leurs épaules d'un bord à l'autre des rivières ?

Regardez une charrette, une brouette, et demandez-vous quels services ces simples machines ont rendu aux misérables qui jadis faisaient le métier de bêtes de somme. Regardez une charrue derrière laquelle le cultivateur marche libre et fier, et demandez-vous à quel point la condition des paysans a été améliorée par l'agencement de ce soc au bout de ces pièces de bois.

Oui, les machines sont des libératrices, et cela est vrai des machines de guerre comme des autres. Par elles la barbarie, c'est-à-dire la force brute, est vaincue pour toujours. Par elles une part chaque jour plus grande est réservée à l'intelligence dans les batailles. Si la guerre éclate encore, quoiqu'elle ait commencé à perdre, ce me semble, sa sotte popularité d'autrefois, il se trouvera que la valeur intellectuelle et morale des peuples y jouera le premier rôle. De plus en plus le soldat de profession se retire et le citoyen prend sa place. Ceci est un grand progrès de l'égalité et qui me rappelle celui qui s'était accompli le jour où don Quichotte encontra des arquebuses. Son indignation de chevalier me touche ; mais je ne puis oublier qu'auparavant les chevaliers foulaient aux pieds les vilains et que l'homme cuirassé lardait sans péril l'homme sans cuirasse. Une petite balle glissée dans un tube de fer les mit alors de niveau ; aujourd'hui les fusils à répétition et les longues portées vont permettre aux simples miliciens de tenir tête aux soudards ; le bourgeois se sentira moins petit devant le traîneur de sabre.

Ainsi, messieurs, l'égalité marche à la suite des découvertes, et loin d'établir un antagonisme, les machines font éclater de nouvelles harmonies. Elles servent, en définitive, les intérêts du grand nombre.

VI

Je ne voudrais pas, au reste, que vous vous méprissiez sur ma pensée. Si je parle d'harmonies sociales, je ne prétends certes pas qu'elles soient parfaites et qu'il n'y ait aucun progrès à poursuivre désormais. Je ne me sens nullement enclin à l'admiration béate de tout ce qui est et de tout ce qui se fait. Je ne prétends pas, tant s'en faut, que tout soit pour le mieux dans le meilleur des mondes possibles. Il ne s'agit pas, messieurs, de s'agenouiller devant les faits accomplis. Le mal est le mal, la misère est la misère, l'injustice est l'injustice, et nous sommes tenus d'y porter remède.

Entendons-nous donc bien, une œuvre virile nous attend ; plus nous sommes convaincus que les bases divines de la société doivent être respectées et que refaire la société est une entreprise aussi absurde qu'impie, plus nous avons à combattre énergiquement les abus. Tout n'est pas sacro-saint dans notre organisation. J'ai pris soin de citer des infamies, des exploitations de l'homme par l'homme, des causes permanentes de paupérisme ; voilà l'ennemi.

Ne confondons pas les principes de la société, qui sont divins, avec leur application, qui est souvent défectueuse. J'ai défendu la propriété ; ai-je dit qu'elle ait toujours rempli ses devoirs, qu'elle ait toujours compris ses magnifiques priviléges de patronage et de bienfaisance ? J'ai vanté la liberté ; ai-je dit qu'après avoir respecté la liberté d'autrui nous ayons fait tout ce que nous avons l'obligation de faire ? J'ai rappelé les égalités de l'Évangile ; ai-je dit que les chrétiens n'aient pas à remplir infiniment mieux la mission qui leur est confiée ici-bas ?

Il faut avancer, cela est incontestable ; seulement, et c'est en ceci que consistent les harmonies sociales, il faut avancer ensemble. Dans tous ces efforts, combat contre le mal, réparation des injustices, poursuite de la vraie égalité, nous sommes alliés et non ennemis ; nos devoirs s'accordent, nos intérêts s'accordent.

Sommes-nous des alliés ou des ennemis ? L'égalité se réalisera-t-elle par la haine ? Ressemblerons-nous à ces races animales qui ne subsistent que par la destruction d'autres races ? « Détruire ou être détruit, » est-ce ainsi que se posent les questions ? J'ai tenu à vous dire ce que j'en pensais.

Accord des intérêts, accord des progrès à poursuivre, telle est la vérité fondamentale qui s'est graduellement dégagée devant nos yeux. Il y a des progrès à poursuivre, et j'attache quelque prix à les indiquer, en partie du moins, afin qu'on sache bien que notre idéal d'harmonie sociale se trouve plus loin et plus haut que nous ne sommes parvenus.

Il faut d'abord supprimer le cancer du paupérisme manufacturier. Je ne répète pas ce que j'ai dit sur la nécessité de lois sévères et peut-être d'une convention internationale réglant les heures de travail. Il est temps que le meurtre des corps, des âmes et des familles cesse. Un régime qui ne permet pas aux enfants d'être enfants et aux femmes d'être mères de famille appelle l'intervention protectrice de la loi ; les Anglais l'ont bien senti.

Puisque j'ai parlé des femmes, messieurs, achevons ce qui les concerne. Autant il importe de les arracher aux durs engrenages de la machine manufacturière (et par la diminution de l'offre des bras le salaire de leurs maris s'accroîtra), autant il importe de leur réserver les occupations qui sont de leur ressort et qui se concilient avec leurs devoirs de famille. L'Amérique leur confie la plupart de ses écoles ; la Suisse et l'Allemagne commencent à leur remettre çà et là la distribution des billets dans les gares et la transmission des dépêches télégraphiques. Je crois que si ces exemples étaient suivis, si les commis cédaient enfin la place aux femmes dans les magasins, si la concurrence injuste des prisons était supprimée, si celle des couvents rencontrait la flétrissure morale qu'elle mérite, une de nos dissonances sociales les plus poignantes, la misère sans remède de l'ouvrière à l'aiguille, disparaîtrait peu à peu.

Est-il besoin d'ajouter que certaines dispositions du Code appellent une révision? Je me contente de citer l'article qui établit une différence entre l'adultère de la femme et celui du mari.

Passons maintenant en revue toute une série de progrès qui préoccupent à juste titre l'opinion publique et qui, en complétant l'égalité, doivent assurer la réalité croissante de l'harmonie.

La *participation* semble destinée à transformer en patrons, ou peu s'en faut, une partie des ouvriers. Nous l'avons vu ensemble, messieurs, on peut, tout en maintenant le salaire, associer dans une certaine mesure les travailleurs aux bénéfices ; on le peut, et on le fait : diverses compagnies de chemins de fer, l'imprimerie de M. Paul Dupont et d'autres entreprises, ont ouvert la voie..Parmi les agriculteurs, les contrats du métayer et du vigneron ont depuis longtemps établi entre le propriétaire et le paysan la communauté des chances de gain et de perte. Les longs baux ont aussi pour résultat de créer de véritables associés et de supprimer les causes de lutte.

La *coopération* est une tentative plus hasardeuse et qui néanmoins mérite parfois d'être encouragée, comme tout effort que fait l'homme pour s'élever par l'intelligence et le travail. Que des maçons s'associent pour entreprendre eux-mêmes des constructions ; que des ouvriers tailleurs s'associent pour supprimer l'intermédiaire des maîtres tailleurs et pour remplacer le salaire par le partage des bénéfices, rien n'est plus légitime. Il importe seulement que ceci soit l'œuvre de la liberté, et non l'œuvre de l'État. Vous n'ignorez pas, messieurs, en quels termes la question coopérative se pose chez les Allemands entre le libéralisme de M. Schultze-Delitsch et le socialisme de M. Lasalle.

Auprès des sociétés coopératives de production se placent les sociétés coopératives de consommation. Ici ce n'est pas l'intermédiaire de l'entrepreneur qui est supprimé, c'est celui du marchand. Des ouvriers se réunissent, souscrivent de petites actions, achètent en gros, vendent en détail, et partagent les profits réalisés par leur magasin. L'opération, quand elle est bien menée, peut avoir des résultats excellents.

Ce que les ouvriers ne font pas eux-mêmes, on le fait quelquefois pour les ouvriers. Des restaurants économiques, des sociétés alimentaires fournissent une nourriture saine à un prix infiniment réduit [1]. On est libre d'y venir dîner en famille, d'emporter des rations ou des provisions chez soi.

Notre siècle a vu une création plus étrange. L'Écosse et l'Allemagne ont prouvé par des faits qu'en associant de très-faibles sommes on peut établir un très-solide crédit. Les banques populaires existent et prospèrent; cela peut sembler absurde, mais cela est. Elles viennent du pauvre et vont au pauvre. Elles commanditent l'ouvrier; elles tiennent compte des garanties morales, et les garanties morales se trouvent valoir en fin de compte les garanties matérielles. On avait prédit que les travailleurs ne parviendraient pas à leur fournir des fonds parce qu'ils n'ont rien, et les travailleurs leur ont fourni des millions. Elles marchent; cela répond à toutes les objections théoriques.

Je me borne à nommer des institutions plus connues mais qui ne sont certes pas moins utiles, les caisses d'épargne et les sociétés de secours mutuel. Je rappelle d'un mot ces maisons bâties pour les ouvriers et dont, au moyen d'un loyer un peu fort payé pendant un certain nombre d'années, ils deviennent propriétaires.

La loi française sur la caisse de retraite des ouvriers assure une pension aux blessés de l'industrie, aux veuves

---

[1]. Dix centimes le plat, dans plusieurs villes.

et aux orphelins des morts, ce qui n'affaiblit en rien sans doute le devoir que nous avons tous d'indemniser nous-mêmes l'ouvrier qui a été blessé ou la famille de celui qui est mort en travaillant pour nous.

J'aime à rappeler nos devoirs, qui sont aussi nos priviléges. En face du beau mouvement dont je viens de signaler quelques traits, quel rôle est réservé aux propriétaires et aux manufacturiers ! quelle impulsion ils peuvent donner ! quels patronages ils peuvent exercer ! Aucun général d'armée, aucun ministre ne possède de moyens d'action comparables à ceux que tel chef d'industrie tient entre ses mains. Heures de travail, repos des dimanches, surveillance morale, respect de la famille, écoles, bibliothèques, caisses d'épargne, soins médicaux, pensions de retraite, facilités offertes pour participer aux bénéfices et pour acquérir la propriété des maisons, arbitrages conciliants destinés à prévenir les conflits, tous ces moyens de vraie, saine et efficace bienfaisance lui sont remis. Il est en mesure d'aider ceux qui sont en bas et de les amener en haut; il dépend de lui de faire faire de rapides progrès à l'égalité et de remplacer l'antagonisme par l'harmonie sociale.

Si je signale avant tout l'action individuelle, je suis loin de répudier celle de la loi.

Sans rendre l'instruction obligatoire, elle peut déclarer incapable d'exercer les droits de citoyen, d'obtenir un grade ou de remplir une fonction l'homme qui ne sait pas lire et écrire. Ainsi nous arriverions à l'instruction primaire universelle, en dehors de laquelle il n'y a pas de véritable égalité.

La loi peut plus encore. Comme elle a aboli les maisons de jeu et les lotéries [1], elle peut réduire, service incomparable à rendre au peuple, le nombre des cabarets et des cafés. Il suffirait d'élever le taux des patentes et de faire exécuter à la rigueur les règlements de police. Ces mesures auraient d'ailleurs leur corollaire naturel dans la clôture des cercles où l'on joue et qui jouissent d'une tolérance au moins singulière. Je ne désespère pas même de voir punir quelque jour un autre jeu, le plus détestable, le plus corrupteur et le plus notoire de tous, celui de la Bourse.

Des mesures d'égalité déjà à l'étude recevront sans doute la sanction de la loi : on supprimera l'obligation du livret ; on retranchera l'article qui fait prévaloir l'affirmation du maître dans les discussions relatives aux gages.

Le Code pénal a besoin d'être revu au point de vue de l'égalité. Par rapport au châtiment qui atteint le pauvre qui vole un pain, les grosses escroqueries des grosses affaires ne sont pas punies. Les mœurs, au reste, ont plus besoin ici d'être corrigées que les lois. Ne voyons-nous pas les journaux nommer en toutes lettres les accusés quand ils sont pauvres, et recourir à de discrètes initiales quand ils sont riches ? Ne voyons-nous pas les jurés réserver trop souvent leur indulgence aux belles dames et aux messieurs ? Ne voyons-nous pas, en police correctionnelle, tel misérable condamné d'avance sur son habit et sur sa mine, manié, foudroyé par un interrogatoire sommaire, ahuri, incapable de répondre un seul mot ? Ne serait-il pas temps de se souvenir que n'avoir eu ni éducation, ni bons exemples,

---

[1]. Il ne faudrait d'ailleurs pas les rétablir sous une autre forme, en autorisant ou votant des emprunts avec primes.

que n'être défendu par aucune des voix puissantes du
barreau, c'est avoir droit à plus de douceur, à plus de patience? C'est à l'accusé mal élevé, mal vêtu et mal défendu qu'on devrait accorder le plus aisément des circonstances atténuantes.

A un point de vue différent, il importe de résister au
courant qui commence à se faire sentir parmi nous et
qui, sous prétexte de liberté testamentaire, nous ramènerait au droit d'aînesse. Nous qui voulons accroître l'é-
galité, n'allons pas la restreindre. L'égalité des partages
est d'un prix immense. La petite propriété, qui peut
avoir ses inconvénients, mais qui a des avantages bien
supérieurs, est la meilleure garantie peut-être de notre
avenir [1]. Ce n'est pas peu de chose que pauvres et
riches se rencontrent ainsi sur le terrain de la propriété.
Je plains l'Angleterre avec ses soixante mille propriétaires
fonciers. J'admire le Comtat, où chacun habite chez soi
et travaille d'abord pour soi, même en travaillant ensuite pour autrui. L'Angleterre sera la première à avoir
de l'agriculture industrielle et à remplacer l'homme par
des machines. N'a-t-elle pas déjà dans quelques loca-
lités ses *bandes d'ouvriers des champs* [2], je veux dire
ses ramassis d'hommes et de femmes où éclatent en
pleine campagne les corruptions et les misères de l'industrie citadine ? Notre idéal est différent : c'est la propriété accessible à tors, c'est la dignité humaine respectée, c'est l'égalité avançant au lieu de reculer, c'est

---

1. Il est aisé d'empêcher le morcellement à l'infini, en facilitant
l'échange des parcelles, ou même en introduisant chez nous les
consolidations usitées en Allemagne. Réunir les parcelles voi-
sines, puis opérer le partage, cela est bien simple.

2. *Agricultural gangs.*

le pauvre et le riche vivant en harmonie et non point en
hostilité.

Je n'ai pas la prétention, messieurs, d'examiner tous
les progrès de l'égalité qui, réalisés dans nos législations, contribueraient aux harmonies sociales.

Les juridictions exceptionnelles doivent disparaître.
Tel pays a encore des tribunaux ecclésiastiques. Tel
autre abuse étrangement des conseils de guerre. En
France, les conseils de préfecture et le conseil d'État
nous montrent trop souvent l'État jugeant dans sa propre cause. Les fonctionnaires ne peuvent être poursuivis
sans l'autorisation du conseil d'État ; privilége énorme,
inégalité prodigieuse, dont se passent à merveille les
fonctionnaires suisses, anglais et américains.

L'égalité légitime des citoyens n'est pas entière, tant
qu'une portion du territoire est assujettie par l'inscrip-
tion maritime à des obligations qui n'existent pas ailleurs, tant que le régime protecteur exige que les consommateurs payent tribut à certains producteurs, tant
que les entraves mises à la liberté religieuse assurent
à certaines croyances (protestantes ou catholiques, il
n'importe) une injuste domination.

A la suite de la liberté religieuse une autre égalité se
prépare à venir. Nous apercevons tous à l'horizon la séparation de l'Église et de l'État, le retranchement du
budget des cultes. Quand la question du pouvoir temporel se pose à Rome, quand le bill de M. Gladstone se
discute en Angleterre, quand le régime des églises
libres préserve l'Amérique des difficultés sans issue
où nous nous débattons, quand les églises libres
naissent partout en Europe, quand l'administration du

spirituel, telle qu'elle se pratiquait sous Louis XIV et sous Napoléon, nous fait déjà l'effet d'une curiosité historique, on peut bien espérer qu'une de nos grandes causes de désharmonie va disparaître.

Il en est d'autres, en France, par exemple, qui menacent de se perpétuer.

La désertion croissante des campagnes est un mal dont tout le monde souffre et qu'on semble se proposer d'aggraver incessamment. — L'impôt direct, dont on a fait l'impôt essentiel, pèse sur la terre et l'écrase. Sous forme de principal, sous forme de centimes additionnels, sous forme de droits de mutation, sous forme de droits de succession, il s'acharne à la poursuite de la propriété foncière. On se met à rebâtir les grandes villes et on y appelle des armées d'ouvriers. Par les embellissements, par les théâtres, par les plaisirs, on y attire ceux que le travail n'y fixe pas. La manie des fonctions publiques dépeuple aussi les champs : c'est la visée universelle ; on quitte la campagne, on va à la ville, et la ville ne rend rien de ce qu'on lui a envoyé ; une fois les habitudes prises, le village fait horreur. Il faudrait décentraliser, il faudrait que chacun donnât l'exemple et que les gens riches se remissent à vivre de la vraie vie rurale. En attendant, nous en sommes réduits à répéter en gémissant : Trop peu de paysans et trop d'ouvriers ! C'est dommage, car la misère des ouvriers est inconnue aux paysans. Encore une harmonie que nous avons tuée, et qui renaîtrait si nous le voulions.

Trop peu de paysans et trop d'ouvriers, disais-je tout à l'heure ; il faudrait ajouter : Trop de soldats. Parmi les misères qui oppressent notre Europe continentale, qui font que la vie y est difficile pour tant de gens et qu'on

nous répond par un sourire amer quand nous signalons
des harmonies, n'allons pas oublier la principale, la
folie des armements démesurés. Nous succombons, à la
lettre, sous le poids. Ayant beaucoup de soldats, nous
avons beaucoup d'impôts. Et l'impôt ne suffit pas ; presque tous les budgets maintenant se soldent en déficit ;
nous marchons enseignes déployées, c'est le cas de le
dire, à la banqueroute universelle. Combien d'années
a-t-il fallu à certains pays pour doubler leur armée et leur
budget et leur dette ? Ne se trouvera-t-il pas une grande
puissance qui, soigneuse de sa gloire et du repos du
genre humain, ait le courage de proposer et je dis mieux,
d'opérer, un désarmement réel, c'est-à-dire une réduc-
tion des cadres ? À l'heure où l'Autriche elle-même, ruinée
et protestant de son amour de la paix, achève d'écraser
ses finances et ses peuples sous le poids d'une armée
de 800,000 hommes, il est permis de souhaiter avec
passion qu'on en vienne enfin à fixer le nombre maxi-
mum d'officiers et de soldats qui pourront faire dans
chaque pays un service excédant quinze jours par année.
Où ce tant pour cent sera réglé par une convention internationale, imposé de fait par une éclatante initiative, adopté peut être, à tout risque, par quelque nation
décidée à ne plus conquérir et se sentant trop forte pour
être attaquée ; où l'armée exagérée et l'impôt excessif,
ces deux hontes de notre temps, prépareront le règne du
socialisme : c'en sera fait alors des harmonies sociales.

Quoi qu'il en soit, vous voyez, messieurs, où nous les
cherchons. Elles réclament toutes les libertés sincères,
toutes les vraies égalités, tous les progrès dignes de ce
mon. Notre ambition sous ce rapport est immense ; elle

ne s'enferme pas dans les limites de notre patrie ou dans celles de l'Europe. L'esclavage a disparu aux États-Unis; il faut qu'il disparaisse au Brésil et à Cuba, il faut qu'en Afrique même et en Orient il recule devant la civilisation chrétienne. Je dis plus, il faut que l'égalité des races soit admise par les lois et par les mœurs. Pour quiconque reçoit la Bible, cela ne saurait faire question : blancs, noirs et jaunes ont exactement la même généalogie, qui aboutit à Noé, ou si vous aimez mieux, à Adam.

Je connais de fervents apôtres de l'égalité qui bouleverseraient l'Europe, mais qui s'inquiètent médiocrement de ce qui se passe dans les autres parties du monde. Nos harmonies sociales sont moins égoïstes; elles ne s'emprisonnent ni dans un pays ni dans un continent. Nous désirons que l'égalité fasse le tour de la terre avec l'Evangile. Tant qu'il y a des esclaves et des harems, tant qu'il y a des peuples conquis et des races opprimées, nous n'avons pas le droit de nous déclarer satisfaits.

Pour l'égalité comme pour tous les progrès, chaque siècle a son horizon par delà lequel il ne voit rien; nous croyons toujours être au bout de notre tâche. Mais les choses impossibles d'aujourd'hui seront peut-être les choses très-simples de demain. Le métier de l'histoire, c'est de transformer incessamment des paradoxes en lieux-communs.

On accuse notre égalité de se perdre dans les nuages; on nous somme de conclure. Hé bien, nous concluons, comme vous voyez [1]. Nous ne proclamons à son de

---

[1] J'ai développé en l'écrivant cette partie du dernier discours. Je n'avais pas osé entrer dans tant de détails.

trompe aucune découverte, cela est vrai ; nous laissons
la gloire de trouver des spécifiques souverains aux gens
qui se chargent de refaire la société. Ayant des visées
moins hautes, nous nous contentons de recueillir quelques idées justes sur des sujets mal connus. Nous n'a-
vons inventé ni la justice, ni la liberté ; mais peut-être
n'était-il pas inutile de montrer que sous ces vieux mots
il ne manque pas de choses nouvelles, et l'énumération,
bien incomplète encore, que je viens de vous présenter,
constitue dans son ensemble un programme tel, que le
siècle qui le réaliserait aurait accompli le plus beau
mouvement en avant dont le genre humain ait été témoin.

VII

Les égalités que nous réclamons s'accordent toutes
avec la liberté et la justice ; toutes aussi elles procurent
la paix. Cependant la paix qu'elles peuvent fonder est
une paix très-insuffisante ; nous avons à chercher beaucoup plus et beaucoup mieux. Après avoir accueilli et
admiré l'harmonie que donne l'économie politique, il
importe que nous nous élevions jusqu'à celle que donne
l'Évangile.

L'économie politique s'arrête aux intérêts. Ce n'est
pas un tort, elle reste chez elle ; le tort consisterait à
prétendre qu'il n'y a rien au delà, et que parce qu'elle
résout son problème elle les résout tous.

Elle résout son problème, cela est certain. A ne considérer que les intérêts, on ne saurait imaginer rien de

mieux que la liberté. C'est à tort qu'on l'accuse de conduire à l'encombrement des produits ; l'intérêt de chacun est, non pas de produire tant qu'il peut, mais de s'arrêter quand le profit cesse ; la liberté combat les encombrements. C'est à tort qu'on l'accuse encore d'élargir la distance qui sépare le riche et le pauvre ; si la libre industrie crée parfois de grandes misères, c'est à cause d'abus odieux auxquels il est aisé de remédier. Il demeure évident d'ailleurs que partout où le droit d'aînesse ne gêne pas la liberté des partages, la fortune se divisant, la petite propriété naît et les rangs se rapprochent.

Oui, l'économie politique a raison de soutenir que la lutte libre des intérêts vaut mieux que leur réglementation et qu'il vaut mieux crier : Chacun pour soi ! que : L'État pour tous ! — Mais pourquoi crier l'un ou l'autre ? Pourquoi n'y aurait-il pas, par delà le monde des intérêts, le monde des choses éternelles, le monde de la charité et du devoir ? Toutes les batailles ont leurs blessés et celle des intérêts n'échappe point à la loi commune. Ces blessés de la liberté, ne les relèverons-nous pas ? Il est d'autant plus urgent de s'occuper d'eux, que le mal est sur la terre. La société a beau être divine, avec l'homme mauvais il est impossible que la part des iniquités et des souffrances ne soit pas énorme.

Messieurs, nous touchons ici à la grande lacune de la solution purement économique : elle nie ou semble nier le mal.

L'optimisme de l'école libérale, quand elle n'est pas en même temps chrétienne, rencontre une protestation formidable, celle des faits. Il y a décidément trop de misères et de crimes ici-bas pour que nous nous permettions de proclamer ainsi sans réserve aucune la perfection actuelle des harmonies sociales. Dans ce concert qui vous ravit, mon oreille saisit de terribles dissonances.

Sans rien retirer de l'admiration profonde avec laquelle j'ai contemplé tout à l'heure cet accord des intérêts que manifeste la liberté, j'ai besoin d'ajouter ceci maintenant :

L'accord des intérêts ne fait pas celui des cœurs. Les antagonismes, qui ne sont pas dans les choses, sont dans les personnes. Nous ne devrions pas être ennemis, mais nous le sommes, et nous agissons en ennemis. Avec nos âmes gâtées par la chute, l'injustice n'est pas un accident, elle est le fond de la destinée humaine.

Aussi n'ai-je osé parler des harmonies qu'après avoir parlé de l'Évangile. C'est en pensant à notre entretien de l'autre jour, c'est en comptant sur ce Dieu qui relève l'homme et qui nous donne ainsi le moyen seul efficace de relever la société, que j'ai osé prononcer le mot de paix. Oui, la paix naîtra de la liberté, pourvu que la liberté ne se sépare pas de Christ.

Quelle paix nous aurions avec la liberté séparée de Christ ! Unis en principe et divisés en fait, obéissant plus à nos passions qu'à notre intérêt bien entendu, nous tenterions de nous persuader que la vie actuelle se suffit et qu'il n'y a rien à souhaiter au delà.

La vie actuelle, messieurs ! mais c'est une énigme indéchiffrable, en dépit de toutes les libertés, si vous ôtez la vie à venir. La vie actuelle ne se comprend que si elle est une préparation, une école pour un monde meilleur, un creuset où nos âmes se purifient. L'éternité explique seule le temps présent ; le Jugement éclaire seul les ténèbres de nos destinées.

Ah! la liberté est bonne, l'harmonie qu'elle fonde est vraie, pourvu qu'une autre harmonie, celle des rétributions futures, vienne la compléter et la couronner. Sans cela et en dépit de toutes les libertés, du libre-échange, de la libre concurrence, de l'individu libre, de l'Église libre, et de l'État libre, je vois tant de misères irréparables, tant de tristesses inconsolées, tant de crimes impunis, tant de lâchetés et tant de cruautés triomphantes, que le mot harmonie expire sur mes lèvres.

Le libéralisme économique, excellent en soi, aboutit au plus incroyable des paradoxes dès qu'il sort de sa sphère et prétend régler, par delà le monde des intérêts, le monde moral lui-même et la société entière. Abusé par son admiration naïve d'un principe vrai dans son application restreinte mais absolument faux dans son application illimitée, il nous montre le progrès occupé à nous rendre meilleurs par l'action d'un mécanisme irrésistible. Le progrès nous conduit tout naturellement de science en science, de liberté en liberté, de vertu en vertu, de bonheur en bonheur et d'harmonie en harmonie, jusqu'à un idéal qui différera peu de la perfection absolue.

Est-ce vrai? les choses se passent-elles de la sorte? Si nos connaissances augmentent, nos vertus augmentent-elles aussi? Les combats qu'ont livrés nos pères, ne les livrons-nous pas comme eux? Leurs vices ne sont-ils pas nos vices? Sommes-nous moins égoïstes? Sommes-nous autres? Le progrès a-t-il créé une nouvelle humanité?

Non, mille fois non. Le péché, ce fait immense, est toujours là. Ne souffrons pas qu'on le nie, au nom d'un progrès prétendu. Protestons contre cette harmonie-là, car elle est menteuse. N'est-il pas remarquable, messieurs, que les économistes et les socialistes se rencontrent en ce seul point, la négation du mal? Qu'on le supprime au nom de l'harmonie ou qu'on charge l'État de le détruire, c'est au fond la même prétention et la même erreur.

La liberté, qui est toujours bonne, n'est donc pas toujours suffisante, il s'en faut bien. Il ne suffit certes pas toujours de dire : Laissez faire, laissez passer ! Les cœurs sont méchants ; qui les changera ? L'homme est malade ; qui le guérira ? Nous voulons la liberté légale ; nous voulons la liberté économique ; nous ne songeons pas, comme Sismondi, à corriger les inconvénients de la concurrence. Nous l'acceptons telle qu'elle est ; seulement, à côté de la concurrence libre, nous tenons à rencontrer la libre charité. Si l'esprit fraternel n'est point là, si l'homme n'est pas le frère de l'homme, nous verrons éclater de tels désaccords, que l'harmonie se retirera pour nous dans la région des songes.

Vous me dites, vous me prouvez que le profit des autres est mon profit, que la ruine des autres est ma ruine ; eh ! qu'importe ? Je fais passer ma passion avant mon intérêt. J'aime mieux nuire, dussé-je me nuire. Laissez-moi être dur, injuste et méchant, à mes risques et périls.

Le cheval de Roland n'avait qu'un défaut, il était mort. L'harmonie économique sans la charité me semble avoir à peu près le même malheur. La machine sociale écrase

plus d'un travailleur; les chômages généraux, les catastrophes individuelles engendrent d'affreuses misères;
des famines, nous le voyons en ce moment même, se
promènent çà et là, faisant des victimes par millions ·
une guerre, née d'une ambition ou d'un caprice, peut
amener à sa suite d'incalculables calamités ; enfin il y a
partout et toujours des veuves, des infirmes, des orphelins. L'économie politique se charge-t-elle d'y pourvoir ?

On dirait parfois qu'elle a cette ambition. Ce serait
une illusion fatale ; je ne crains pas de le lui déclarer,
moi qui l'admire sincèrement et depuis longues années.
Je ne me fierais pas à l'harmonie des intérêts, si elle
n'avait près d'elle et au-dessus d'elle l'harmonie des
devoirs. Volontiers on se laisserait aller à croire que
lorsqu'on a fait loyalement ses affaires, on peut se reposer ensuite avec le doux sentiment d'une vie bien employée. S'il n'existe ici-bas que des intérêts et si l'harmonie économique est l'harmonie sociale, on a raison :
n'ayant entravé par aucune violence l'action bienfaisante
et suffisante de la liberté, on a rendu aux autres hommes
tous les services qu'il importait de leur rendre. Mais
l'Évangile nous parle de devoirs, et notre conscience
aussi, je suppose. Nos devoirs se mesurent à nos priviléges ; nous sommes responsables, nous sommes administrateurs ; à la rencontre de certaines inégalités et de
certaines douleurs, nous avons autre chose à faire qu'à
nous féliciter d'avoir contribué à la prospérité générale
par la poursuite intelligente de notre prospérité personnelle.

VIII

Nous voici en présence de cette charité qui comble la principale lacune de la solution économique. J'ai tenu à l'aborder par le côté du devoir; c'est le cté vòrai. Que la charité soit une émotion, rien de mieux; qu'elle soit une joie, je n'ai garde de le nier ; mais avant tout elle est un devoir. En fait de charité, la conscience parle la première, le cœur ne vient qu'après.

La charité est un devoir, et en même temps elle est une liberté ; le devoir ici ne crée aucun droit correspondant, parce que le devoir est libre. C'est une affaire à régler entre chaque homme et sa conscience. Le jour où les autres hommes s'en mèleraient et où la loi y mettrait sa main, nous aurions le droit à l'assistance. Vous savez où cela mène !

Comment s'y prennent ceux qui abordent l'égalité sans la charité ? Je n'en sais rien, messieurs. Quant à moi, je ne l'aurais pu. Si la charité n'avait été là, je n'aurais eu le courage de vous parler ni d'égalité ni d'harmonie. Je me serais reproché de sanctionner l'injustice, d'amnistier l'oppression, d'insulter au malheur et, pour employer le langage de l'Écriture, de « chanter des chansons au cœur affligé. »

Entendons-nous bien, au reste, je parle de la charité et non de l'aumône. L'aumône de la porte et celle de la correspondance, l'aumône qu'on ne remet pas soi-même, l'aumône que prélève la mode, que la dévotion mon-

daine apporte avec apparat et que recueille trop souvent
la pauvreté fainéante ou hypocrite, n'a rien de commun
il importe de le dire et de le redire, avec la véritable
charité. La charité donne et se donne. La charité donne
et reçoit; oui, elle reçoit toujours, et s'en va de la maison du pauvre plus riche qu'elle n'y est entrée. La
charité connaît ceux qu'elle aide et sait ce qu'elle fait.
Aussi fait-elle beaucoup de bien et point de mal.

Les économistes ont raison de protester contre les
secours qui diminuent ou suppriment l'effort. L'argent
donné, disent-ils, ne vaut pas l'argent gagné; l'argent
prêté ne vaut pas l'argent qu'avancent les sociétés de
crédit fondées par les ouvriers eux-mêmes; l'argent
apporté en cas de maladie ne vaut pas l'argent que le
travailleur reçoit alors d'une société de secours mutuels
en vertu de ses sacrifices spontanés.

Rien n'est plus vrai. Qui niera cependant qu'il ne se
présente des cas nombreux où, en dépit des sociétés de
secours mutuels et des banques populaires, une famille
ne parvient pas à se suffire? En présence de certains
budgets momentanément impossibles, en présence de
certains débuts trop difficiles, en présence de certains
dénûments causés par la maladie, nous croiserons-
nous stoïquement les bras, sous prétexte que la charité
ne vaut pas le travail? L'État ne doit pas intervenir,
d'accord; mais nous, pourquoi n'interviendrions-nous
pas? Pourquoi la charité libre ne viendrait-elle pas en
aide aux autres libertés?

Je n'ai pas à rappeler ici qu'il y a des infirmes, des
veuves et des orphelins, qu'il y a des chômages et des
disettes, qu'il y a dans le moindre village et à plus
forte raison dans les villes, des détresses navrantes, des

détresses qui se cachent parfois et ne demandent rien, mais que nous sommes tenus de chercher et de trouver.

Quant aux catastrophes publiques, la Suisse a montré après l'incendie de Glaris ce que peut l'élan de la bienfaisance publique pour réparer les plus grands malheurs [1].

Un nouveau champ s'ouvre aujourd'hui devant les pas de la charité. Nous applaudissons aux efforts spontanés et à la prévoyance du pauvre ; nous recommandons les caisses d'épargne, les assurances sur la vie, les sociétés de secours mutuels. N'est-il pas naturel que nous aidions parfois à ces fondations utiles et que nous prétions notre appui à quelques-uns de ceux qui ne savent comment fournir aux premières cotisations ou prendre leur premier livret ? La charité donne ainsi la main à la spontanéité, et la spontanéité n'y perd rien.

Faciliter la prévoyance, rendre possible un apprentissage ou l'achat des outils d'un métier, fournir du travail enfin, c'est entrer au service de l'égalité qui élève et réaliser les harmonies. Combien de déchirantes tragédies j'entrevois derrière ces vers souvent cités de Burns, le prolétaire-poëte; sur l'honnête homme qui demande en vain de l'ouvrage : « Il prie un de ses frères terrestres de lui permettre de travailler, et voici, *son frère-ver seigneurial* méprise la pauvre demande. »

---

[1]. Depuis le moment de ces conférences les inondations ont fourni une occasion nouvelle à ce déploiement de la solidarité nationale. Une fois de plus les dons recueillis ont couvert en grande partie les dommages.

[2]. C'est intraduisible :
And see his lordly fellow-worm
The poor petition spurn.

Rien, rien au monde ne remplacera la charité. Elle remplit ici-bas une fonction sociale de premier ordre. Il s'agit non de la supprimer, mais de la développer. Le plus souvent elle est misérable et se confond avec l'aumône, s'imaginant qu'elle a fait quelque chose quand elle a pris un peu de son superflu et qu'elle l'a jeté au hasard, donnant l'argent sans donner la main.

Au don de la main on reconnaît la charité. Elle compatit, elle aime, elle respecte ; et par cela seul elle relève au lieu d'abaisser. Aussi s'exerce-t-elle de pauvre à pauvre, aussi bien que de riche à pauvre. L'ouvrier connaît mieux que personne et peut secourir mieux que personne son camarade souffrant. Sans cette humble charité de proche en proche, sans cette communauté tendre et douce au sein de laquelle se confondent tellement les pauvres et les riches qu'on ne sait plus lesquels ont le plus besoin des autres, les harmonies sociales demeureront toujours bien incomplètes. Demandez-vous, messieurs, ce qui manquerait à ces harmonies, ce qui manquerait à la grande égalité, si la charité ne venait faire à sa façon ce que le socialisme met à la charge de l'État, si elle ne relevait les blessés sur le champ de bataille de la vie, si elle ne soutenait les faibles, si elle ne mettait à flot les laborieux, si elle ne secondait quand il le faut la fondation des institutions qui facilitent l'économie, garantissent l'épargne, assurent des secours au moment de la détresse, ouvrent enfin l'accès à l'instruction, à l'association, à la propriété.

La charité a son rôle, un rôle immense ; et personne ne le lui ravira, soyez tranquilles, on a trop besoin d'elle. Qu'on fasse la guerre à la mendicité, c'est à merveille; la mendicité est la calomnie de la pauvreté, les mendiants discréditent les pauvres, les faux pauvres empêchent de voir et d'aimer les vrais. Il y en a de vrais cependant. La charité vient à eux. Elle n'avilit personne; elle fait du bien à celui qui donne autant qu'à celui qui reçoit. Elle ne se contente pas d'apporter du pain, elle apporte de l'affection et de bons conseils. Elle réveille les consciences endormies, elle refait les familles détruites, elle rouvre les sources fermées de la moralité et du bonheur.

Ainsi naît l'harmonie. Un changement prodigieux s'opère dans les rapports du pauvre et du riche. La charité accomplit ce miracle qu'elle soulage la misère et qu'elle ne porte pas atteinte à la dignité. Elle ne fait pas de clients, elle fait des frères et des égaux.

Et je n'ai pas tout dit; avec elle les inégalités se transforment en harmonies. Les inégalités deviennent des moyens de rapprochement; elles créent des sympathies et des devoirs. Il est bon que l'homme ait besoin de l'homme, car il est bon que l'homme aide l'homme.

Ceci, messieurs, est une loi merveilleuse et universelle. L'État a ses inégalités : les magistratures sont établies pour le bien général. La famille a ses inégalités : l'autorité des parents est le refuge providentiel des enfants. La science a ses inégalités : les savants travaillent pour les ignorants. La société a ses inégalités : les riches, les bien portants, les forts sont appelés à tendre la main aux autres; leur richesse, leur santé, leur force leur ont été données pour cela. Et de cet ensemble sort une harmonie. Notre égoïsme avait tout gâté; l'amour peut tout rétablir.

Parmi les lettres que je reçois, il en est une qui ex-

prime si parfaitement ceci, que vous me permettrez d'en
citer quelques phrases, telles du moins qu'elles sont res-
tées dans ma mémoire [1] :

Ceux qui sont en haut dans un ordre de choses quelconque, science, sentiments, caractère, fortune, aident à
monter ceux qui sont en bas, à peu près comme le guide
qui marche en tête de la corde dans une ascension au
mont Blanc aide ceux qui le suivent et les tire au
besoin des crevasses où ils vont disparaître. La corde
qui les relie est la solidarité sociale. Elle peut quelquefois être bien utile aussi au chef de file ; elle est utile à
chacun. En tous cas, les derniers de la bande ne monteront pas plus vite s'ils la cassent, ou s'ils forcent le
premier à marcher, soit à côté d'eux, soit derrière eux.

Nous pouvons choisir maintenant entre les antagonismes et les harmonies, car nous savons jusqu'où vont
les conséquences de ce choix. Quand les antagonismes
prévalent, les relations d'homme à homme prennent un
aspect qui peut se caractériser en deux mots ; l'un dit :
jouissons ! l'autre dit : détruisons ! Chacun vit en ennemi
et sur territore ennemi ; la méfiance est partout. — « Il
ne faut pas, écrivait Pythagore, remuer le feu avec
l'épée. » Et que faisons-nous autre chose, lorsque nous
attisons les haines, supposant, je ne sais pourquoi, que
la liberté du combat suffit à la paix ?

Ah ! tournons-nous vers l'amour ; l'amour seul triomphe de la haine, le bien seul triomphe du mal. Que met-
triez-vous, je le demande, à la place de la bonté ? Elle a

1. L'auteur de la lettre, M. Eugène Risler, me pardonnera-t-il
de l'avoir nommé ?

sa tâche à remplir, et bien aveugle qui le nie. Sans
doute nous ne rêvons pas une société charitable, ce serait trop beau; mais nous voulons une société au sein
de laquelle l'esprit de charité fasse sentir son action.
Cette action-là s'étend plus loin qu'on ne l'imagine; laissez faire les charitables!

Je ne me représente ni une terre sans péché ni une
terre sans souffrances; voici des pauvres et des riches,
voici des bons et des méchants, voici des opprimés et
des oppresseurs; néanmoins une métamorphose prodigieuse s'est opérée. Nous disions l'autre jour que l'É-
vangile « fait toutes choses nouvelles; » or il se trouve
effectivement qu'il fait nouvelles et la pauvreté, et la
richesse, et les relations des hommes entre eux. Révolution étrange, messieurs, qui ne renverse rien et qui
change tout.

C'est sous l'influence du même esprit que l'harmonie
peut s'établir entre les peuples. Sans espérer la paix
perpétuelle ou la charité internationale, n'est-il pas
permis de croire qu'un jour des inspirations meilleures
remplaceront les pensées d'agrandissement et de pré-
potence? Alors, au lieu de se jalouser on s'entr'aidera,
et si une calamité éclate quelque part, les secours
afflueront de partout, sans distinction de races et de
frontières; tous tendront la main à tous, et nous entreverrons une chose qui s'appelle la solidarité du genre
numain.

Nous l'entreverrons de loin sans doute. Il est des buts
qu'on n'atteint jamais, et ce sont ceux qu'il importe le
plus de poursuivre. Nous n'atteignons ici-bas, je le
rappelle une fois encore, aucun des grands buts de

l'existence : la morale infinie, la perfection, la sainteté
se retrouvent toujours en avant de nous, de quelque
pas que nous ayons marché. Il en sera ainsi, je le sais
bien, de l'harmonie des hommes et de l'harmonie des
peuples ; est-ce une raison pour perdre courage et pour
s'abstenir ? Au contraire, mettons notre idéal bien haut,
et montons vaillamment vers lui. Déclarons la guerre à
la guerre, à la guerre des peuples, à la guerre des classes,
à la guerre (plus dure) des individus. Je ne vous garantis
pas la victoire, messieurs ; je vous garantis la bénédiction qui est dans l'effort.

IX

Il y a une bénédiction dans l'effort, il y en a une dans
la douleur. La douleur est la dernière de nos harmonies ;
elle est la plus étrange, la plus inattendue assurément,
mais non la moins nécessaire. Ceci ressemble à un
paradoxe, n'est-ce pas ? Examinons.

Si la douleur n'est pas une des harmonies, elle est sans
aucun doute une des égalités d'ici-bas. Dieu, qui a mis
dans toutes les âmes la soif ardente et légitime du bonheur, a mis la souffrance dans toutes les vies. Voilà un
premier fait qui doit nous frapper et dont nous avons
à nous rendre compte.

Je constate ce fait, je ne veux pas l'exagérer ; sur
notre terre la douleur est plutôt universelle qu'égale.
Mais l'universalité n'est-elle pas une des formes de
l'égalité ? Malgré les différences très-réelles qui existent

entre les douleurs de telle vie et celles de telle autre, n'est-il pas permis d'affirmer que toutes les vies se ressemblent par là? Interrogez un des hommes que le monde appelle heureux; à l'heure même où ses desseins réussissent, il aspire déjà à d'autres succès et la parole de Jésus-Christ s'accomplit en lui : « Celui qui boira de cette eau aura encore soif. »

Que j'en ai vu, de ces heureux malheureux! Ceci ressemble à de la déclamation, mais qu'y faire? Si l'insuffisance des joies terrestres est un lieu-commun, j'en suis bien fâché; elle n'en reste pas moins une vérité, une vérité constante et poignante. Les existences dans lesquelles ces joies surabondent sont d'ordinaire très-misérables. Plaignez, messieurs, les gens qui ne se refusent rien, car ils sont gorgés, blasés, desséchés.

Je voudrais que l'armée des vrais heureux se levât devant nous. Quelle surprise serait la nôtre! Nous verrions que les gros contingents sont fournis par les cabanes, par les familles laborieuses, par les « pauvres » de l'Évangile.

Ce n'est pas, bien entendu, que ces vrais heureux soient à l'abri de la douleur; elle est un fait universel, je le répète. Mais son intensité varie certes, et puis la vraie joie est là; Dieu la donne, elle jaillit des hauteurs. C'est toujours un peu notre faute quand nous la connaissons mal. Même dans les vies labourées par les grandes épreuves, même dans les vies ternes et sans soleil, il y a place pour des joies, je dis plus, pour des plaisirs, que notre âme pourrait savourer.

Et pourtant la douleur demeure, son universalité

demeure ; impossible d'étudier l'égalité sans rencontrer sur son chemin ce problème : Pourquoi tous les hommes se ressemblent-ils par la douleur? Pour les uns ce n'est qu'un problème, pour les autres c'est un scandale : Il y a des souffrances, Dieu n'est pas bon ! Il y a des iniquités, Dieu n'est pas juste !

Nous oublions simplement deux choses : d'abord que les iniquités sont de notre fait, ensuite que Dieu nous a accordé une grâce immense lorsqu'il a mis la souffrance à côté de l'injustice. Si le péché n'avait pas ses amertumes cruelles, si nous nous trouvions bien dans le mal, nous serions perdus sans ressource. Les blessures nous font souffrir, les maladies sont douloureuses, et c'est à cause de cela que nous pansons nos blessures, que nous cherchons le remède de nos infirmités. Nous mangeons le fruit de nos mauvaises œuvres, nous subissons des catastrophes, nous rencontrons des châtiments, nous éprouvons des remords, nous ressentons, même au sein des prospérités d'un jour l'aiguillon des besoins inassouvis, et c'est à cause de cela que nos regards se portent vers un autre bonheur.

Considérez un moment les souffrances sous cet aspect qui est le vrai, vous comprendrez pourquoi elles sont ici-bas et pourquoi elles sont universelles. Comme le mal est partout, la douleur est partout aussi. Son Garde à vous ! retentit au fond de toutes les âmes.

Ce n'est pas d'ailleurs qu'elle soit proportionnée au péché; on pourrait dire alors : Voici les heureux, qui sont les justes ; voici les malheureux, qui sont les méchants. — Les maux ne se répartissent point de la sorte, car ils sont souvent des épreuves et ne sont

pas toujours des châtiments [1]. Non-seulement « le
juste a des maux en grand nombre, » mais certaines
souffrances s'accroissent par la délicatesse morale ;
les meilleurs connaissent seuls les chagrins poignants
de la sympathie, et on peut dire de l'endurcissement qu'il
est un apaisement.

Voyez, messieurs, comme la douleur se transforme
et comme elle est bien une de nos harmonies. Il n'y a
de dissonance que le péché ; tout désaccord vient de
nous et toute harmonie vient de Dieu. Sur une terre que
l'injustice habite l'harmonie serait impossible, si Dieu
n'y avait placé la douleur.

C'est du ciel que descend la lumière qui éclaire cet
abîme ; la douleur éclairée d'en haut n'est plus ce scandale qui fait qu'on s'écrie : A quoi bon ces blessures ?
Quel ennemi me frappe ? Pourquoi moi plutôt qu'un autre ? — Elle est une messagère de notre Père ; il l'a en-
voyée dans sa sagesse et dans son amour ; elle a un mot
à nous dire de sa part, cela suffit. Ce que nous ne comprenons pas à présent, nous le comprendrons un jour,
et nous rendrons grâce alors pour toutes choses, à commencer par nos douleurs.

Quel rôle que celui de la douleur ! Tant que nous ne
l'avons pas compris, nous ne possédons pas la clef de
cette énigme qui se nomme la destinée humaine. La douleur met en jeu la charité ; elle développe les énergies ;
elle place une auréole sur la tête des champions du vrai.

[1]. **Pas du moins dans ce sens que les plus châtiés soient les
plus mauvais. « Dieu châtie celui qu'il aime. »**

Comme le discrédit du vrai durera autant que le péché,
il y aura jusqu'à la fin des douleurs glorieuses pour quiconque aime et sert la vérité, pour les découvreurs,
pour les précurseurs, pour les généreux, qui sont aux
prises avec l'obstacle et qui frayent le chemin. Je parle
des découvreurs, je n'ai garde d'oublier les martyrs.

Mais parmi les offices de la douleur, il en est un qui
passe avant tous les autres : elle nous avertit. Je ne dirai
pas qu'elle nous purifie, que semblable à un creuset
elle dévore nos souillures ; ce serait proclamer le salut
par la douleur, et l'Évangile entier se soulève contre
cette énormité. Nous n'adorons pas la douleur, nous ne
canonisons pas la douleur ; nous remercions Dieu d'avoir
mis ce grand ouvrier ici-bas. La douleur, ce fruit du
péché, est une des harmonies d'un monde envahi par
le péché. Par elle nous cherchons le bonheur où il est,
par elle nous nous souvenons de ceux qui souffrent.
Elle nous montre nos frères, elle nous montre le ciel.

X

Le moment est venu, messieurs, de jeter les yeux en
arrière et d'embrasser d'un coup d'œil l'ensemble de
notre étude sur l'égalité.

Nous avons commencé par chercher l'égalité en nous.
Là nous avons aperçu des inégalités et des égalités que
rien ne saurait détruire. Première découverte qui a son
prix : Il n'y a pas à chercher une égalité absolue qui est
impossible ; il n'y a pas à créer de toutes pièces une égalité qui existe en bonne partie dès à présent.

Après l'égalité en nous, nous avons considéré l'égalité dans l'histoire. Là encore nous avons reconnu que tout n'est pas à faire, tant s'en faut. Depuis l'Évangile et selon que nous sommes plus ou moins fidèles à l'Évangile, l'égalité gagne du terrain. Il faut hâter sa marche providentielle, sans oublier le chemin déjà parcouru.

La question de méthode se présentait ensuite. Voici deux égalités, celle qui abaisse et celle qui élève, celle qui retranche les supériorités et celle qui vient en aide aux infériorités, celle qui se nomme nivellement et celle qui mérite seule le nom d'égalité. Nous avons choisi.

Il fallait cependant aborder les faits actuels. La question de l'égalité se pose aujourd'hui sur le terrain du communisme ; la propriété est dénoncée comme le véritable obstacle à l'égalité : il est injuste que l'un n'ait rien et que l'autre ait trop ; donc il convient, soit d'opérer un partage direct, soit de recourir au partage indirect par le moyen des droits énormes de succession, de l'impôt unique et progressif, de la suppression ou de l'écrasement des hérédités collatérales ! En présence de telles doctrines, qu'on croyait abandonnées depuis 1848 et qui sont toutes debout, nous nous sommes demandé si la société est faite ou si elle est à faire. Nous avons prouvé qu'en ébranlant une de ses bases divines, la propriété, on ébranlait les autres, à commencer par la justice et par la famille. Puis, nous avons montré que l'égalité du communisme menait droit à la ruine universelle et sans remède, surtout à celle des pauvres.

Le communisme faisant appel à l'État, nous avions à nous occuper spécialement des rapports de l'égalité et de la liberté. Nous les avons étudiés, messieurs, sur le terrain des problèmes sociaux et sur celui des problèmes politiques. L'égalité séparée de la liberté nous est apparue sous son vrai nom, le despotisme. Ce despotisme de l'État socialiste et de la majorité maîtresse de tout, est à la fois le plus absolu des despotismes et le seul possible désormais. Nous nous sommes tournés alors vers l'égalité unie à la liberté. Notre avenir entier se rattache au triomphe de la démocratie libérale.

De la liberté à l'Évangile le chemin était aisé. L'Évangile contient la solution supérieure. Vous n'avez pas oublié l'admiration avec laquelle nous avons passé en revue les égalités chrétiennes, celles du salut, de la morale, des institutions. Grâce à l'Évangile, l'égalité devient fraternité. Et la fraternité accomplit son œuvre; les pays où la Parole de Dieu est en honneur sont les initiateurs du mouvement qui détruit l'esclavage, qui abolit les priviléges, qui prend soin des droits du grand nombre.

Enfin, l'idée d'harmonie s'imposait à nous. Y a-t-il antagonisme ou accord des intérêts? Sommes-nous appelés à poursuivre le progrès en ennemis ou en amis? L'économie politique proclame l'accord et elle a raison; mais que cet accord est insuffisant! que d'injustices à réparer! que de blessures à panser! Sans la vie à venir la vie actuelle ne s'explique pas; sans le devoir et la charité les harmonies terrestres sont imparfaites jusqu'à devenir souvent mensongères. Il nous faut du devoir dans nos consciences, de l'amour dans nos cœurs et du ciel sur nos têtes; alors les inégalités se métamorphosent en harmonies; alors la douleur même se fait harmonie et la paix descend ici-bas.

Messieurs, rien n'est vain comme les paroles, mais rien n'est fort comme la vérité. J'ai pensé qu'il était

utile de mettre en lumière quelques vérités mal connues
sur le sujet le plus angoissant de notre époque. Les
crises de la société sont celles de l'esprit humain ; les
idées font les faits ; je crois aux idées.

Maintenant, j'ai usé de mon droit, usez du vôtre. Je
n'espère pas que nous soyons tous d'accord sur tous les
points ; ce que j'espère, c'est qu'après avoir visité ensemble les hautes régions nous en avons tous pris le
goût. Nos longs entretiens n'auraient pas été perdus, si
nous sortions d'ici plus ardents au bien, plus amoureux
du vrai, plus serviteurs de Dieu, plus égaux.

Égaux ! ce mot-là ne réveille pas seulement des idées,
il rappelle des devoirs. Aimons-nous l'égalité ? Prati-
quons-nous l'égalité ? Voilà des questions qui se posent
d'elles-mêmes devant nous au moment de nous séparer.
Nous avons un examen de conscience à faire.

Ou nous ne sommes que des déclamateurs, ou il faut
que notre égalité soit autre chose qu'une doctrine ; elle
doit descendre de la théorie dans la vie. Sans l'égalité
appliquée, l'égalité professée n'est rien.

Or, nous avons peut-être la passion de l'égalité, nous
n'en avons pas les mœurs. Nous aimons l'égalité qui
nous met de niveau avec nos supérieurs, nous aimons
moins celle qui met nos inférieurs de niveau avec nous.
Ce sentiment profond, pénétré de respect mutuel, que
l'Évangile appelle la fraternité, nous l'admirons plutôt
que nous ne l'éprouvons. Trop souvent notre orgueil se
charge de creuser des fossés et d'établir entre nous et
nos frères des distances infranchissables. Je donnerais
beaucoup de théories pour la bienveillance réelle des
rapports. Que chacun de nous y pense : nous ne pouvons pas tous formuler des lois et assurer le triomphe

des principes; nous pouvons tous avoir l'égalité en petite monnaie, l'égalité de la vie ordinaire, l'égalité des cœurs humbles et aimants [1].

Que sera l'avenir? Des deux égalités laquelle prévaudra? posséderons-nous l'égalité qui élève et qui unit? subirons-nous l'égalité qui abaisse et qui divise? Je ne me charge pas de le dire. Je n'affirme que ceci : comme l'égalité est solidaire de l'Évangile, comme elle est née de lui, comme elle a avancé et reculé avec lui, ses destinées ne se sépareront pas de celles de l'Évangile. Si l'Évangile se voile, l'égalité se voilera; nous serons alors en proie à l'égalité d'en bas, à la niveleuse, à la tyrannique.

J'espère que nous échapperons à un tel malheur. Notre siècle, en définitive, est celui qui a répandu la Bible, fondé les missions, créé une foule d'œuvres charitables, remis en lumière l'Église distincte du monde et séparée de l'État. Cela est vrai; mais notre siècle est aussi celui de la science enivrée d'elle-même et méprisant la révélation; c'est celui qui inscrit l'athéisme systématique dans le programme des ouvriers.

Un monstre s'avance, le despotisme socialiste et impie : un sphinx nouveau se tient au défilé obscur de notre chemin; ou nous trouverons le mot de son énigme, ou nous mourrons. — Nous trouverons le mot. Il

---

1. Cette égalité, nous l'avons vu et je n'ai pas à le redire, est loin d'exclure le respect des parents, des vieillards, des supériorités quelles qu'elles soient. Le respect a sa place dans toute société bien réglée. La nôtre l'oublie un peu trop : nous avons l'air de croire qu'en nous écartant du respect nous nous rapprochons de l'égalité !

rayonne au fond de nos consciences, il resplendit à chaque page de nos Bibles. On trouve le mot du sphinx quand on croit en Dieu, quand on n'a pas peur et quand on regarde le monstre en face.

Je me rassure, messieurs, en voyant le sérieux d'une assemblée comme celle-ci, l'indulgente patience qu'elle m'accorde, son désir évident d'arriver au vrai. Oui, cette assemblée est un symptôme et une espérance. Quelle que soit ici la proportion de ceux qui m'approuvent et de ceux qui me blâment, tous vous m'avez encouragé à parler loyalement et librement. Nous n'avons reculé devant aucune question; nous avons exprimé notre pensée en chaque occasion sans réticence aucune; c'est quelque chose, cela.

Je vous en remercie et je vous en félicite. Permettez-moi d'ajouter que j'ai été heureux au milieu de vous et qu'il m'en coûte de vous quitter. Au reste, nous ne nous quitterons pas tels que nous nous sommes rencontrés le premier jour. Vous et moi, messieurs, nous allons sortir de cette salle portant le poids d'une responsabilité nouvelle. Après avoir parlé et écouté, il s'agira de vivre; il s'agira de grandir; il s'agira de marcher tous (tous, n'est-ce pas?) vers la grande égalité de là-haut.

NOTES

LES FEMMES ET L'ÉGALITÉ POLITIQUE

Parmi les inégalités naturelles, la plus naturelle et la plus indestructible aussi, Dieu merci, celle qui tient à la différence des sexes, est mise en question depuis quelque temps. Des noms considérables, parmi lesquels il faut citer M. Stuart Mill, recommandent le suffrage politique des femmes. Une agitation croissante, qu'il ne convient pas d'exagérer mais qu'il serait imprudent d'ignorer, se produit aux États-Unis et ailleurs. Des propositions, au moins étranges, sont discutées dans certaines régions de l'extrême ouest américain : ici, on demande que les femmes puissent exercer les fonctions d'attorneys (comment faut-il dire , avoués, ou avouées ?); ailleurs, on demande qu'elles soient électrices, éligibles, membres des congrès et des sénats ; ailleurs encore, on engage M. Johnson à choisir une dame pour un poste diplomatique important.

Cela n'est pas sérieux, je le sais; toutefois il y a là un mouvement dont nous avons à surveiller les débuts. Des publicistes ne nous démontrent-ils pas gravement, ce qui n'est contesté par personne, que les femmes sont nos égales par les facultés et par l'intérêt qu'elles ont à la bonne gestion des affaires publiques ? Ne voit-on pas la sage et pratique Angleterre se demander çà et là si les femmes ne doivent pas être appelées à prendre part aux élections ?

Quand les questions en sont là, il est temps de s'en occuper. Je n'aime pas les solutions du dédain, et je ne m'y fie pas. Hausser les épaules, c'est bientôt fait; mais qu'est-ce que cela prouve ? Les plus grandes vérités et aussi les plus grandes erreurs qu'il y ait sur la terre ont commencé ainsi : on les a dédaignées d'abord, combattues ensuite, acceptées enfin.

Je ne viens donc point me moquer, je viens discuter. Plusieurs des champions du suffrage féminin m'inspirent trop d'estime pour que je me permette de déclarer ridicule une opinion qui est la leur. Elle est fausse; mais elle s'appuie sur des considérations qui ont pu séduire des esprits généreux.

L'égalité exerce sur de tels esprits une séduction que je conçois. Il y a tant d'inégalités qui pèsent injustement sur les femmes, la grosse main de notre sexe se fait si lourdement sentir dans la rédaction des Codes, que, par voie de réaction, les amis de la justice sont entraînés trop loin à leur tour. Je comprends en particulier que cette réaction se soit produite chez les Anglais et chez les Américains dont la législation civile est, ou était encore récemment, à l'égard des femmes, d'une iniquité révoltante. Là peut-être se trouve la cause principale, et légitime sous ce rapport, du mouvement anglo-saxon que j'ai signalé.

En Angleterre, la femme mariée ne possède absolument rien. Si les parents d'une jeune fille qui va se marier ne se précautionnent pas contre la loi (et de telles précautions, essentiellement aristocratiques, ne sont guère, ne peuvent guère être en usage chez le peuple) le mari devient, dès la première heure, propriétaire de tous les biens de la femme ; il en dispose à son gré ; il les vend, il les donne, il les dissipe. Quand la femme meurt, le mari hérite. En un mot, la transmission par le mariage est aussi entière et aussi irrévocable que possible; la femme mariée ne possède plus un farthing. Le produit de son travail ne lui appartiendra pas davantage que sa fortune héréditaire.

En présence d'une telle loi, qui réduit la femme anglaise à

une situation que la femme des harems orientaux n'a jamais connue, car la femme des harems ne cesse pas d'être capable de recevoir, de disposer, de signer, d'administrer en un mot ce qui est à elle, on comprend que l'Angleterre ait éprouvé le besoin d'une réforme radicale. Un projet présenté récemment à la chambre des Communes étendra à toutes les femmes sans exception les garanties exceptionnellement assurées aujourd'hui à quelques-unes par des *settlements*. Si ce bill est adopté, un père n'aura plus besoin de constituer sur la tête de sa fille qui va se marier un douaire régi par des mains tierces; la femme mariée restera de plein droit maîtresse de sa fortune, ainsi que de ce qu'elle pourra acquérir.

Ceci est de stricte justice, et l'égalité ainsi entendue ne saurait trouver de contradicteurs parmi nous. Je dis mieux, elle devrait trouver des champions; nous avons, nous aussi, à répudier plus d'un de nos grossiers priviléges masculins. Quiconque a ouvert nos Codes sait ce que je veux dire. Ajoutons que l'égalité réelle n'est pas mieux admise par les mœurs que par les lois : les ouvriers typographes repoussent souvent les ouvrières, et ce fait n'est pas isolé.

Encore la France est-elle un des pays où l'égalité civile est le plus complétement réalisée. Dans le canton de Vaud, chez un peuple assurément très-éclairé et sous un régime très-démocratique, la suprématie du sexe fort est proclamée sans ambages. On suppose que la femme n'est pas capable de gouverner ses affaires. Aussi, sa minorité perpétuelle est-elle proclamée. Non-seulement le mari administre seul pendant la durée de l'union, cela est naturel ; mais, le mari mort, on munit sa veuve d'un conseiller sans l'avis duquel elle ne saurait prendre la moindre décision, disposer des moindres sommes. En un mot, c'est un enfant, et elle restera un enfant jusqu'à son dernier jour. On ne fera pas croire à ceux qui connaissent les Vaudoises qu'elles soient hors d'état de remplir ces fonctions de mères de fa-

mille gérant librement leur fortune, dont les Françaises s'ac
quittent si bien.

On le voit, je n'ai pas la moindre envie de contester la
capacité des femmes et ce n'est pas sur ce terrain que je me
place pour leur refuser le droit de suffrage. Si elles sont capables autrement que nous, elles ne le sont certes pas à un
plus faible degré. Leurs facultés dominantes ne sont point les
nôtres ; nous leur sommes inférieurs et supérieurs en même
temps. On pourrait soutenir, en partant de l'étude de ces facultés
dominantes, que celles des femmes ne sont pas les mieux
appropriées au rôle politique qu'il s'agit de leur conférer :
la politique, je ne le dis pas à sa gloire, a moins affaire de
poésie que de prose, de sentiment que de prudence, d'imagination que de vulgaire pratique. L'intuition, ce don merveilleux, cette puissance presque divinatrice dont les femmes
sont pourvues, ne trouverait guère son emploi dans le gouvernement des affaires d'un pays.

Au reste, la question n'est point là et j'ai dû me faire violence pour m'arrêter à ces considérations qui me semblent
n'avoir rien de commun avec notre sujet. Que les femmes
aient ou n'aient pas les facultés que réclame la politique,
peu importe ; il s'agit de savoir si la politique se concilie ou
non avec leur vocation véritable. Quand vous m'aurez prouvé
qu'un cheval arabe est capable de labourer aussi bien qu'un
bœuf, je n'en conclurai pas qu'il faille l'atteler à la charrue.
Je vous accorderai de grand cœur que les femmes nous
valent bien, qu'elles ne voteraient pas plus mal que nous,
qu'elles ont le même intérêt que nous à la solution des problèmes sociaux, que leur parole touchante et éloquente
pourrait exercer parfois une influence heureuse, que leur
instinct à la fois sympathique et conservateur pourrait aider
à la solution de certains problèmes sociaux, que leur horreur
de la guerre pourrait aider l'Europe à atteindre l'ère désirée
du désarmement.

Admettons tout cela ; ne tenons pas trop de compte des

généreuses imprudences, rachetées peut-être par quelques accès de timidité, qui signaleraient sans doute une direction politique devenue nerveuse et impressionnable. Là n'est point, je le répète, notre grande objection.

La voici. Elle se résume en ces termes parfaitement simples : si la femme quitte le foyer domestique pour remplir, bien ou mal, une vocation extérieure, elle compromettra sa mission intérieure, sa mission féminine ; elle cessera d'être femme dans le sens élevé de ce grand mot. En cessant d'être femme, elle renoncera à une action, à une influence, à un pouvoir, auprès desquels les droits électoraux qu'on ne craint pas de lui offrir seraient une compensation dérisoire. Compromettre sa vocation de femme pour remplir à moitié la mission de l'homme, en vérité, ce serait faire un pauvre marché.

J'ai dit qu'elle la remplirait à moitié, et en disant cela je suis allé trop loin. Elle ne la remplirait pas au quart, pas au dixième. La vraie vocation exerce un empire auquel on ne se soustrait pas aisément. Pour quelques énergumènes qui se mettraient en avant, pour quelques femmes politiques qui, laissant là ménage et enfants, se consacreraient effrontément à la vie publique, comptez les milliers, les millions de femmes qu'un sentiment, invincible, Dieu merci, tiendrait éloignées des scrutins, plus éloignées des assemblées et de la tribune. Vous auriez créé la race insupportable et décidément inférieure des femmes orateurs, des femmes dissertantes, et pour tout dire en un mot, des femmes politiques ; vous n'auriez pas atteint le moins du monde votre but, qui est de réaliser l'utopie du suffrage absolument universel. Vos femmes politiques seraient une exception dans leur sexe ; je n'ose pas dire un rebut, quoique je le pense un peu, je l'avoue. Et pour ce résultat misérable, vous auriez compromis la vocation féminine tout entière, la délicatesse de la femme, sa dignité, sa réserve, sa bonne et gracieuse renommée. Sous prétexte d'élever quelques femmes, vous les auriez abaissées

toutes. Votre entreprise, qui ne tarderait pas à périr au bruit
des sifflets, laisserait après elle un long héritage de situations
déplacées, d'ambitions éveillées et mal satisfaites, de mécon-
tentements, de froissements. On ne porte pas impunément la
main sur l'œuvre de Dieu.

C'est l'œuvre de Dieu, ni plus ni moins, qu'il s'agit de
corriger. En voulez-vous la preuve? Cherchons ensemble
quels sont les traits principaux et incontestés de la vocation
féminine.

Comment les femmes rempliront-elles leur rôle d'épouses,
lorsque vous les aurez convoquées autour des hustings? Le
mariage suppose, non pas des inégalités sans doute, quoiqu'il
y ait un chef, mais des diversités. Or, sous prétexte d'égalité,
c'est la diversité que vous prétendez abolir. Chacun jusqu'ici
avait son département : le département du dehors appartenait
au mari, le département du dedans appartenait à la femme.
Et l'union vivait de cette diversité. On se sentait dans la
règle et dans le bon ordre ; on s'entr'aidait sans se heur-
ter. La femme, qu'on ne s'y trompe pas, usait ainsi de ses
droits politiques. Du fond de sa retraite, voilée aux regards,
elle exerçait une influence douce et aimable, dont personne
ne dira jamais la puissance. Sans sortir de la modestie qui
lui sied, sans ambitionner une autorité qui ne lui sied
pas, sans devenir à aucun degré le personnage disgra-
cieux qu'on nomme une femme politique, elle se mêlait
de politique, juste comme elle doit s'en mêler, donnant son
avis sur les questions vraiment humaines qui sont de son
ressort, s'entretenant de toutes choses avec son mari, lui
donnant l'impulsion généreuse, lui montrant le chemin des
hauteurs. Là, dans cette intimité qui n'est rien si elle n'est
tout, au sein des confidences réciproques et de la grande
vie à deux, elle prenait précisément la part qu'elle doit
prendre à la direction des affaires publiques; elle votait
comme elle doit voter ; elle discutait comme elle doit discuter ; elle gouvernait comme elle doit gouverner. Et cela

ne se faisait pas en dessous, par diplomatie et par finesse; cela se faisait ouvertement, simplement, en vertu de ces droits des époux qui sont aussi des devoirs.

Que lui donnerez-vous en échange de cela? un bulletin de vote? La belle affaire! Non-seulement elle ne s'en servira guère, mais, s'en servît-elle, elle perdrait cent fois plus qu'elle n'aurait gagné. Elle aurait voté à la mairie, je le veux bien; elle aurait cessé de voter au logis. Entre collègues, entre co-électeurs, les relations ne sont plus dorénavant ce qu'elles étaient entre époux. Votant tous deux, citoyens tous deux, et pourquoi ne pas le dire? hommes tous deux, ces époux ont quitté la région sacrée où ils vivaient autrefois. Vous diriez une maison dont les portes ont été ouvertes à deux battants, et qui n'a plus de retraites mystérieuses. La vie extérieure a fait invasion et effraction; elle chasse ce qui n'est pas elle. Le foyer donne sur la place publique; or, ce n'est pas sur la place publique que s'échangent les tendresses, les émotions, les conseils, les encouragements des époux.

La femme électeur ne remplira pas mieux son rôle de mère que son rôle d'épouse. — D'abord, la vie publique prend du temps. Veut-on que les femmes votent sans savoir ce qu'elles font? Il faudra, quelles que soient leurs fines et promptes intuitions, qu'elles procèdent un peu comme nous. Il faudra qu'elles consacrent une portion de leur vie à lire les journaux, à étudier l'opinion publique et la politique, à as-sister aux réunions préparatoires, à suivre les discussions parlementaires.

Ceux qui invitent la femme à devenir homme voudraient bien qu'elle ne le fût que le moins possible. Par malheur, la logique a ses exigences; on est homme ou on ne l'est pas, on entre dans la vie publique ou on n'y entre pas; c'est à prendre ou à laisser. Si les femmes, pour leur malheur et pour le nôtre, se laissent séduire par leurs prétendus amis qui les appellent à devenir citoyennes, il ne sera donné à per-sonne d'arrêter à tel point déterminé d'avance une pareille transformation. Nous verrons des clubs de femmes, des salons de femmes politiques, des journaux écrits par les femmes fort bien écrits, je n'en doute pas) ; nous assisterons à l'avénement de la femme-homme, inférieure à la femme et inférieure à l'homme. La femme-homme aura renoncé à la grâce, et n'aura pas acquis la force.

Je soutiens qu'on ne s'arrête pas en pareil chemin : de quel droit prétendrait-on se borner à la question du suffrage ? La femme électeur engendre forcément la femme éligible. Voilà la femme installée au nombre des législateurs et montant à la tribune. La voilà exposée aux brutalités de la lutte corps à corps ; la voilà livrée en pâture aux comptes rendus de la presse, aux insolences de la caricature ; la voilà homme décidément, d'abord par ses occupations et ses préoccupations, ensuite par l'endurcissement de son épiderme. Dressée à la lutte, recevant et donnant des coups, elle perdra vite ce charme de douceur et de pudeur, qui était à la fois un charme et une défense. La légende antique l'avait compris : ses amazones se mutilaient. Avec des femmes mutilées et qui ne sont plus des femmes sans être devenues des hommes, quel progrès, je le demande, a-t-on la prétention de réaliser ?

Je sais bien ce que la famille y perdra ; j'attends qu'on m'apprenne ce que la politique y pourra gagner. — Y aura-t-il moins d'intrigues ? Y aura-t-il moins de passions, moins de préventions, moins de questions personnelles prenant la place des questions de principes ? Les rencontres de la politique et du roman nous ménagent des surprises qui ne manqueront pas d'originalité.

Quant à la famille, on n'ignore pas ce qu'elle devient lorsque la mère de famille lui fait défaut. Ce que je disais de l'épouse, j'aurais à le redire de la mère : elle disparaît dans le tourbillon de la vie publique. La mission des mères est de telle nature, qu'elle ne se conçoit plus hors du foyer. Pour allaiter le nourrisson, pour diriger les premiers pas du petit enfant, pour élever (quel mot que celui-là !) les jeunes garçons et les jeunes filles, pour former des cœurs, pour diriger des âmes vers le ciel, pour réchauffer cette douce couvée, pour créer le centre chéri vers lequel tous s'empressent d'accourir, il faut la femme que Dieu a faite, et non celle qu'on est en train de nous fabriquer. Celle-ci ne couvera pas, soyez-en certains; vous ferez bien de préparer comme en Égypte de vastes fours à éclosion et de commencer dès la première heure la vie communiste à laquelle vous condamnez nos enfants.

Les prôneurs du suffrage féminin ne se croient pas communistes; ils le sont, bon gré mal gré. A côté de l'égalité vraie je ne vois que la fausse, à côté de la famille je ne vois que le communisme. Or, la famille et le vote des femmes ne vivront pas deux jours ensemble, j'en réponds.

Avec le vote des femmes et tout ce qu'il entraîne à sa suite, nous organiserions une société nouvelle où il ne serait pas précisément agréable de vivre. Ces femmes affairées qui n'ont le temps d'être épouses ni mères, ni ménagères, cela va sans dire, auront-elles le temps d'être visiteuses de pauvres, consolatrices d'affligés ? Évidemment non. La grande machine politique fera sa besogne, régulièrement, rudement. On votera beaucoup, on discutera beaucoup, on imprimera davantage; on oubliera d'aimer. Le soin des malades, la sympathie prodiguée aux malheureux iront rejoindre les tendresses et les intimités du foyer parmi ces vieilleries que le progrès socialiste met au rebut.

Pourquoi ai-je traité sérieusement une proposition qui n'est pas sérieuse en dépit des noms considérables qui l'appuient? Parce qu'elle n'a pas besoin d'être adoptée et appliquée (elle ne le sera jamais) pour produire beaucoup de mal. Il suffit qu'elle agite les esprits et qu'elle fasse miroiter un faux idéal devant les imaginations. Le rôle sublime des femmes est compromis, gâté d'avance, si la perspective d'un autre rôle vient les détourner, les dégoûter peut-être en partie, de leur vraie vocation.

Quel abaissement alors ! On veut les retirer de leur infériorité prétendue, et c'est leur supériorité qu'on détruit. On prétend les doter d'une part d'autorité, et c'est leur influence qu'on supprime. La femme n'est supérieure et influente qu'à la condition d'être bien femme. Ne lui ôtez ni son action silencieuse, ni son bel empire du dedans, qui comprend le ménage, les enfants, le mari aussi, et par-dessus le marché les indigents et les malades ; ne lui ôtez ni ses sensibilités exquises, ni ses délicatesses d'hermine ; ne la jetez pas dans le grossier tourbillon des affaires extérieures. Elle y perdrait tout, tout, jusqu'à sa grâce, jusqu'à sa beauté. La femme politique, la femme bas-bleu, la femme qui a remplacé la famille par le public, se tient déjà là, sur le chemin où l'on nous appelle, comme un avertissement et comme un épouvantail.

Je dois en terminant répondre à une objection : Certaines femmes ont eu un rôle public, et elles s'en sont admirablement acquittées, sans rien perdre de leurs vertus d'épouses ou de mères de famille.

Pourquoi cela ? Parce que ce rôle public était un accident, parce qu'il ne concernait pas la généralité des femmes, parce qu'il ne pervertissait aucune notion fondamentale. Si, en vertu d'un usage traditionnel, les veuves hongroises ont voté dans les comitats, il n'en résultait pas que les femmes sortissent de leur vocation et aspirassent à un rôle public ; celles-là seules qui avaient perdu leur mari prenaient silencieusement leur place au jour du vote et émettaient à leur défaut le suffrage de la famille. Si la reine Blanche a gouverné la France pendant la minorité de Louis IX, si la reine Victoria occupe aujourd'hui le trône d'Angleterre, il ne naît de là aucune espèce de perturbation. Ce sont des faits exceptionnels, tenus pour tels par ces reines elles-mêmes, en sorte qu'elles-mêmes conservent sur la vocation féminine des idées aussi fermes que sensées.

Je ne me scandalise pas plus quand je vois une femme remplir à titre exceptionnel un rôle viril, que je ne me scandalise quand je vois un homme remplir à titre exceptionnel un rôle féminin. Tel pauvre veuf dirigera son ménage, deviendra la mère de ses enfants, sans que cela tire à conséquence.

Un mot encore sur ce problème d'égalité qui vient de se poser à l'improviste et qui n'est pas près de sa solution. Faut-il opposer purement et simplement une fin de non-recevoir à ceux et à celles qui réclament le suffrage des femmes? Est-il certain que nos lois soient justes, lorsqu'elles refusent toute représentation aux intérêts d'une moitié du genre humain? La logique du suffrage universel ne nous mènera-t-elle pas plus loin que nous ne sommes allés jusqu'ici? — Je n'ai garde de trancher de telles questions.

Il est aisé, au reste, d'assurer la représentation équitable des femmes, sans les arracher à leur vocation en leur imposant un rôle public. Les femmes russes, lorsqu'elles sont propriétaires, votent aussi bien que les hommes dans l'élection des membres des conseils provinciaux; seulement elles votent par procuration. — Eh bien, voilà un procédé. Ce n'est pas le seul. Je ne serais pas surpris si quelque jour on pensait à organiser l'influence de la famille dans la gestion des affaires de l'État, en donnant au mari et au père le droit de voter pour la femme et pour les enfants. Je ne fais qu'indiquer le principe; les détails de l'application ne seraient pas difficiles à trouver. L'idée est bonne ou elle est mauvaise; en tous cas, elle prouve que nous pouvons avoir des femmes représentées et ne pas avoir de femmes politiques.

FIN

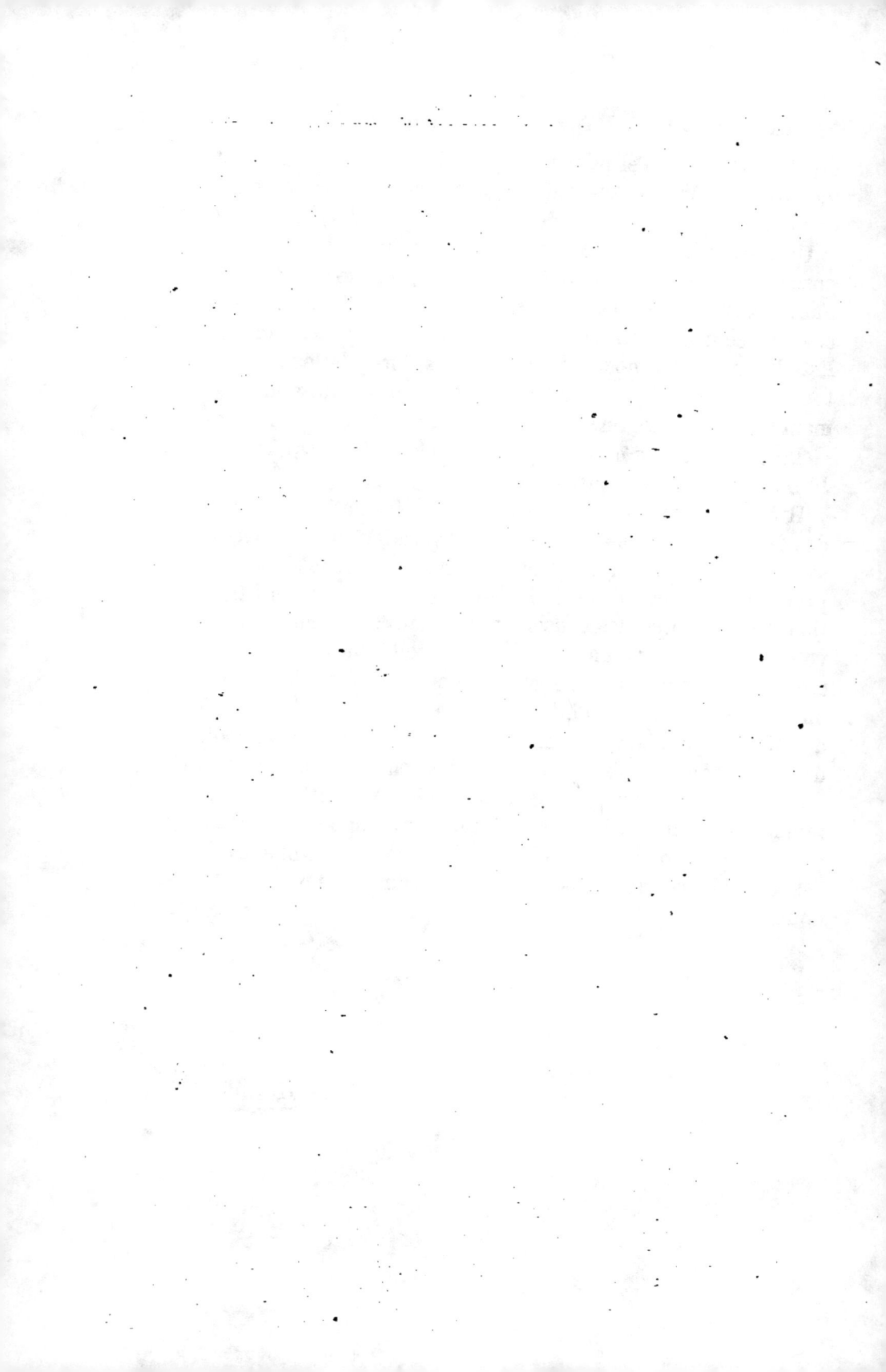

TABLE

CLICHY. — Impr. M. Loignon, Paul Dupont et Cie, rue du Bac-d'Asnières, 12

MICHEL LÉVY FRÈRES, ÉDITEURS.

OUVRAGES

DE

M. LE Cᵀᴱ AGÉNOR DE GASPARIN

L'AMÉRIQUE DEVANT L'EUROPE, *Principes et intérêts.* —
1 vol. in-8 .... 6 fr.

UN GRAND PEUPLE QUI SE RELÈVE. *Les États-Unis en 1861.*
— 2ᵉ édition, revue et corrigée. 1 vol. grand in-18... 3 fr.

LE BONHEUR. — 4ᵉ édition. — 1 vol. gr. in-18.......... 3 fr.

LA FAMILLE, SES DEVOIRS, SES JOIES ET SES DOULEURS. —
6ᵉ édition. 2 vol. gr. in-18 .... 6 fr.

LA LIBERTÉ MORALE. 2ᵉ édition. — 2 vol. gr. in-18... 6 fr.

LES PERSPECTIVES DU TEMPS PRÉSENT. — 1 fort vol. gr. in-18. 4 fr.

APRÈS LA PAIX. — Considérations sur le libéralisme et la
guerre d'Orient. — 1 vol. in-8 .... 2 fr. 50

OUVRAGES

DE

L'AUTEUR DES HORIZONS PROCHAINS
format grand in-18

LES HORIZONS CÉLESTES. — 7ᵉ édition. 1 vol............. 3 fr.

LES HORIZONS PROCHAINS. — 6ᵉ édition. 1 vol........... 3 fr.

VESPER. — 4ᵉ édition. 1 vol............................. 3 fr.

LES TRISTESSES HUMAINES. — 4ᵉ édition. 1 vol.......... 3 fr.

CAMILLE. — 2ᵉ édition. 1 vol........................... 3 fr.

LA BANDE DU JURA. — LES PROUESSES. 2ᵉ édition. 1. vol. 3 fr.

— PREMIER VOYAGE, 2ᵉ édition. 1 vol. 3 fr.

— CHEZ LES ALLEMANDS. — CHEZ
NOUS. 1 vol...................... 3 fr.

— A FLORENCE. 1 vol.............. 3 fr.

LE MARIAGE AU POINT DE VUE CHRÉTIEN. 3ᵉ édit. 3 vol. 8 fr.

JOURNAL D'UN VOYAGE AU LEVANT. — 2ᵉ édition. 3 vol. 9 fr.

AU BORD DE LA MER. 2ᵉ édition. 1 vol................. 3 fr.

A CONSTANTINOPLE. 2ᵉ édition. 1 vol.................. 3 fr.

A TRAVERS LES ESPAGNES. — 2ᵉ édition, 1 vol.......... 3 fr.

www.ingramcontent.com/pod-product-compliance
Lightning Source LLC
Chambersburg PA
CBHW071959270326
41928CB00009B/1491